本书是河北省社会科学基金项目
《民国时期河北地区职业教育发展研究(1922—1948)》
(HB17JY002)之最终成果

河北省社会科学基金项目

# 河北职业教育史

HEBEI ZHIYE JIAOYUSHI

韩兵 —— 著

1922—1948

中国社会科学出版社

## 图书在版编目(CIP)数据

河北职业教育史:1922—1948 / 韩兵著. —北京:中国社会科学出版社,2019.1

ISBN 978-7-5203-2557-8

Ⅰ.①河… Ⅱ.①韩… Ⅲ.①职业教育—教育史—研究—河北—1922-1948 Ⅳ.①G719.29

中国版本图书馆 CIP 数据核字(2018)第 108993 号

| | |
|---|---|
| 出 版 人 | 赵剑英 |
| 责任编辑 | 耿晓明 |
| 责任校对 | 周 昊 |
| 责任印制 | 李寡寡 |

| | |
|---|---|
| 出　　版 | 中国社会科学出版社 |
| 社　　址 | 北京鼓楼西大街甲 158 号 |
| 邮　　编 | 100720 |
| 网　　址 | http://www.csspw.cn |
| 发 行 部 | 010-84083685 |
| 门 市 部 | 010-84029450 |
| 经　　销 | 新华书店及其他书店 |
| 印　　刷 | 北京明恒达印务有限公司 |
| 装　　订 | 廊坊市广阳区广增装订厂 |
| 版　　次 | 2019 年 1 月第 1 版 |
| 印　　次 | 2019 年 1 月第 1 次印刷 |

| | |
|---|---|
| 开　　本 | 710×1000　1/16 |
| 印　　张 | 17.5 |
| 插　　页 | 2 |
| 字　　数 | 270 千字 |
| 定　　价 | 75.00 元 |

凡购买中国社会科学出版社图书,如有质量问题请与本社营销中心联系调换
电话:010-84083683
版权所有　侵权必究

# 序

职业教育是教育的重要分支。虽然从中国职业教育通史的角度研究职业教育,我们可以追寻至远古,但真正的职业教育是舶来品,是随着近代中国社会发展进步的脚步从西方引进过来的。中国的职业教育几乎与中国早期现代化同步,萌芽于洋务运动,清末民初初步发展,20世纪20年代以后发展迅速,取得不菲的成效。职业教育从某种角度来说就是生产力,与一个国家、一个区域的社会发展与进步密切相关。因为职业教育同经济的关系密切,二者是"通过培养劳动力和吸收劳动力而相互联系的。由于社会生产对劳动力要求是不断变化的,职业教育与经济之间的关系也处于不断变化之中"[①]。中国资本主义在20年代之所以发展至"黄金时代",30年代中期之所以发展达到一定的高峰,都与这一时期职业教育的发展分不开。此一时期政府颁布的职业教育法令、法规几乎达到接近完善的地步,职业教育学校、培训机构遍布全国各地区,陶行知、黄炎培、顾树森、蒋维乔、穆藕初、庄泽宣、廖世承等一大批职业教育家的产生,促使职业教育进一步发展。此一时期中国职业教育的发展是可喜的,可惜日本侵略者发动侵华战争,中断了中国早期现代化进程,中国职业教育发展遭到严重破坏。

中国早期现代化从区域方面来讲以东南、江南最著,因而中国职业教育发展最好,所以近代中国职业教育也自然侧重这一区域,无论

---

[①] 杨海燕:《城市化进程中的职业教育发展研究》,中国海洋大学出版社2008年版,第92页。

是研究队伍还是研究成果，都超出其他区域。总体来说，中国职业教育，北方落后于南方，中国职业教育研究，北方亦落后于南方。但北方的河北区域是其中一个独特的区域。我们这里所说的河北区域，包括今天的河北省和北京、天津两个直辖市，即所谓的京津冀地区①。我们所说的河北区域在清末民初乃至整个民国时期是北方一个特殊的区域，在清末民初、整个民国时期的社会发展是较为进步的区域。②这里有晚清洋务运动最大洋务派直隶总督李鸿章20多年的洋务努力，有清末新政直隶总督袁世凯6年的北洋新政业绩，有民国以来北洋政要退居政坛后在河北区域发展民族企业的频繁活动，因而河北区域的早期现代化有很好的基础，现代化成果较明显，中国铁路网是在这里起步的，享有南张北周美誉的周学熙资本集团是在这里孕育的等。自然，河北区域早期教育现代化尤其是职业教育早期现代化也是很有成效的，在清末名列前茅，并于民初持续发展。但限于该区域的复杂性及其他方面认识的误区，对该区域整体早期现代化以及职业教育现代化缺乏应有的研究，不能不说在学术方面是一个大的缺憾。

2012年韩兵成功考入陕西师范大学，成为我的博士研究生，他的知识结构与研究兴趣为弥补这一缺憾创造了前提。他经过三年余的奋力拼搏，顺利完成了这一课题。

韩兵的硕士专业是教育史，基于这样的学术根基，他将博士论文选题定在了中国近代教育史方面。他前面的同学，有选择政治史的，有选择经济史的，有选择社会史的，根据他们的知识结构和研究兴趣以及学术研究需要，导师、学生双向结合，最后确定毕业论文选题。韩兵的选题就是这样确定的。

说到职业教育，这是我国当下现代经济、产业、社会发展以及教育改革不能回避的一个问题。把职业教育办好，有三个问题是要正面回答的。第一，什么是中国特色现代化职业教育体系？第二，如何构建中国特色现代化职业教育体系？第三，中国特色现代化职业教育体

---

① 20世纪50年代国家对一些省区进行调整。如原属河南的武安、涉县划归河北，原属河北的南乐、清丰、濮阳、东明、长垣5县划归河南；撤销察哈尔省，张家口市、宣化市归属河北省管辖；撤销热河省，热河省所辖承德地区划归河省等。

② 抗日战争日据时期例外。

系怎样高效地为我国的经济产业发展服务？只有将这三个问题回答得清楚明了，才能真正把握到职业教育的本质。从理论方面进行研究和探索，进而试图去回答这几个问题，我想这是社会科学研究者的应尽之责，也是史学传统经世致用的具体体现。

韩兵在博士论文的基础上又成功申报了河北省社会科学基金项目，而且即将由中国社会科学出版社出版，是非常令人高兴的。借此机会，谈谈我对他论著的几点看法：

第一，从时间点方面，选择民国时期作为研究的时间切入点是非常适宜的。民国以来尤其是中期，我国的职业教育办得还是非常有起色的，广泛借鉴外国职业教育模式和体制、国民政府推行的职业教育体制改革、众多教育家探索本土化的职业教育理论及开办适合本地及本国需要的职业学校等，一系列的因素聚合到一起，让这个时期相对成功的职业教育引起了广泛的学术关注。书中通过研究职业教育的发展进程以及存在的问题，总结经验、反思教训，这对当今职业教育事业是有益的。以史为鉴、鉴往知来，这也是历史研究的应有之义。

第二，选择区域的合理性。如上所述，研究民国职业教育在东南、在南方是热点，有着相当重要的一大批研究成果。而在北方则比较冷僻，民国职业教育研究相对薄弱。韩兵选择河北区域，本身就具有创新的意义。何况河北区域不是一般的区域，而是晚清以来发展较快的区域，对该区域的职业教育进行专题研究，弥补不足和缺憾，不仅大大拓宽了民国职业教育史的区域，而且由于该区域的特殊性，使得这项研究不仅仅具有学术性，更为重要的是其现实意义。研究所指的河北地区，恰恰就是今天的京津冀地区。京津冀协同发展、一体化是我国现今重大的战略之一，这三地怎么协同发展？如何一体化？我想三者之间经济产业的融通、合作及对接是最为关键的一步，而要迈出这一步，职业教育的助力必不可少，培养各层次的技术人才而形成区域内的人力资源流动，提供相关技术带动区域内的产业联动与升级、构建职业教育集团促成区域内的校企合作。这种大背景下，需要有新的区域性职业教育理论出现，该研究具有一定的借鉴意义。

第三，研究的科学性。韩兵的该项课题，收集了大量的原始资料，已刊的和未刊的档案资料，研究以原始资料为支撑，有几分资料说几分话,就使该研究建立在扎实的资料之上而具有科学性和严谨性。该研究收集的未刊档案有河北省档案馆馆藏资料《河北省立北平女子职业学校组织规程》《河北省立保定工业职业学校学则》《北平女职1947年第一学期员生各种表册及教育厅对此的指令》《河北省立水产专业学校1946年工作计划》等。天津档案馆未刊档案《社会部天津职业介绍所业务说明书》《天津市工人职业介绍所调查表》《天津公立商科职业学校校则》等。未刊档案资料附以大量的报刊资料,即丰富又广泛。

第四,该研究还存在一定的缺陷和不足。如问题意识较浅,与经济发展的联系不紧密等。如他自己所述经济发展给职业教育提供了什么,职业教育反过来又能够给经济发展提供什么?纯了又纯的职业教育史不会是丰满的。

韩兵的研究并未就此终止,得知他将职业教育史的研究年限拉长,地域也不仅限于河北地区。更可贵的是,在继续搜集相关原始资料的同时,他还注意理论方面的学习与提升,最近将研究点聚焦在中国近代职业教育本土化这个专题上。本来中国职业教育不可能全盘移植,而必须与中国国情相结合。这个专题理论性强,也非常抽象,需要更多的实证研究,对研究者有非常高的要求,但我想对韩兵来说既是挑战,更是机遇。祝愿他在以后的科研道路上,能够取得更加丰硕的成果。

是为序。

张华腾

2018年3月3日

# 目　　录

**第一章　绪论** …………………………………………………… （1）
　第一节　时代对于职业教育理论的需求 …………………… （1）
　　一　经济产业发展的需要 ………………………………… （1）
　　二　丰富学术理论的需要 ………………………………… （2）
　第二节　研究现状与资料运用 ……………………………… （4）
　　一　研究现状 ……………………………………………… （4）
　　二　资料运用 ……………………………………………… （11）
　第三节　研究方法与写作思路 ……………………………… （12）
　　一　研究方法 ……………………………………………… （12）
　　二　写作思路 ……………………………………………… （13）

**第二章　中国近代职业教育的含义及类职业教育释析** ……… （15）
　第一节　中国近代职业教育解说 …………………………… （15）
　　一　职业教育的含义 ……………………………………… （15）
　　二　民国职业教育的横向解读 …………………………… （18）
　　三　民国职业教育的纵向梳理 …………………………… （23）
　第二节　民国河北地区类职业教育比较 …………………… （28）
　　一　工人教育 ……………………………………………… （29）
　　二　劳工教育 ……………………………………………… （31）
　　三　民众补习教育 ………………………………………… （34）
　　四　平民教育 ……………………………………………… （36）
　第三节　民国河北地区类职业教育实体探析 ……………… （38）

1

一　专科学校 …………………………………………… (39)
　　二　补习学校 …………………………………………… (44)
　　三　短期职业训练班 …………………………………… (55)
　　四　游民养习所 ………………………………………… (56)
　　五　民众教育馆 ………………………………………… (58)

**第三章　民国河北地区职业教育发展规划及概况** ………… (62)
　第一节　发展职业教育的提案 …………………………… (62)
　　一　增设职业学校提案组 ……………………………… (62)
　　二　中学改添职业班提案组 …………………………… (66)
　　三　发展各类职业教育提案组 ………………………… (74)
　第二节　职业教育发展计划 ……………………………… (82)
　　一　天津市职业教育发展计划 ………………………… (83)
　　二　河北省职业教育发展计划 ………………………… (87)
　第三节　职业教育发展概况 ……………………………… (100)
　　一　国民政府对河北地区职业教育的考察 …………… (103)
　　二　北平市职业教育发展概况 ………………………… (105)
　　三　河北省职业教育发展概况 ………………………… (116)

**第四章　民国河北地区职业教育的核心要素** ……………… (139)
　第一节　职业教育的经费筹措 …………………………… (139)
　　一　政府的经费投入 …………………………………… (139)
　　二　政府的经济性帮扶 ………………………………… (149)
　第二节　职业教育的师资储备 …………………………… (153)
　　一　国民政府对职教师资的资格要求 ………………… (154)
　　二　职教师资的选拔 …………………………………… (156)
　　三　职教师资的概况 …………………………………… (160)
　第三节　职业教育的学生培养 …………………………… (167)
　　一　职教生源的招收 …………………………………… (167)
　　二　日常的教学及管理 ………………………………… (174)
　　三　职教学生的实习与就业 …………………………… (179)

**第五章　民国河北地区职业教育的效能输出** …………………（193）
　　第一节　职业教育加强学生就业的手段 …………………（193）
　　　　一　职业指导 ………………………………………（193）
　　　　二　职业介绍 ………………………………………（208）
　　第二节　职业教育的产品 …………………………………（220）
　　　　一　职业学校及中小学劳作科成绩品展览会 ………（220）
　　　　二　河北地区职业教育展品评价 ……………………（224）
　　第三节　河北地区职业教育与产业之间的关系 …………（236）
　　　　一　产业的兴盛是职教发展的经济基础 ……………（236）
　　　　二　职业教育技术推动产业发展 ……………………（244）

**结语** ……………………………………………………………（249）

**参考文献** ………………………………………………………（251）

**附录** ……………………………………………………………（263）

**后记** ……………………………………………………………（265）

# 第一章

# 绪　　论

## 第一节　时代对于职业教育理论的需求

### 一　经济产业发展的需要

伴随着国家全面深化改革的不断推进，职业教育作为改革的重要组成部分也越来越受到人们的重视。职业教育是现代教育体系的重要成员，它有着独特的性质和效能。发展职业教育，有其一定的缘由，邹恩润先生在《职业教育研究》当中认为有三点原因，分别是"经济状况之变迁；教育观念之改变；普通教育与自由教育不能尽应一般群众之要求"①，因此无论从国家现代化建设还是个人素质提升上，都需要职业教育的勃兴。但是近些年我国职业教育的发展很不理想，无法适应现代社会、市场、经济及产业的要求，其效能得不到充分发挥，没能给我国现代产业发展提供充足的助推力。当今中国已经进入经济转型及产业升级的攻坚期，但与之对应的职业教育愈发显得疲软。无法提供充足及高质量的职业技术人才，直接制约了我国制造业的核心竞争力及装备的市场竞争力。

时代越进步，职业教育就越显得重要，以往"手艺简单，求普通职业者但就专艺之师为徒弟，已可明其方法而获其特别技能。今则实业之进步，几有一日千里之势；机器之繁复作用，尤非盲目从事与追

---

①　邹恩润编：《职业教育研究》，商务印书馆1923年版，第18页。

随傍观者，所能详细，故不得不有职业教育以补其缺憾"①。而且职业教育与"经济发展有着本质的、最紧密、最直接的联系，它是从劳动力生产与再生产的角度，把科学技术转化为现实生产力的桥梁和纽带，是推动社会生产力发展的强大动力，没有职业技术教育的发展，也就不可能有社会主义现代化"②。因此，必须"坚持以服务为宗旨，以就业为导向，改革职业教育"③。

再从区域的角度来看，京津冀作为一个区域，其区域职业教育与区域经济之间有着非常复杂的联动与推拉、作用与反作用、协调与失调、同步与断裂等关系。对于河北地区的界定，不仅仅是该时期河北省所辖的各个市县，同时也包括这一时段的北平市和天津市。在民国时期，北平市和天津市均曾做过河北省的省会，至于直隶省转变成河北省以及河北省不同时期省会城市的变迁可以参阅本书的附录。此外，之所以本书包含民国北平市及天津市职教的内容，因为即使北平市及天津市不再作为河北省的省会，由于历史和地缘的原因，河北省很多的省立职业学校依然设立在这两个城市，归河北省教育厅管理。整个民国时期北平和天津的职业教育与河北省职教系统一直有非常紧密的联系，因此将这几个地方放在一起作为一个区域进行论述，有利于还原民国时期河北境内职业教育的全貌。显而易见，当下的"区域经济对职业教育的发展有绝对的决定作用，同时，职业教育对区域经济发展有较大的能动作用。职业教育要从市场经济需求出发，必须做到与区域经济协调发展"④。

## 二　丰富学术理论的需要

之所以选择该题目，首先，在时段上能够凸显民国时期的职业教育在中国职业教育早期现代化进程中的重要作用，丰富民国时期职业

---

① 舒新城编：《中国新教育概况》，中华书局1930年版，第137页。
② 纪芝信主编：《职业技术教育学》，福建教育出版社1995年版，第47页。
③ 黄尧：《经济转型期我国职业教育宏观政策研究》，外语教学与研究出版社2012年版，第92页。
④ 李继延等：《中外职业教育体系建设与制度改革比较研究》，复旦大学出版社2014年版，第19页。

教育发展专题的研究。本书的时段选取了1922—1948年，之所以开始于1922年，因为在这一年北洋政府进行了教育改革，史称"壬戌学制"，在这次改革当中，中央政府将实业学校改为职业学校，这样职业教育不但得到了正名，而且它的制度更加正规、合理。尽管书中也使用了实业教育时期的相关资料，但均属于背景介绍部分。本书的年代下限定到1948年，因为笔者在书中运用最晚的资料是1948年的，加上1949年建立了新中国，因此笔者选择了1922—1948年这段时期河北地区的职业教育展开论述。

民国的初期和中期，由于各种因素和条件，中国职业教育早期现代化进程呈现出加速的趋势，笔者拟从天时、地利及人和的三个方面来阐释促成这一时期职业教育能够快速发展的诸多因素。第一，从天时的角度来看，自1911年辛亥革命直至1937年全面侵华战争爆发之前，中国基本上没有遭受到大规模殖民侵略战争的摧残。较为安定的外部环境为中国经济的发展提供了必要条件。第二，从地利的角度看，民国初期及中期中国经过了南京临时政府—北洋政府—南京国民政府这三个政权。不可否认，在这期间国内发生了多次的内战，旧军阀与旧军阀的混战、新军阀与旧军阀的混战以及新军阀之间的混战等，对国内实业及教育不可避免带来很大的冲击，但是这些混战是暂时的、非常态的；而强人政治、强大政府统一全国才是长期的、常态化的，这也是中国这种"后发外源型"现代化国家必经的政治发展模式。国家统一、政权稳定、政令持久这也促成了我国近代经济的发展。第三，从人和的角度看，政府和许多教育家都对职业教育的发展给予了高度的关注和重视。从政府的角度来看，无论是北洋政府还是南京国民政府，多次进行教育改革、颁布教育法令，力图扫清职教发展当中的体制性障碍，同时中央及各级地方政府拿出大量的经费资助各地职业学校的创办，这对职业教育的发展起着决定性的作用。与此同时，国内的社会团体、实业界以及由国外归来的许多留学生也热心鼓吹和倡导职业教育，他们探索职教理论，进行职教实践。正是通过中央和地方、政府和社会的齐心协力、通力配合，才掀起了全国兴办职业教育的热潮。

其次，选取本题目可以进一步廓清民国时期职业教育发展的全貌，是对中国近代职业教育史研究的补充。由于地域、历史及文化原因，中国南方省份发展远超北方，职业教育也是如此，近代中国职业教育在江苏、广东及两湖等省份搞得有声有色。尤其是江苏，在黄炎培及中华职业教育社的推广下成为各个省份学习的榜样。这就形成了一种趋势，现今关于近代中国职业教育的研究，所选取的案例、材料、数据等均来自当时职业教育发展比较好的南方省份，而中国北方地区的职业教育发展没有受到足够的重视。民国时期的河北是中国北方地区政治经济发展的代表，其职业教育亦在北方乃至全国处于领先位置。选取这一区域作为研究对象，并将民国时期河北地区的职业教育发展进行细致的梳理和分析，可以完善中华民国职业教育发展这一专题的研究。

最后，该题目的选择，能够为现今的京津冀协同发展战略当中的职教创新与改革提供一定的历史借鉴和理论指导。历史是门鉴往知来的学问，是可以使人明思睿智的。当今，京津冀协同发展已经成为我国重点经济发展战略之一，随着京津冀一体化进程的逐步推进，区域内的产业更新、换代和升级成为一体化进程中的重中之重。虽然京津冀区域已经进入经济转型及产业升级的攻坚期，但实事求是讲，与之对应的职业教育却有"拖后腿"的征兆。无法提供充足及高质量的职业技术人才，那么该区域内的支柱产业、主导产业、强势产业、特色产业及新兴产业得不到必需的人力资源，很难保持持续性的发展优势。因此，京津冀区域的职业教育已经到了不得不进行改革与创新之时，也只有通过改革与创新，才能够与京津冀的现代产业紧密对接，进而在京津冀协同发展的战略过程中发挥出自己应有的效能。愿这项关于民国时期河北地区职业教育发展与改革的研究，能为今天京津冀区域职业教育的现代化建设提供必需的理论养分。

## 第二节　研究现状与资料运用

### 一　研究现状

在很长的时间内，中国学界并没有对中国近代职业教育史专题研究给予应有的注意和重视。既有研究大多为教育学学科中教育史领域的学者，因此形成一种研究定势，往往把中国职业教育发展史仅仅当成教育学专题来看，运用的研究方法也大多属于教育学范畴，缺少不同学科间研究方法的交叉运用。

(一) 职业教育通史类研究

较早的职业教育通史类专著有吴玉琦的《中国职业教育史》，该书可以说是新中国成立后第一批职教史专著的代表。全书由"古代社会的职业教育""近现代职业学校的产生和发展""黄炎培的职业教育思想""实施职业教育的学校模型""农村改进事业的实验""职业指导的实践与理论""中华职业教育社及其历史作用"及"职业教育的重要法令与规程"① 这八章组成，较为系统地介绍了中国职业教育的产生、发展历史及沿革规律。该书使用历史发展顺序的编年体和按照专题纵横并用的撰写方法，对官方及民间职教组织的实践活动都予以详细介绍，同时还进行理论分析。书中民国职业教育占据了大半部分，二至八章均拿出大量篇幅记述民国时期的职业教育，涉及了思想、制度、法令、实施、机构等诸多方面，为民国职业教育专题的研究提供了大量可参之处。

由张正身、郝炳均所著的《中国职业技术教育史》（甘肃教育出版社1993年版），通论了中国古代、近代、现代、当代职业技术教育的发展历程，并且附录了外国职业技术教育简介。

李蔺田所著的《中国职业技术教育史》将京师同文馆作为中国近代职业教育的发源点，从专业构成、师资素质、生源与就业状况等方面记述了职业教育。书中通过选取翔实的史料，系统地叙述了从1862年到1988年中国近现代职业技术教育的发展历程，探讨其发展规律，总结其经验和教训。涉及民国部分的共计五章，分别是"实业教育改革（1912—1921年）""职业教育的兴起（1922—1926年）""职业教育的发展（1927—1927年）""帝国主义对中国文化的侵略与奴化教育（1840—1949年）"及"革命根据地的职业教育（1927—1949年）"②，对民国时期各个时段的职业教育都进行了较为

---

① 吴玉琦：《中国职业教育史》，吉林教育出版社1991年版。
② 李蔺田：《中国职业技术教育史》，高等教育出版社1994年版。

细致的论述。总体上其写作方法按照历史顺序分阶段论述，上下各章以时间为主线，每章均有附录，包括当时的重要文献和资料，另列大事年表。该书所引用的资料、数据，大部分来自政府和机关的法令、条例等文件，也有一部分选自当时的报刊和有关部门（如学校）的资料。该书末尾还提供了中国职业技术教育展望、大事年表、统计资料和台湾职业技术教育简史（并附以资料）四部分内容，书中收录了近代中国各个时期职业教育发展的大量资料与信息。

进入21世纪以后，职业教育通史性著较有代表性的有米靖的《中国职业教育史研究》，该书总计十二章，分别是"原始社会至夏、商、西周时期的职业教育""春秋战国时期的职业教育""秦汉时期的职业教育""三国两晋南北朝时期的职业教育""隋唐时期的职业教育""宋元时期的职业教育""明朝至清朝鸦片战争前的职业教育""鸦片战争至清朝末年的职业教育""民国初期的职业教育""新文化运动时期的职业教育""国民政府时期的职业教育"及"中国共产党领导下的革命根据地职业教育"①，全书时间跨度较长，从原始社会的职业教育到革命根据地的职业教育，各个时期所对应的篇幅比较平均，力图探索中国职业教育的发展规律和途径。书中的九、十、十一章分别从民初的职业教育发展（包括教育宗旨、学制改革、制度发展及学校统计等方面）、中华职业教育社的活动、蔡元培、黄炎培和邹韬奋等教育家的职业教育思想等几个方面介绍了民国时期的职业教育概况。

专门论述近代中国职业教育史的论著有谢长法的《中国职业教育史》，该书是中国近代职业教育史研究的一项标志性成果。该书体系严谨、内容翔实，在写作过程中运用了大量的一手资料，对中国近代职业教育的发展进行了深入分析，提出了很多具有创新性的观点，在许多方面较之前的同类作品都有所突破。该书由"实业教育的引入与实业学堂的萌芽""实业教育制度的引入与确立""实业教育的发展""实业教育的改革与职业教育的兴起""实业教育制度的改革与职业教育制度的确立""职业教育的发展""国民政府抗战前的职业教育"

---

① 米靖：《中国职业教育史研究》，上海教育出版社2009年版。

"抗战时期的职业教育""战后职业教育的演进""中华职业教育社与职业教育""职业教育理论探讨的先行者举概""近代中国的职业指导""职业指导理论探索的先行者举概"① 总计十三章构成,该书论述纵横相济,尤其是在横向上,非常深入细致地论述了近代中国职业教育的引入源流及过程、职业教育理论的萌发与丰富、职业教育制度的确立及完善、女子职业学校的产生和发展等。此外,该书还拿出专门章节对在近代中国职业教育发展进程中发挥重要作用的机构例如中华职业教育社和教育家例如黄炎培、顾树森、蒋维乔、穆藕初、庄泽宣、廖世承及蒋梦麟等人的职业教育思想进行了详细记述。对于近代中国的职业指导,以往的职业教育史专著中对这个问题的研究较为欠缺,该书则对此进行了详尽的描述并对其作用做了客观评价,对于邹韬奋、顾树森、廖世承及刘湛恩等人的职业指导思想也进行了细致的梳理。关于民国职业教育史的论述,占据了全书四分之三的篇幅,可见民国时期的职业教育在整个近代中国职业教育史中的重要地位。中国近代职业教育史是教育史研究中的薄弱环节,谢长法著《中国职业教育史》的出版,很大限度上弥补了这个方向上的研究空白。

此外,关于中国近代职业教育史研究还有台湾国立师范大学工业教育研究所周谈辉教授所著的《中国职业教育发展史》(三民书局1985年版),该书是大专教学用书,作者写作方法以中国近代职业教育的发展进程为经,内容为纬,将职业教育进程分为萌芽、建立、民初、新制、抗战复员、九年国教实施前及九年国教实施后等几个时期,分别叙述各个时期的职业教育兴起之背景及阶段特征,又从职业教育的宗旨、学制、行政制度、课程与教学、实施、师资、设备等方面加以横向的论述。

(二)职业教育史专题类研究

此外,还有不少按照近代中国职业教育要素进行专题性研究的著作,对近代中国职业教育思想进行集中论述的有刘桂林的《中国近代职业教育思想研究》,全书分为"实业教育思潮""职业教育思潮"

---

① 谢长法:《中国职业教育史》,山西教育出版社2011年版。

和"30年代的职业教育思潮"① 三章，后两章为民国部分，书中将民国时期职业教育思潮的酝酿、产生、发展及20世纪30年代的继续演进过程进行了细致的论述，并重点分析了黄炎培、陶行知、杨贤江及江恒源等几位著名教育家的职业教育思想，结论部分对职业教育思潮的启示予以客观评价。总体上全书以近代中国职业教育思想的萌芽、发展、成熟的演进脉络为研究对象，描绘了近代中国三次职业教育思潮的轨迹，揭示了职业教育思潮产生的社会背景、职业教育体制和实践的内在联系，肯定了职业教育思想对近代中国职业教育的创办、改进和发展的积极影响。

集中论述近代中国职业教育体制发展和演进的专著有吴洪成的《中国近代职业教育制度史研究》，全书分为"现代职业教育的前奏——晚清时期的实业教育""职业教育的产生与职业教育制度的形成""职业教育的运动""职业教育的分化与整合""民国时期职业教育制度化研究（上、下）""民国时期职业教育制度化的历史反思及其现实启示"② 七章构成，除第一章外余下六章均是对民国时期职业教育制度的论述。该书侧重从动态的角度，力求从整体上厘清近代中国职业教育制度化的基本过程，勾勒出其变化发展的曲线。书中详细论述了民国时期职业教制度本身及内涵、进步性，描述了职业教育制度的推行情况以及民国政府对职教制度的调整和丰富，并分析了职业教育制度化的历史反思和现实意义。对于民国时期职业教育制度专题的研究，有重要的借鉴意义。对近代中国职业教育体制进行研究的还有彭爽的《中国近代职业教育法律制度研究》（湖南人民出版社2010年版），该书从纵、横两方面入手，以考察中国近代职业教育法律制度的发展过程为纵线，以不同历史发展阶段中构成职业教育法律制度的要素为横线，系统地勾画出中国近代职业教育法律制度的全景。

从课程角度去论述近代中国职业教育史的代表性专著有任平的《晚清民国时期职业教育课程史论》，全书由"晚清民国时期职业教育思想研究""晚清民国时期职业教育课程目标与结构""晚清民国

---

① 刘桂林：《中国近代职业教育思想研究》，高等教育出版社1997年版。
② 吴洪成：《中国近代职业教育制度史研究》，北京知识产权出版社2012年版。

时期职业教育课程内容研究""晚清民国时期职业教育课程实施""晚清民国时期职业教育课程的评价""晚清民国时期职业教育课程的启示"[①] 六章组成，该书以晚清民国时期的职业教育课程为研究目标，详细回答了这段历史时期中国职业教育课程的理论基础、内容、思想渊源、实施方式、效果以及对现代职业教育发展的启示等。在书的末尾作者认为不同历史时期职业教育的课程目标都能体现出该时期的教育思想，肯定了这一时期职业教育课程所具有的实用性，并培养出了大量民族实业家，强调了多元化和务实化实施方式的重要性等，可以说该书是不可多得的关于中国近代职业教育课程史研究的专著。

从职业教育师资培养的角度进行论述的有周谈辉的《职业教育师资培育》（三民书局1985年版），书中的第二章"中国职业教育师资培育的沿革"将近代中国职业教育师资培育分为植基、滋长、根生等几个阶段进行论述，记述了各个时期政府关于职业教育师资培育的法令和文件。

（三）论文成果

论述近代中国职业教育发展的论文很多，但在以往职业教育史的专著及学位论文的研究综述部分，都有较为详细的引证与介绍，为避免重复，这里仅举几例加以说明。较早的有霍益萍、田正平的《试论中国近代职业技术教育的发展》（《华东师范大学学报教育科学版》1986年第4期），论述了近代中国职业技术教育的发展轨迹和脉络。近些年有张宇的《从主要矛盾的变化看清末民初职业教育的发展》（《中国职业技术教育》2009年第12期），该文将中国近代职业教育的发展分为国家举办和社会事业兴办的两个时期，并分析了各个时期职业教育发展所面临的矛盾，前者是能够"实用"但难于"推广"，后者能够"推广"却丢掉了"实用"，最后以日本和苏联为例强调了政府调配资源在职业教育发展中的重要作用。彭干梓、夏金星的《中国职业教育发展史中的三次高潮》（《职教论坛》2009年第10期）一文中指出在清末新政、民国北京政府和南京政府这三个阶段，由于政府一定程度上允许职教理论的探讨，一批爱国知识分子和教育家，

---

① 任平：《晚清民国时期职业教育课程史论》，暨南大学出版社2009年版。

从不同的立场、理念出发，采用不同的方法，寻觅改造中国职业教育发展理论，进行了前所未有的职业教育实践，进而出现了中国近代职业教育发展的三次高潮。

专门研究民国时期职业教育的论文为数不少，这里择要予以介绍。冯莉的《留学生与民国初期实业教育转型的历史考察》（《职教论坛》2011年第31期）论述了民初的留学生在国内传播西方职业教育思想，探索职教理论，投身教育实践，推进职业教育本土化，参订新学制并促进职业教育制度转型过程中发挥的重要作用。谢长法的《民国初期的职业指导》（《职业技术教育》2001年第28期）一文较为系统地论述了民国初期职业指导运动的发展概况及社会效果。文黎明的《民国初期的职业教育运动》（《教育与职业》1990年第7期）叙述了民初各类职业教育思潮涌动下的职教运动，并分析了职业教育运动兴起与发展的原因和社会反响，最后总结了这场职教运动的意义及其地位。米靖、张燕香合写的《民国职业教育译著及其对我国职业教育学科发展的影响》（《职业技术教育》2012年第12期）较为系统地记述了民国时期我国知识分子翻译外国职业教育著作的历程，并分析了这些译介与著作对我国职业教育学科产生的影响。钱景舫、刘桂林的《论中华职业教育社在近代教育中的地位和作用》（《华东师范大学学报教育科学版》1998年第4期），以中华职业教育社为研究视角，较为详细地论述了社员黄炎培、顾树森、蒋梦麟及蒋维乔等教育家在推动民国职业教育发展中做出的重大贡献。张新民的《民国初期的高等职业教育——专门学校》（《现代大学教育》2008年第6期）论述了民初"壬子癸丑学制"后高等职业教育的变化和发展，附以详尽的数据和资料，并指出了当时专门学校发展中存在的问题。

综合上述的论著来看，中国近代职业教育史研究已经引起学术界越来越多的关注和重视，在建国尤其是改革开放以后，随着教育学及教育史学科的繁盛，中国近代职业教育史的新资料不断被挖掘出来，经过专家学者的整理和研究，涌现出大量的专著和论文，许多关于中国近代职业教育史的争议已经有了定论，相关的研究外延得到了扩展和加强。

现有的一些关于中国近代职业教育的看法也有商榷余地。关于中国近代职业教育的研究成果雷同、缺少新意,数量上的繁盛并没有得出与之相匹配的科研水平上的提升,重复的问题不断出现。缺少深入的论证和归纳,许多论文仅仅以近代中国几次学制改革为主线,将历次学制改革所颁布的有关于职业教育的法规条律罗列于文章之中,缺少对条文成因以及实施后所产生效果的分析。对近代中国职业教育发展脉络的探索,更多是以叙述性手法来进行描写,对中国职业教育早期现代化的规律没有进行深入的分析。在研究时间的跨度上,有的著作战线拉得过长,重点不突出,面面俱到,却浅尝辄止,缺少对重点和难点专题的全面、深入分析。

**二 资料运用**

本书写作的主要资料来源有:第一,河北省档案馆及天津市档案馆保留了较大数量的民国时期河北地区职业教育的相关档案,这是本书研究的主干资料之一。笔者在查阅档案时发现,职业教育类的资料大多集中在教育厅卷中,资料以各个职校的学则、教师学历表、学生名单、科目及课程安排表、经费使用细目、政府指令及教育发展规划居多,虽然比较繁杂,但还是有很多资料能够为本书所用。

第二,民国时期河北省及天津市政府发行的大量政府公报。河北省教育厅编印了《河北省教育公报》;天津市教育局刊行了《教育公报》,这两大公报由于起止年限长,出刊频率高,因此数量巨大的公报当中蕴含了浩瀚的民国时期河北地区职教的相关信息。这里的信息主要以法规、命令、呈文、记录及专载的形式存在,零零散散、十分琐碎,但从里面得出的数据及法规等文件都经过官方审核,是很严谨的,使用后可保证文章论证的准确性。

第三,民国时期的报纸杂志对于本文资料的支撑和论述均有重要作用。笔者参阅了《益世报》《教育与职业》《北平教育》《新教育》《东方杂志》《中华实业界》及《中华基督教教育季刊》等民国时期的报纸杂志。民间的报纸《益世报》当中的教育专栏报道了当时河北地区职业学校的具体活动,尤其是在1933年、1934年及1935年这三年,因为国民中央政府要在全国大力推行职业教育以培养实用技术人才,因此各类职教改革文件和命令不断出台,河北地区也积极响应，制订职教发展计划、增设与改办职业学校、增加职教经费及举办职教产品展览会等举措经常成为《益世报》教育专栏的头条消息，这些新闻为本书的案例选取提供了良好的素材，因此 1929—1937 年这近十年间《益世报》所刊登的职教新闻也是本书的核心资料之一。此外，黄炎培等人创办的《教育与职业》是专门介绍和研究职业教育的期刊。该刊在介绍民国时期国内外职教发展概况的同时，许多职业教育家例如黄炎培、邹恩润、何清儒、江问渔、陈选善等都经常在上面发表自己的职教改革感想与心得，笔者在写作中借鉴前人观点的同时亦受到很大启发，丰富了文章论证的思路。

第四，教育史及汇编类资料。如《中国教育史》《中国职业教育史》《中国近代教育史资料汇编》《近代中国史料丛刊》《中华民国史档案资料汇编》《第一次中国教育年鉴》及《第二次中国教育年鉴》等，前人的著作和汇编补充了上述资料在写作中所留下的缺欠和漏洞，也是本书写作的参考资料来源之一。

## 第三节　研究方法与写作思路

### 一　研究方法

本书的研究使用调查法、文献法、个案研究法及逻辑归纳法等。第一是使用实地调查法，因为论证该题目所需的相关数据和材料得到京津冀相关城市的职业技术院校去调研和搜集，对所选取的职业院校进行实地调研和考察是本课题的研究基础。第二是文献法，查阅河北、天津及北京等地的档案馆、图书馆及统计局等部门的数据材料，其中的档案类资料，是本书写作的重要资料来源和论证支点；而从图书馆查询到的汇编文献、民国各类报纸期刊及相关书籍，也是本书的重要史料根据。第三是通过相关网站去搜集和整理所需的各种研究材料。第四是个案分析法，侧重选取某个或多个京津冀区域内的职业技术院校进行分析，突出研究重点，这样宏观研究中又有具体案例。第五是逻辑归纳法，在实地调查和掌握大量相关文献材料的基础上，通过整理和归纳，再运用历史学、教育学、经济学、社会学等多学科的研究方法，从国家与地方、职业教育与经济发展互动关系中，对民国时期河北地区的职业教育进行多角度、全方位的分析，既厘清线索，又突出重点；既关注历史发展，又注重现实效果，力求深入探讨民国河北地区职业教育的总体发展状况，找出其演变规律，并分析办学的成功与不足，得出其对社会经济产业发展所产生的各种效应，从而为新时期职业教育如何改进、与主导经济产业对接、为经济发展服务等现实问题提供历史的借鉴。

## 二 写作思路

本书的研究以历史学及现代化理论为纵向研究视角，从总体上把握民国河北地区职业教育的发展轨迹；以教育学当中的教育学原理、职业教育学、社会教育学为工具，对本书的各个部分进行横向解析。具体的研究思路如下：第一，以教育学原理的知识为基础从概念上厘清近代职业教育的含义，并分析民国时期职业教育的社会性、职业性、实践性和异域性这四个特征，同时以现代化理论为方法梳理民国时期职业教育的发展趋势，以便对民国时期河北地区的职业教育发展规律有总体上的把握。之后列举出在民国时期河北地区出现的职业教育机构和类职业教育机构，运用职业教育学和社会教育学对之逐个进行分析，以便明确哪些属于职业教育的范畴，哪些仅仅是类似，两者在本质上到底有哪些不同。第二，列举出民国时期河北地区职业教育的相关提案，并对提案的可行性与实效性进行分析论证。之后，找出民国时期北京市、天津市及河北省的职业教育发展计划，并通过数据和材料来搞清这些地区的职业教育发展状况，以此来检验这些地区原定计划的实现程度，之后重点分析是哪些因素导致原本制定好的职教发展计划没能顺利实现，将这些因素搞清楚了，可以为河北地区以后的职教发展扫除部分障碍。第三，对于民国时期河北地区职业教育的核心要素予以详细分析，本书从三个方面作为切入点，分别是经费筹措、师资储备和生源培养。在经费投入这个方面，先将职业教育与其他类型教育的经费进行对比，再将河北地区的职教经费与其他省市的职教经费进行对比，以便剖析该地区职教经费投入存在的问题；在师资储备上介绍该区域内职教师资的法令及选拔方式等；生源培养则从招生、教学、实习及就业等几个方面进行论述。最后，以教育经济学为研究手段，分析民国时期河北地区职业教育与经济之间的关系，先介绍河北地区的职业指导和职业介绍状况，并总结当时职业指导的经验；之后评价河北地区各职业学校的产品质量和实用程度，最后分析职业教育发展与产业进步的关联，通过引用个案来诠释职业教育给产业进步带来的收益。

# 第二章

# 中国近代职业教育的含义及类职业教育释析

## 第一节 中国近代职业教育解说

### 一 职业教育的含义

什么是职业教育,有很多不同的定义和说明。我国近代著名的职业教育家黄炎培解释为:"职业教育,以教育为方法而以职业为目的者也。"① 在这里,黄炎培先生从非常宏观的角度对职业教育做出了解释和说明,对于教育和职业这两个词汇分别进行了定性。教育是获取职业并谋求生计的途径和手段,而从事适合自己的职业才是目标。黄炎培对于职业教育的界定没有给出具体时段的划分,而且对于职业教育的核心要素并未予以详细的说明,因此从严格意义上来看这个对于职业教育的定义并非是教育学性质的界定。尽管如此,黄炎培先生短短的一句话就解释了职业教育的真谛,就是要使学生通过接受特定类型的教育去谋求相应的职业。邹恩润认为"职业教育之精义,在使受教育者各得一艺之长,借以从事有益于社会之生产事业,俾获适当之生活;同时更注意于共同之大目标,即养成青年自求知识之能力,巩固之意志,优美之感情,不特以之应用于职业,且能进而协助社会

---

① 魏心一编:《陶行知、黄炎培、徐特立、陈鹤琴教育文选》,安徽教育出版社1992年版,第142页。

国家，使成健全优良之分子"①。邹恩润对于职业教育的实质给予了个人与社会两方面的说明，并且突破了技术培养的概念定势，将职业教育的本质提升到了一个新的高度。

对于职业教育进行教育学定义，比较有代表性的是《中国大百科全书·教育》这个工具书目，指出职业教育是"给学生从事某种职业或生产劳动所必需的知识和技能的教育"。这个界定简明扼要，但相对于黄炎培的界定有了更深一步的说明。这个界定不单指出职业教育是获取职业的手段，而且还对职业教育的内容进行了解释。职业教育包含知识和技能两部分。知识包括专业知识和基础知识，专业知识的传授是为了将来从事职业打下理论基础；基础知识则是为了能够使受教育者有更好的综合素质，以保证其将来的持续发展。在职业教育的授课过程中专业知识和基础知识缺一不可，专业知识不足，学生没有资格从事相关职业；缺少基础知识，学生从业后的综合素质及创新能力得不到保证。技能的培训，更凸显出了职业教育的实际操作性，没有技能的职业教育也丧失了其办学本质。技能的传授，必须增加职业教育教学当中的操作实习环节，增强学生从业前的专业操作熟练度。职业教育的目标不仅仅是要从事某种职业，它还直接联系社会化大生产，直接和生产挂钩，这又体现出了职业教育的社会性。社会性是职业教育的重要属性之一，之所以要接受职业教育，其最终的目标还是要为社会生产服务。

在职业教育学教材类书籍当中，对于职业教育的界定较有代表性的是李向东、卢双盈主编的《职业教育新编》，当中将职业教育定义为"职业教育是为适应经济社会发展的需要和个人就业的要求，对受过一定教育的人进行职业素养特别是职业能力的培养和训练，为其提供从事某种职业所必需实践经验，并能迅速适应职业岗位需要的一种教育"②。这个界定首先给出了职业教育存在的原因，书中强调了来自社会以及个人两方面的需要。就社会方面来看，兴办职业教育是为了促进经济及产业发展的需要，职业学校是"直接为社会培养人才

---

① 舒新城编：《中国新教育概况》，中华书局1928年版，第137页。
② 李向东、卢双盈编：《职业教育学新编》，高等教育出版社2009年版，第23页。

的，人才的标准不是学校自身规定的，而是用人单位说了算，技术的要求、能力的要求、素养的要求等都应该符合用人单位的需要"①。从人的角度来讲，还是落在了谋生即生计上。这个定义首先从社会以及个人（社会个体）两个方面的需要较为完整地揭示了职业教育起因。其次，对于接受职业教育者也给予了必要的说明，即必须是受过一定教育的人，这里说明了职业教育的层级，起码是要高于初等教育的。只有具备一定的教育基础，才能有资格接受职业教育。这一点也让职业教育与传统的学徒制之间有了本质上的区别。学徒制大多并不要求学徒有什么知识基础及教育背景，他只要认真肯学、头脑聪明就可以胜任了。再次，职业教育的教学强调职业素养和能力的培养与训练，这里的着重点放在了素养和能力上，这个定义超越以往之处在于强调职业的综合素养和能力，其中不仅仅包含专业技术和知识的熟练掌握，其他的基础知识在教学过程中也必须受到重视。它打破了以往狭隘的职业教育仅仅传授学生专业知识那种功利主义的教育模式，更加注重受教育者的全面发展。最后，这个定义强调了职业教育的实践性，必须通过大量的专业技术训练和实习，让受教育者尽快熟练所从事职业的具体操作，因此在接受职业教育期间必须积累一定的实践经验，这样才能在就业后快速进入状态。这个定义从职业教育的社会需要、受教育者的资格、能力素质培养和实践经验这四个方面对于职业教育进行了界定，可以说它基本上列举出了职业教育的主要构成部分。

综合前面各种关于职业教育的定义，笔者认为近代中国职业教育的含义当中必须包括时段界定、创办原因、教育者、受教育者、教育内容和教育目标这六个基本的内容。因此，所谓近代中国的职业教育是指在近代以来，由于社会经济产业发展和社会个体从业的需要，特定教育团体和机构有目的、有组织、有计划地对有一定教育基础的人进行职业知识、技能和道德的培养与训练，以便使个体获取适合岗位需求的教育类型。近代中国的职业教育是一个连续的发展过程，由清

---

① 岳小战编：《中国职业教育名校/名校长创新管理评析·就业指导卷》，西南师范大学出版社2012年版。

末的"实业教育"发展到民国时期的"职业教育",虽然名称不同,但其内涵基本是相同的,二者一脉相承。根据定义,本书研究的内容是民国时期的河北地区职业教育的发展和演进,将研究的时段放在民初一直到建国,抗战前是主干部分,抗战后将略做延伸性的探讨。区域选择上则是京津冀,重点是天津和河北省两地的职业教育,同时还兼顾当时北京市的职业教育发展。此外,书中将根据当时经济产业的要求和毕业生的从业构成来详细说明创办某种职业教育的背景。就职业教育发起者来讲,民初时期河北地区不仅政府积极创办职业教育,就是很多社会及民间团体和个人也投身到职业教育创办的热潮当中,文中将探究他们所发挥的不同作用。同时对于职业教育在整个教育系统中的地位以及自身的层次划分都做了详细说明。再有对于职业教育的核心要素如经费、教师及学生等都分别予以论述。最后根据产业发展状况来评价职业教育的效果。

## 二 民国职业教育的横向解读

对于民国时期的职业教育进行横向角度的解读,下文拟从目的、特性和功能三个方面进行论述。

### (一) 民国职业教育的目的

民国时期较早对职业教育目的有深入思考的是陶行知,他认为如果职业教育要办得成效卓著,必须要有正当合适的主义,而"生利"就是陶行知所奉行的职业教育主义。他预见"有生利之师资,设备,课程,则教之事备;学生有最适宜之生利才能兴味,则学之事备。前者足以教生利,后者足以学生利;教与学咸得其宜,则国家造就一生利人物,即得一生利人物之用,将见国无游民,民无废才,群需可济,个性可舒;然后辅以相当分利之法,则富可均而民自足矣"①。虽然陶行知在论述当中强调了生利师资、设备及课程等,但职业教育目的最终落脚点还是放在了生利上,财富再得适当的分配途径,自然会实现民富的目标,而民富方可国强。

到了 30 年代中期,黄炎培提出办理职业教育,必须注意社会个

---

① 陶行知:《生利主义之职业教育》,《教育与职业》1918 年总第 3 期。

体个性的发展。这时的黄炎培更注重从心理学的角度来分析职业教育给个人发展带来的效果,只有受教育者身心均衡发展才是职业教育的最终目标。也就是说不仅传授专业知识和训练操作技能,更重要的是培养学生爱岗敬业的职业风貌,这样学生走向工作岗位后才能事半功倍。无奈当时很多"学校仅恃此文字教育为陶冶方法,对于全部精神能力之培养毫不注重"①。甚至许多"一知半解和主张狭义的职业的人,大概以为职业是离不开一双手的,把重手不重心脑的说法来解释职业。表面上看来,似乎是对的,因为许多职业,都是离不开手做的。但是天下的事,有难有易,有简有繁,是否难和繁的事,都只须用脑,而易和简的事,只须用力?"②

有鉴于此,根据对个体发展的研究,黄炎培将民国时期的职业教育目标概括为"使无业者有业,使有业者乐业",这也是中华职业教育社的目标。就20世纪30年代中期的社会现状来看,国民经济当中的"实业问题日趋严重,毕业于学校,失业于社会者日多,而又有一部分青年,毕业于小学,不能升中学,毕业于中学不能升大学,既具相当之知识,复有较高之欲望,而怅怅何至者无虑数十万人。而一方工商衰落,数年来仅有之小规模机械工业,亦已残破不堪,号为国家立国根本的农村,又已濒于崩溃,凡此种种情形,俱为眼前事实,为迫在眉睫刻不容缓之待决问题。欲谋解决,固不能专赖一方,凡在教育方面而言,职业教育至少是一种对症发药的良方。今之持非职业教育主义者,固并不否认现社会之事实,而其鳃鳃过虑者,在误认职业教育之功利化耳,此则不甚了解职业教育之意义,因而差认其价值"③。再往远看,职业教育是要"人人有职业,是用教育方法去准备个人谋生的,准备个人服务社会的,准备世界和国家生产力的增进的,解决人民生活问题的……工人受了职业训练,生产力量当然可以大些。受训练的工人,得到法律的保障,政治的平等,衣食住行的需要,自然高兴非常,安于他的职业,乐于他的作业了。所以职业教

---

① 顾树森:《职业陶冶之意义与其方法》,《教育与职业》1918年总第5期。
② 钟道赞:《兴趣与职业》,《教育与职业》1930年总第115期。
③ 杨卫玉:《职业教育价值之新估计》,《教育与职业》1935年总第162期。

育，可以说是发达国家资本，振奋实业的起点，是解决民生问题的工具，是建国大纲的基础"①。

(二) 民国职业教育的特征

民国时期的职业教育主要有社会性、职业性、实践性和异域性这四个主要的特征。第一，民国时期职业教育的基础是社会性的。职业教育是否需要存在，该怎样发展，能够发展到何种程度，完全取决于社会经济及产业的实际状况和需要。而且职业教育的经济基础也取决于社会经济的发展程度。1930年黄炎培谈到职业教育的目标时认为职业学校"从其本质说来，就是社会性；从其作用说来，就是社会化"②。此外，职业教育同经济的关系，是"通过培养劳动力和吸收劳动力而相互联系的。由于社会生产对劳动力要求是不断变化的，职业教育与经济之间的关系也处于不断变化之中"③。从另一方面来看，一个人的"职业是于全生有最大的关系，中国的下等游民，半由于没有受教育，半由于没有相当的教育可受。中国的高等游民，半由于没有机会，半由于不自知选错了职业。中国实业不发达，由于受过职业教育的人太少，中国政治不良，由于高等游民太多"④，滋扰了中国的政治稳定。而社会化，则是指职业教育在培养个体时虽然要使其获得全面的发展，但它还是要作为桥梁，使个体通过学习和训练能够更快更有效地参与到社会活动当中，担任相应的社会角色。

第二，职业性是民国时期职业教育的指向属性。职业教育不同于其他的教育类型，它就是要为某些特定的职业领域培养专业技术和管理人才，它的指向就是确保学生的就业。如果学生"无一技之长，以谋独立之生计，此种学生，听其自然乎？抑将设法以补救之乎？如曰听其自然，则学校者，徒为社会养成高等之游民耳，抑何贵乎教育？如曰补救之，舍职业教育其奚由耶？"⑤可以说，充分的就业就是职业

---

① 潘文安：《职业教育ABC》，ABC丛书社1929年版，第22页。
② 魏心一编：《陶行知、黄炎培、徐特立、陈鹤琴教育文选》，安徽教育出版社1992年版，第173页。
③ 杨海燕：《城市化进程中的职业教育发展研究》，中国海洋大学出版社2008年版，第92页。
④ 庄泽宣：《我的教育思想》，中华书局1934年版，第42页。
⑤ 蒋梦麟：《过渡时代之思想与教育》，商务印书馆1933年版，第194页。

教育的生命。职业教育与工厂有着天然性的密切联系，它必须根据近代产业、工厂的需要设置自己的专业，以保证能够培养对口的人才。当然，在谈职业教育的职业性时，"不能将文化修养、人文道德等因素与其割裂开，不能简单地认为'职业教育就是就业教育'，而应将职业教育的职业性中融入人文性，这样才是职业教育完整的职业性"①。

第三，民国时期职业教育的教学必须具有实践性。职业教育的直接目的就是要确保学生就业，因此在毕业之前学生就应该熟练即将从事职业的专业知识和操作技术。而"注重技能的养成，自然应注重实作。有些从事职业教育的已经认清这点，所以竭力提倡实习的设备。农科应有农场，工科应有工厂，商科应有商店，但这并非完全理想的办法，因为学校实习的设备，无论如何充足，总不能完全与职业中实际环境相同。既不能完全切合实际，所养成的能力，总免不了缺欠或不合实用的地方。最理想的办法，是利用实际的农场、工厂、商店等，为职业教育的根据地，效力更大。这样不但可以减少设备的费用，并且对于职教的效力可以增加许多；因为教材、教法、组织、出路等问题，都比较易于解决"②。在教学内容上看，在传授学生基础理论知识的同时更要传授他们能用、够用的专业技术知识。

第四，民国时期的职业教育还带有强烈的异域性。从严格意义上来说，中国原本没有职业教育，在封建社会当中，有一种培训行为与职业教育较为接近，那就是学徒制，但学徒制仅仅是师傅和徒弟之间技术技艺的传授与学习，不能算作是正规的教育活动。而且若任由封建制度无限期地顺延下去，中国自身很难孕育出现代的职业教育。由于两次鸦片战争撞开了中国的大门，西方的产品、科技、文化、教育等不断涌入中国，其中自然也包括职业教育。中国在被迫接受这些新事物的同时也开启了其现代化的闸门。职业教育作为现代教育类型之一，其办学宗旨、教学方法、理论支撑以及办学模式等所有的要素均由国外引入。因此，这一时期的职业教育有着鲜明的异域色彩。就职

---

① 夏金星：《职业教育学实用专题》，北京师范大学出版社2013年版，第14页。
② 何清儒：《我国职业教育应有的目标》，《教育与职业》1935年总第162期。

教体制来看，民国时期的职业教育制度过多地模仿了德美的教育体制。教材的使用大多是外国教材的直译，本国自编的教材十分欠缺。就职业教育的师资来讲，民国初期在各类职业学校当中存在大量外籍教师，他们的授课内容没有很好的同中国实际和文化相结合，讲解出来的很多东西和现象在中国是没有的，很多专业术语也是原封不动搬到课堂上来，学生的理解始终在"云雾"之中。就职业教育理论来讲，存在过多借鉴外国职教理论的现象，"借鉴来的职业教育理论适应其所在国家社会发展的模式，在我国却有着'水土不服'的现象，由于不恰当的借鉴造成我国职业教育指导理论与实际发展不相符的问题，从而影响甚至阻碍了我国职业教育的发展"①。

（三）民国职业教育的功能

从宏观的角度来看，职业教育有经济、政治及文化三大功能。但就民国这个特定的历史时期来看，由于社会经济发展刚刚起步，近代化的产业也不够成熟，与之对应的职业教育也仅仅是萌芽阶段。因此，这一时期的职业教育功能还不像今天这样健全，更多的是要为社会经济发展服务，所体现出的主要是经济功能。所以，这里主要介绍一下民国时期职业教育所发挥出的经济功能。

首先，为当时的经济产业发展提供了初中级技术人才。职业教育在个体由自然人培养成为具备专业技能的劳动能手上发挥至关重要的作用，学生入学前还没有踏入社会，仅仅作为一个自然的个体存在，经过职业教育的培养和训练，就会成为一个具备专业技术的劳动者。职业教育"涉及的人员广，与经济社会发展最接近，它能直接提高劳动者的生产技能与劳动素质，把智力转化为现实的生产力。职业教育涉及的范围广，采取的方式较为灵活，应对社会需要与吸纳外来观念最快捷，通过职业教育，实现了知识与现代生产、服务过程的结合，提高了劳动者的生产能力"②。在接受职业教育之后，学生可以根据不同的兴趣爱好、能力特长及专业背景去选择适合自己的职业，这样

---

① 米靖、张燕香：《民国职业教育译及其对我国职业教育学科发展的影响》，《职业技术教育》2012年第12期。

② 王屹编：《职业教育研究方法》，北京师范大学出版社2010年版，第4—5页。

能够实现社会需要与个体需要的对接与吻合,真正释放社会最基本单位也就是人的潜力,提高劳动力资源的配置效益,能够有效推动社会经济及产业的发展。为此,职业教育必须以本地经济产业的实际构成为定位基点,培养适合产业需求的技术人才,才能确保其自身的持续发展。

其次,职业教育能够提高劳动生产率。职业教育的主要内容是工艺技能和科学技术,它对于加工制造产业所需的技术技能的简化与提升有非常大的作用。同时职业教育是教育体系当中能够最快将科学技术知识转化为生产力教育类型。不同于其他的教育类型,其他类型教育的目标是如何产生科学技术,而职业教育的目标则是如何将科学技术第一时间转化为生产力。职业教育的课程基础就是科学技术知识,在授课过程中,通过课堂讲授和实际操作培训,职教将科技知识传授给学生,培养了学生的劳动能力,这样学生在从业以后,又把这种劳动能力释放到社会当中,这样就会产生强大的社会经济效益。科学技术是第一生产力,但他"通常是以知识形态存在的,是潜在的、可能的生产力,教育尤其是职业教育则是把第一生产力变成现实的、终极的生产力的必要的中介环节,推动经济的加速发展"[①]。因此,职业教育能够通过快速转化科学技术知识为社会生产力而能够提供巨大的经济效益。

### 三 民国职业教育的纵向梳理

从纵向的角度进行梳理,本书拟运用现代化的理论来诠释职业教育的发展脉络。什么是"现代化"?罗荣渠先生认为"从历史的角度来透视,广义而言,现代化作为一个世界性的历史过程,是指人类社会从工业革命以来所经历的一场急剧变革,这一变革以工业化为推动力,导致传统的农业社会向现代工业社会的全球性的大转变过程,它使工业主义渗透到经济、政治、文化、思想各个领域,引起深刻的相

---

① 李向东、卢双盈编:《职业教育学新编》,高等教育出版社2009年版,第31页。

应变化"①。现代化包括多个层面,吉尔伯特·罗兹曼认为现代化需要"从国际背景、政治结构、经济结构及经济增长、社会整合、知识和教育这五个方面来考察各种变化,力求绘出一幅完整地描画这种相互关联、多向转变的图像"②。可见,在现代化这个由传统向现代的变革及转型进程中,教育作为国家及社会的组成部分之一也在不断演进。

探讨职业教育的现代化之前需要明了教育的现代化,关于教育的现代化,较早提出这个名词的是陶行知,在他为出席1925年在纽约召开的世界教育会议而用英文撰写的《民国十三年中国教育概况》一文中,称"近二十年来,中国正处在使其教育现代化的过程中,但只是在最近五六年内,这项工作才取得较大进展"③。陶行知所指的"教育现代化",开始于20世纪初,到20年代已有较大进步。作者认为,中国的教育现代化起自于洋务运动时期,此时洋务派所创办的教育已经开始由传统向现代演进,无论是授课内容、培养目标还是教育方式等,都和封建传统教育有本质区别。同时洋务派所办教育是资本主义经济及工业生产的产物,与小农经济对应的传统教育不可同日而语。尽管此时洋务派创办的学堂还很传统,其动机也有强烈的政治性,但蕴含的新因子、新内涵不容否定。关于职业教育早期现代化标准,还较少专门论著对这个问题进行探究,大多是以职业教育近代化这个提法来展开研究的。民国时期的职业教育,承接了清末的实业教育,在其早期现代化过程中的各个方面都发生了革新和变化。笔者拟从民国职业教育的体制制度化、学科专业化、办学力量大众化、学术思想多元化、发展模式本土化等几个方面加以论述,以期廓清中国职业教育早期现代化的完整脉络。

首先,中国职业教育从萌芽、发展到成熟,其学制经历了从无到有,从不完善到逐渐完善的过程。清末时期的实业教育制度,即"壬

---

① 罗荣渠:《现代化新论——世界与中国的现代化进程》,商务印书馆2009年版,第17页。

② [美]吉尔伯特·罗兹曼主编:《中国的现代化》,国家社会科学基金"比较现代化"课题组译,江苏人民出版社2010年版,第7页。

③ 陶行知:《陶行知全集》第1卷,四川教育出版社2005年版,第510页。

寅学制""癸卯学制"逐步确立了较为完整、独立的实业教育体系，使各级各类实业学堂的创办有章可循。民国伊始，南京临时政府极其重视学制的改革。1912 年 9 月，教育部颁布了《学校系统令》，称为"壬子学制"，在实业教育方面，至 1913 年，教育部陆续出台了《专门学校令》《实业学校令》及《实业学校规程》等条文，后来被合称为"壬子癸丑学制"。该学制将实业教育分为乙种实业学校、甲种实业学校及专门学校，分别对应清末"癸卯学制"的初、中、高三等。较之"癸卯学制"所规定的实业教育，"壬子癸丑学制"中的实业教育缩短了学制年限，学年分配更加合理；女子职业教育纳入教育体制当中；实业教育不再以升学为目的，学生毕业即就业。随着民国资本主义经济的发展，对于教育提出了新要求，学制改革也提上了日程。1922 年 11 月，北京政府以"大总统令"公布了《学校系统改革案》，又称"壬戌学制"。该学制是对美国学制的引入与借鉴，实行单轨制；职业教育纳入到普通教育之中；在结构上，有小学高年级职业预备教育，初级中学的职业科，高级中学的职业科，职业学校，大学及专门学校附设的职业专修科以及补习学校的职业科。不同于十年前的"壬子学制"，"壬戌学制"将实业学校改为职业学校，这样职业教育不但得到了正名，而且办学内涵和范围都比实业教育宽泛；将职业教育结合到普通教育当中，可保持职业教育升学的连贯性，也提高了职业教育的社会地位；修业年限更加有弹性，也兼顾升学和就业，学生在毕业时可就业，也可选择升学，更加灵活机动。

其次，民国时期职业教育的学科呈现了专业化的特色。从清末实业教育到民初职业教育的发展中，职业教育早期现代化在学校类型、专业设置以及授课内容上经历了由少到多、由粗糙到细致这样一个过程。洋务运动时期开办实业学堂、培养人才主要是为其军事现代化服务的。最早出现的是翻译学堂，其次是军事学堂，辅助军事变革又兴办了电报、铁路、矿物等技术学堂。这些学堂，主要进行军事技术教育，培养的技术人才主要集中在军事、造船、器械、铁路、矿山等方面，国防是当时实业教育的主流导向。维新时期，直隶、湖北、广东、广西、福建、江苏等省陆续创办了农业和桑蚕学堂。较之洋务运动时期，这时的实业学堂的种类有了一定的增加。新政时期，在学堂种类上，主要分为农业学堂、工业学堂、商业学堂、商船学堂，其中水产学堂属农业，艺徒学堂属工业；各类实业学堂分为初、中、高三等；又设立了实业教员讲习所。较之以前，新政时期"实业学堂的课程设置逐渐规范，其中专业课程更加丰富和细化"①。到了民国时期，职业教育的种类比清末有所增加。从1915年2月北洋政府袁世凯发布的《特定教育纲要》来看，政府要开设实业师范学校，这比之前的实业教员讲习所更加正式。《纲要》将中等实业学校，分甲乙两种，类型上划分为农业、工业、商业、实业补习、蚕业、森林、兽医、水产、艺徒、女子各职业学校。在高等实业教育这个层次，设立农工商医这四种专门学校。医学校和女子职业学校被纳入了教育体系当中，扩充了民初职业教育的种类。

　　再次，在职业教育早期现代化过程中，办学力量在各个时期也是不同的。办学力量可以划分成阶级和机构这两大类，这两类力量的发展经历了自上而下，从中央到地方的过程，这也能反映出随着中国近代资本主义经济的发展，新兴的资产阶级逐渐取代封建地主阶级，成为历史舞台的主角。洋务运动时期，兴办实业教育的主要是洋务派，均是满清政府权臣和地主统治阶级。新政时期，士绅、商人及实业家等都参加到实业教育的创办潮流之中。并且实业家"与教育家能合而为一，则手足脑力相互为用，必能于世界成一极有关系之事业，呈一极优美之成绩，生一极大之利益，辟一极富之利源，可断言者。不然，舍实业而求富，是何异于土匪盗贼之夺人所有，强为己有乎"②。民国初年，留学生则成为兴办实业教育的弄潮儿。无论是职业教育改革还是具体创办职业学校，留学生均成为一线主力军。主持教育改革的全国最高教育行政机构的历任教育总长及次长蔡元培、范源濂等人，都有留学经历，教育部的一半行政人员也都是留学生，他们对职业教育的提倡和表率保证了教育理念自上而下的贯彻，为近代实业教育转型提供强有力的组织保障。在职业教育的创办上，也涌现出一大

---

　　① 李霞：《近代中国实业教育的历史考察》，《湘潭大学学报（社会科学版）》2005年第3期。
　　② 林文钧：《马相伯先生演说教育与实业联络为救国根本》，《教育与职业》1918年总第7期。

批以留学生为主的教育家,例如,黄炎培、陶行知等,不但积极介绍西方职业教育理论,而且热心开办职业学校,成为民初职业教育发展的推动力量,也"正是这些民间力量为职业教育进入发展的'黄金'时期提供了长效动力"[①]。

复次,职业教育思想及其理论的丰富和完善,体现出民国时期职业教育理论的多元化。中国近代职业教育思想及理论,经历了论证创办职业教育重要性到探索用何种途径去创办职业教育的演进过程。职业教育是舶来品,所以在中国出现实业教育实体之始,还缺乏这方面的理论探索,可谓理论落后于实践。民初,尤其是第一次世界大战期间,中国资本主义经济获得了难得的发展机遇,伴随着经济的快速增长,职业教育迎来了"黄金时期"。在这一时期,众多教育家积极探索职业教育理论,各自抒发教育救国主张,形成多种教育思潮,使职业教育理论朝多元化方向发展。民初职业教育思潮主要有陶行知的实用主义、晏阳初的平民主义、梁漱溟的改良主义以及黄炎培的大职业教育主义等。当然他们并非各守自己的主义,更多的是相互合作与支持,例如黄炎培曾极力主张实用主义教育。在这一时期,以黄炎培为代表,在探索职业教育理论过程中,涌现出许多突出的人物,他们的教育主张和见解,构成了民国初期多元化的职教思潮。

最后,民国时期职业教育的发展模式更趋向于本土化。近代中国职业教育并非是我国土生土长,而是由西方发达国家(包括日本)引进而来。这样就引出中国职业教育早期现代化的另外一个问题,即职业教育发展模式本土化的问题。职业教育作为现代学校教育的一种,"原系现代资本主义社会底产物,把它移殖到古老的中国来,究竟可能发生怎样的作用?现代学校教育是适应于现代资本主义社会需要而建立起来的……中国是个半封建半殖民地的国家,硬生生地把它移殖过来,其结果自然是'橘过淮为枳',不能适应社会需要"[②],因此近代中国的职业教育必须经历本土化的过程。所谓职业教育本土化,就是在引入职业教育理论和体制过程中,结合中国实际情况、反

---

[①] 冯莉:《留学生与民国初期实业教育转型的历史考察》,《职教论坛》2011年第31期。
[②] 杨东莼:《战时教育问题》,战时出版社1938年版,第5—6页。

映中国国情、体现中国特点，在引入过程中对之进行适当改造，使其有效指导中国职业教育实践。除了本土化，还有本国化及中国化的称谓。刘桂林在《论中国近代职业教育思想》(《华东师范大学学报教育科学版》1996年第4期)中将这一过程称为"中国化"，并对之进行了界定："所谓中国化是指西方职业教育理论和制度进入中国后，如何与中国的实际国情相结合，从而成为能最大可能地满足中国社会需要的、有中国特色的职业教育理论和制度。"中国职业教育本土化经历了从生搬硬套外国模式到逐渐结合本国国情的转变过程。在开展职业教育实践时，只有"广泛调查中国的教育、经济、社会民情"，才能探索出"适合中国国情的职业教育发展之路"①。职业教育制度引入和实施的过程，同时也是职业教育本土化探索和尝试的过程，尽管最开始效果并不理想，但其中也都蕴含着本土化逐渐增强的趋势。

当然，民国时期职业教育的发展趋势并不仅仅局限于上面所列的五个方面，其他例如招生对象平民化、发展区域平衡化、办学世俗化、劳技化等都是民国时期职业教育在其现代化过程中所展现出的变化特征。

从职业教育与外部社会条件关系角度讲，职业教育的早期现代化受所处时代经济、政治及社会观念等因素的制约和影响。中国近代资本主义经济发展快慢、轻视职业教育观念的破除程度、政局的稳定及当政者对职业教育的态度等，都直接影响职业教育的发展进程。再有，职业教育也受整个教育环境的影响，普通教育是办职业教育的基础，师范教育能够为职业教育提供必要的师资等。这些诸多外部因素的影响和作用，决定了职业教育现代化的水平。在之后的章节中，会详细分析河北地区社会诸条件对该区域内职业教育早期现代化所产生的影响。

## 第二节　民国河北地区类职业教育比较

教育分许多种类型，而且很多不同类型的教育却有着一定的相似

---

① 吴玉伦：《清末实业教育兴办中的士绅参与》，《广西社会科学》2005年第8期。

第二章 中国近代职业教育的含义及类职业教育释析

性。民国时期，在河北这个区域内，职业教育办得还是比较有特色的。与此同时，在该区域内还出现了和职业教育极为相似的教育类型，这些教育活动看似和职业教育的某些要素与特征基本一致，但仔细推敲起来，它们之间还是有很大差异的，甚至是本质上的不同，因此就不能列入职业教育当中。有些甚至连学校教育都不是，而属于社会教育的范畴。下面将会对这些教育类型做以分析，并论证它们与职业教育之间的异同。

## 一 工人教育

民国时期，中国工人阶级"还比较幼稚，帝国主义的侵略，使得中国农村迅速而广泛地破产，失了土地的农民，或原来无法生活下去的雇农，贫农，及一部分乡村妇女，为都市造就庞大的产业预备军"[1]，对这些产业预备军进行教育，不仅关乎社会稳定，也影响着经济发展。早在20世纪20年代的时候，天津市就非常重视对于工人进行业余的教育，以提升工人的专业素质。当然，这也是践行孙中山三民主义中民生主义的一条有效途径。鉴于"比年以来，手工业渐趋崩溃，机械工业起而代兴"的时代变化，加上"时社会经济情形，劳工生活现状"[2]，为了确保工人的利益，天津市政府于1929年2月12日出台了《市政府发工人教育计划纲要》。计划纲要中规定只要是中国成年男女劳工及未成年之男女学徒幼年工等都可以接受工人教育，通过接受教育解决工人的切身问题，其实这一时期主要还是生计问题。在办学主体上，省市县政府、机关、公园、学校、工厂、商店、团体（如会所）及各军政工商个人都可以创办工人教育，办得有成绩的，禀报天津市教育厅后给予褒奖以示鼓励。之所以天津市要推广工人教育，主要是要使工人能看书写字，具备国民资格；提高一般男女工人的常识，提升原有的技艺水平；对于幼年工、学徒及工人的失学子女提供继续教育的机会；在精神风貌上要修养劳工高尚的人格，培养具备劳工领袖素质的人才。教育场所选在工厂、各级党部各

---

[1] 抗战教育研究会主编：《战时工人教育经验谈》，生活书店1938年版，第3页。
[2] 天津市教育局刊行：《市政府发工人教育计划纲要》，《教育公报》1929年第1期。

机关、公园、学校、工人住宅区域等地，较为灵活，并辅以读书处或其他教育方式，以确保工人能够学习到充实的知识。

工人教育的组织机构由财政委员组、教育委员组、宣传委员组、视察委员组和事务委员组五个单位构成，其中财政委员组负责筹划经费，编制预算决算表册及管理出纳簿记等事项；教育委员组聘请教员规划教程，选择编辑或审查教材制定各种教育表册及调查总计表册等；宣传委员组宣传工人教育并制定图书标语，同时进行教学、幻灯、通俗演讲或工厂巡游演讲以及编辑工人教育刊物；视察委员组视察学校，指导教授与考察学生成绩及制定各种视察表册等事项；事务委员组办理设备，学校器具接洽，校址校具，购置书籍用品及管理夫役庶务等事项。

1933年，天津市开始实施工人教育。因为天津市为工商业区域，工人教育应及早提上日程。为了能够切实提升工人素质，天津市政府发动了推动工人教育运动，其意义在于"唤起一般男女工人的求知欲，唤起社会一般人士对于工人教育之了解与注意，唤起工厂、矿场、公司、商店、学校、机关等团体自动的办理工人教育——工人学校，唤起各级政府党部等团体努力提倡督促，唤起工人力求上进成为工人教育的主干"①。运动先期由政府党部或民众团体同当地各界领袖、各机关、各团体合作，然后推选各组织员，报请此事并进行大力宣传，调查本市工人的识字率以及在哪些地方需要建立工人学校，哪里可以建立工人教育区，到社会当中进行演说和游行，以收实效。

工人教育就其最高的主管机关来说是工商部，职业教育则是由教育部主管的。工人教育的主办者包括省市县政府、机关、公园、学校、工厂、商店、团体（如会所）及各军政工商个人等，职业教育基本都是各级省市县级政府来创办的；就师资来讲，职业教育所需的是"双师型"教师，即职教的教师具备专业技术的同时还要有扎实的理论基础，而工人教育的师资具备基本知识并能传授工人初级技艺即可，因此无论是在理论深度还是技能专业性都不及职业教育的教师。在课程安排上，工人教育的授课内容比较简单，周期也非常短。

---

① 天津市教育局刊行：《工人教育运动方略》，《教育公报》1929年第2期。

工人教育的学习者主要是工人及其子女、学徒、童工等，和职业学校的生源是不一样的。最大的差距就是授课场所，职业教育基本是在学校、试验场和操作车间授课，而工人教育则包含工人补习学校、工人子女学校、童工学校、识字处、书报阅览处和通俗讲演等多种形式，正规与不正规的教育载体混杂，已经超出了学校教育的范畴。

## 二 劳工教育

职业教育的形式与当时工人教育相似，但是教育对象更为广泛的还有劳工教育，劳工教育主要是为了增进劳工的专业技能，鼓舞劳工的工作热情，保护身心健康，充实他们的业余生活，提升劳工整体文化素质和技术水平。邓飞黄对于劳工教育给出了较为凝练的定义，即"所谓劳工教育者，一般的意义便是提高劳工的知识技能，并促进其自觉的一种教育。"[①] 并且他认为劳工教育应该分为资本主义国家和社会主义国家两种不同类型的劳工教育，但中国的国情较为特殊，必须发展中国化的劳工教育："1. 中国的劳工教育，要养成一般劳工，在民族主义口号下去参加反抗资本帝国主义斗争的意义。2. 中国急于生产建设，要训练劳工提高工作技术以参加生产工作。3. 中国教育不普及，多数劳工不识字，并缺乏公民常识，应训练其具备近代都市及农村生活之常识，家庭经济改善之能力，公民自治必备之资格，保护公共事业之习惯，养老救灾互助之美德。"[②] 劳工教育的教育对象就是普通劳动者和工人阶级，通过对这类社会群体提供劳工教育，增强他们的谋生能力，拓宽谋生手段。劳工教育和职业教育一样，都通过为社会个体提供专业技术培训而给民国时期河北地区近代产业的发展带来了巨大推动力。20世纪30年代，中国的劳工数量"共约四百余万人。仅为已有组织者之数目；散在农村的工人以及未有组织者，尚不在内。这个统计是否确实可靠，我们可以暂置不问。即以四百万而论，其中虽不无已能识字之人，然对于生产技术之训练，智识

---

① 黄季陆主编：《革命文献 抗战前教育概况与检讨》，中央文物供应社1971年版，第270页。

② 同上书，第272页。

程度之增高，自然还需要教育，而且需要还是迫切"①。

  为此，民国时期国民政府在全国提倡实施劳工教育，天津市政府积极响应中央政府的号召，亦大力推广劳工教育。1934 年 7 月 20 日实业部和教育部联合公布了《劳工教育实验区组织章程》，对于如何推广劳工教育实验区做了非常详细的部署。它要求各省市政府必须划出适当的工业区作为劳工教育的实验区，并且实验区内关于劳工教育的实验事宜都要受到实业部和教育部的直接指挥与监督，可以说建设劳工教育实验区是直接由国家级的行政单位领导的。区内的行政机构是指导委员会，成员有七到九人，由劳工教育设计委员会，天津当地的主管机关、党部、劳方团体和办理社会教育的团体这些机构当中选出。这个指导委员会属于义务性质的管理机关，设主任一人，总理劳工教育实验区的一切事宜，由实业部和教育部的委员兼任。在主任之下，还设有干事和助理若干名，由指导委员会聘任，需要在实业部和教育部备案，体现出了这个行政机关的正规性。实验指导委员会的任务是拟定各省市区域内劳工教育的实施计划，宣传劳工教育的意义，同时还要调查区域内有哪些失学的劳工，以督促这些人接受劳工教育。当然，更为重要的是，指导委员会必须尽快帮助各地方政府"筹设劳工学校或劳工班及其他实施劳工教育之场所"②，以便为工人和劳动者提供教育。此外，这个指导委员会还需要为其指导区域内的劳工教育筹措经费，之后制定出预算和决算等。为能够让委员会成员便于在其所管辖区域内开展工作，他们可以分组办事，以提升行政效率。关于劳工教育的师资，其选择范围还是比较大的，主要取自当地主管机关、党部、劳方团体、工厂、小学的教员，师范学校的实习生甚至是其他有志于劳工教育的人士都可以充当实验区内的教师，可见劳工教育的师资基本上是兼职的。区内的劳工须分期分批入学，有特殊情况不能入学的必须得到实验区内指导委员会的许可，并呈报给实业部和教育部，以便接受核查，因此劳工教育是一种强制教育。实验区推行劳工教育所需的经费主要由当地的政府、劳工团体及其他社团

---

  ① 盐城县劳工教育委员会编：《劳工教育特刊》1933 年第 6 期。
  ② 天津市教育局刊行：《劳工教育实验区组织章程》，《教育公报》1934 年第 130 期。

或私人筹措，这样的经费筹措机制还是比较灵活的。对于实验区推行劳工教育的成效和状况，指导委员会都必须按月呈报给实业部和教育部，以便接受其检查，并保证劳工教育的顺利推广。

根据《劳工教育实验区组织章程》当中关于劳工教育的规定，可以将其与职业教育进行对比和分析。民国时期职业教育的中央主管单位是教育部，劳工教育则是由实业部和教育部联合发布指令，要求全国各地推广的。具体负责二者管理和操作事宜的行政机构有非常大的差别。以河北省为例，职业教育的主管单位是省政府委员会主席下辖的教育厅，负责本省职业教育的推广，具体事宜由下属的第二科来负责；劳工教育的直接主管机关是实验区内的指导委员会。而仅仅上述两方面的区别还体现不出二者的本质不同，在师资、生源及推动者这三个要素上二者也有很大差别。首先，就师资来讲，从事职业教育的教师必须是具有一定专业技术和理论基础，且满足特定学历要求的专任教师；而劳工教育的师资要求比较宽松，本地主管机关、党部、劳方团体、工厂、小学的教员，师范学校的实习生和劳工教育的热心人士都可以担任劳工教育的教师，而且基本上都是兼职的。其次，就生源来讲，职业教育的受教育者是受过一定教育的学生，而劳工教育的对象就是工人和劳动者。最后就创办者来看，职业教育的创办者还是以当地的政府为主，而劳工教育的创办者可以是工厂、公司、商店、私营团体，他们都可以创办劳工教育，而且指导委员会成员也可由当地办理社会教育的团体当中选出。这些因素都表明劳工教育属于近代中国社会教育的范畴，关于近代社会教育的解释，比较有代表性的是王雷在《中国近代社会教育史》中给出的定义，即"近代社会教育主要指学制系统以外，以政府推动为主导，私人和民间团体推动为辅助，为了提高失学民众以及全体国民的素质，利用和设置各种文化教育机构与设施，所进行的一种有目的、有计划、有组织的教育活动。"[①]尽管在教学过程中也传授给劳工在生产中所需的专业知识与技能，但劳工教育与职业教育教育并非是同一类型或同一范畴的教育。

---

① 王雷：《中国近代社会教育史》，人民教育出版社2003年版，第8页。

## 三 民众补习教育

民国时期,河北地区对于普通民众的教育也非常重视,为此还大力推行了民众补习教育。民众补习教育的宗旨是"使一般年长失学之民众得由识字读书,增进公民道德与生活技能"①,教育对象是年龄在十二周岁以上的失学男女。之所以要开办民众补习教育,因为当时"多数的青年和成人,在社会上有意的或无意的受到了多少的教育,但所受的教育还嫌不足,还不能使他们成为健全的公民,所以要加以补充;又因为中国多数的青年和成人,虽过了学龄年期,还没有受过正式的学校教育,所以他们受到的教育是基本补充教育"②。这里的民众补习教育基本由学校构成,包括妇女补习学校、工人补习学校、商人补习学校、农人补习学校,技能补习学校(或称为传习所)以及其他带有补习性质的学校。民众补习学校带有强迫入学的性质,即"凡身体健全之失学民众,应由所在地办理失学民众补习教育机关,依其年龄及家庭状况,督令入民众学校,并得由各省市订定强迫入学办法"③。在教育内容的安排上,因为"一般民众,思想是最现实的,若与他们无关的事业,或平淡空洞的理论,大概难以使他们来受教的"④。

私立性质的民众补习学校在设立之前,应该向教育部填具申请表格以备案,同时接受教育局的监督与指导。在第一年民众教育实施之前,天津市教育局统计了全市的失学民众数量,并依此设计了此后办学的规模和标准。天津市教育局还采取了较为刚性的手段要求失学民众必须接受民众补习教育。首先,向失学民众发就学通知书,并限定其在一定时期内到指定学校就读,具体入学事宜由街长责令督促;其次,没有特殊情况,如果失学民众经过两次通知还没有按时到指定补习学校就读,那么将给予警告或者处罚;最后,对于一些没有时间自

---

① 天津市教育局刊行:《天津特别市实施民众补习教育暂行规程》,《教育公报》1929年第10期。
② 甘豫源编:《新中华民众教育》,新国民图书社1931年版,第3页。
③ 教育部编:《各省市国民教育会议参考法规》,教育部编印1943年版,第141页。
④ 寿子野编:《民众科学教育》,中华书局1948年版,第122页。

主权的佣人，教育局会通知其雇主，在不影响佣人工作的范围内，不能无故阻挠他们到民众补习学校学习。民众补习教育的师资是有一定要求的，在党义方面必须及格，曾经担任过教职员或者中等以上学校毕业的学生，必须接受过党义训练并且热心于民众补习教育；在中等学校毕业的忠实国民党党员以及确实有相当学识和经验的人，经过教育局的考查合格者，即可担任民众补习学校的教师。鉴于当时的民众补习教育师资不够，天津市教育局还开设了大量补习学校教员的训练班，以确保民众补习教育师资的数量和质量。此外，河北省在1931年出台了《河北省立民众教育实验学校暂行规程》，对于民众教育师资的培训，做了非常详细的规定，其宗旨及实施方针是"以实验民众教育养成服务本省民众教育之人才"①。1938年河北省出台了《河北省二十七年度失学民众补习教育实施计划》，该计划鉴于河北省"各县大部沦陷，秩序紊乱，民生凋敝，一切教育设施，自应依照军事进展情形"②的实际状况，分三期推行补习教育：第一期侧重自卫训练，以参加救亡工作为主要任务；第二期恢复并设立民众补习学校，招收失学民众；第三期等各县完全收复后，再制定新的推广计划。

民众补习教育尽管有具体的补习学校在讲授课程，但它是非常典型的社会教育。在天津市及河北省的历年教育行政规划当中，都把民众补习教育列为社会教育的范畴。而且从上面的经费划拨情况可以看出，民众补习教育的经费是从天津市教育局社会教育的专款中划拨的。不可否认，民众补习教育和职业教育都是由天津市教育局主管的，并且和职业教育一样，民众补习教育有补习学校作为自己的教育载体。但其他方面的要素，两者差距甚大。（1）就目的来讲，职业教育是既为人计，又为事计。即它既要通过传授专业技术知识使社会个体获取适当职业，还要促进人的全面发展；同时通过提高劳动者素质为社会发展提供助推力。而民众补习教育仅仅是使一般年长失学的

---

① 河北省教育厅编：《河北省现行教育法规辑要》，河北省教育厅编印1931年版，第42页。
② 教育部社会教育司编：《各省市实施失学民众补习教育计划汇编》，教育部编印1938年版，第44页。

民众能够识字读书，增进公民道德与生活技能。这里既谈不上使社会个体能够谋生，也不能直接推动社会经济产业发展。总结起来，民众补习的目标是消除文盲和半文盲。因此，从目标定位上来讲，职业教育的目的较民众补习教育更直接。（2）就办学主体来讲，民众补习教育有可能是民国时期河北地区办学主体最多样化的，官署、公所、会社、公私立学校、工厂、民众团体、区党部、其他例如尼姑庵、道观及寺院等只要有能力创办民众补习教育的都可以创办。可以肯定的是尼姑庵、道观及寺院创办民众补习教育确实是一件好事，庙产兴学也符合当时的工业化发展趋势，但这类组织的办学实力和正规性都是无法保证的，较之于职业教育主要由政府来创办相比，带有较大的随意性。（3）而且就受教者来看，接受民众补习教育的是失学民众，教育对象十分宽泛，基本包罗了全社会的中下阶层；而职业教育的教育对象就是有一定教育基础的学生，生源构成非常的单一。（4）而且就师资来说，民众补习教育的教师来源既宽泛，专业知识要求也不高，侧重对于党义的理解，这也表明政治信仰的灌输在民众补习教育当中占有非常重要的地位，甚至会超越识字的重要性。最后，在教育内容上看，它的专业性还不及上面所提到的工人教育和劳工教育，更谈不上与职业教育相比了。

综合上面的论述，可以看出民国时期在河北地区出现的民众补习教育可以说是十分普及的教育类型了。在办学主体上只要是有能力的就可以创办，办学主体是最多样的；在教育对象上看，全社会的中下阶层都可以接受民众补习教育，教育对象是非常广泛的；在教学内容上，也是最基础的；师资要求也可以说是最低的。但不可忽视的是，正是它的这种灵活性、初级型、随意性和普及性，在促进民众素质提升上是最有成效的。

### 四　平民教育

平民教育是我国近代著名教育家晏阳初先生发起的一项旨在提升全体民众素质的教育运动。之所以开展平民教育，因为"平民是最至高无上的，任何国家对于平民都有完全教养助长的重任，平民不但享有切切实实的思想、言论、信仰、集会、工作的普遍自由，且都应该享有平等自由的教育，享有继续生长的教育，享有和爱友善的理想，积极的进步教育，教育平民就是为了平民全体"①，推广平民教育也是为了国家的进步。

平民教育运动的前身是识字运动，之后在晏阳初的推动下，成立了中华平民教育促进会。晏阳初在国外同华工接触的过程中，形成了"民为邦本，本固邦宁"的信条。回国后，他开始致力于平民教育。他认为社会的最基本单位就是人，因此所有的社会问题也因人而生。只有解决了人的问题，近代中国社会的种种问题才能从根本上得到消除。只要人民的素质上去了，这个国家才能够有希望。所以晏阳初先生强调"人民是国家的根本，要建国，先要建民；要强国，先要强民；要富国，先要富民。世界上无论任何国家，都是一样，从来没有哪一个国家，是国势强大而人民衰弱与人民贫困"②。那么如何提升普通民众的素质呢？晏阳初先生给出了确凿的答案，那就是教育。他坚信"人的人格本来平等，原无上下高低之分；因为社会制度不良，一部分的人得有受教育的机会，一部分的人没有受教育的机会"，并相信"天下无不可教育的人"③。因此，全中国的老百姓无论男女老幼、贫富贵贱都应该平等接受教育。如果每个人都接受了必要的教育，素质得到提升，中国的未来一定是光明的。晏阳初平民教育的定位基点放在了平民身上，也就是平民本位。

开展平民教育必须瞄准平民的实际需要与切身利益，如果这一点都不能做到，平民教育也就丧失了它的真义。如何才能知平民之所需，想平民之所想，谋平民之利益，那必须要亲自到农村，真正走到平民的生活当中，与平民打成一片。为此，在晏阳初的带领下，一大批教授、博士、校长来到农村，与农民生活在一起，为农民开办平民教育。在实际的调研过程中，晏阳初发现中国的普通民众普遍存在"贫、愚、弱、私"这四大弊病。为此，晏阳初针对"贫"，提出要

---

① 丁十编：《新世纪的教育》，世界书局1946年版，第2—3页。
② 宋恩荣编：《晏阳初全集》第2卷，湖南教育出版社1992年版，第556页。
③ 晏阳初：《平民教育概论》，《教育》（上海刊）1927年第19期。

实行生计教育，通过教授农民必要的农业生产知识，培养他们的生产能力，以此改变中国民众贫困的面貌；针对"愚"，实行文艺教育，通过文学和艺术，提升平民的文化素质，陶冶他们的道德情操；针对"弱"，晏阳初主张普及卫生教育，让中国民众懂得基本的医疗卫生知识，加强体育锻炼，增强中国人的体魄；针对"私"，他主张应该实行公民教育，通过培养中国人的团结精神，增强中华民族的凝聚力。通过这些活动，晏阳初认为平民教育最终会培养出"整个的人"，也就是理想的中国平民，他们具有知识力、生产力和公德心，这样才是他心中所期望的"新民"。在教育方式上，晏阳初提出采取学校教育、社会教育和家庭教育相结合的方式，利用各种机会和资源将四大教育类型传授给中国的平民。1926年至1936年，他在河北定县进行了长达11年的乡村平民教育实验。这场轰轰烈烈的运动，还辐射到了河北省的其他地区。

根据上面的材料可以说明，平民教育的教育对象可以说是最广泛的，普通民众都可以接受教育。平民教育也体现出了当时"要使全数人民参入政治，政府的机能是要保存全体人民的幸福"[①]的社会夙愿和追求。但这种教育缺少独立性，即平民学校要附设在街长办公处和学校之内，而且平民教育的教师也是其所在学校兼任的。其主管机构是平民教育办事处，组织设置比较简单，课程内容也不是很多，修业时间很短，这在很多方面与职业教育都是截然不同的。

## 第三节 民国河北地区类职业教育实体探析

民国时期，在河北地区出现了许多和职业学校相似的教育实体。这些教育实体有的是为了谋社会个体的生计，并促进个体全面发展；有的也传授一定的专业技能，增长受教育者的业务能力；有的以正规学校作为自己的教育载体，并以受过一定教育的学生为教育对象。尽管如此，有些类型的教育实体可以算作是职业学校，或者归到职业教育当中，而有些则是自成体系的教育实体，与职业学

---

① 汤增扬：《现代教育通论》，大东书局1933年版，第79页。

第二章　中国近代职业教育的含义及类职业教育释析

校有着本质的区别。

## 一　专科学校

专科学校是民国时期介于职业学校和大学中间的学校类型，根据1929年7月26日国民政府通令颁布发行的《专科学校组织法》规定，专科学校由教育部审查全国各地的实际情况督促设立。由"省政府或市政府设立者，为省立或市立专科学校。由私人或当地法人设立者为私立专科学校"[①]。公立专科学校的设立、变更或者停办必须经过教育部的核准。在行政机构设置上，专科学校设校长一人，总理全校事务。国立专科学校的校长由教育部聘任，省立或市立专科学校的校长则由省市政府请教育部聘任。专科学校设置教务会议，其规则由学校自己拟定后呈请教育部核准。专科学校的教员分为专任和兼任两种，由校长聘任，但兼任教员的总数不能超过全体教师的三分之一。专科学校的职员和事务员也由校长聘任。私立专科学校的校董事会的组织及其职权，也要由教育部来核定。

河北省在20世纪30年代的时候，省立农业专科学校仅有一处。为了推动该农业专科学校的发展，河北省计划农业专科学校在原有系基础上增设农艺、森林、牧畜三系。但因为当时的经费比较紧张，只能先设置农艺一科，同时了为能够增添农科的设备以确保学生的实习，河北省教育厅规定增添养鸡和养蚕的实习用具，其经费由学校田租中划拨；增购外国种羊二十头，由该校经费结余项下支付。至于森林和牧畜两科，只能等到河北省教育经费充裕后再行扩充了。

此后，日本侵华战争的爆发，河北省的专科学校普遍遭受摧残，损失了大量的财物，但河北省的专科学校依然制订了恢复性的计划，以尽快招生，实现正常的教学。作者在河北省档案馆查阅到了一份河北省立水产专科学校1946年的工作计划，其中可以了解到战争对该校造成的破坏。发生七七事变时，河北省水产专科学校首遭蹂躏，敌人侵入津市后，即将校舍改为军用修造厂，经八年的长久摧残，所有校内一切图书、仪器、工厂设备，全部损失，所以

---

[①] 教育部参事室编：《教育法令》，中华书局1947年版，第144页。

学校的恢复等同于重新创办。它的年度工作计划分为四期：第一期（一月至三月）主要是接收天津市本校，整理准备迁校到塘沽新港；请求省方将接收敌人之塘沽新港冷藏库，手操网船二艘划给该校。大型网渔船、渔具、东泰造船厂及塘沽新港劳工协会房舍等，全部归还该校。接收存放在天津县政府的图书及仪器。所有接收的房舍、家具、船只、网具、工厂等，切实加以整理修缮。详查该校抗战期内的损失，请政府令日方赔偿。向救济总署请求拨给冷藏库、罐头工厂、制渔器具及渔船网具等，准备学生实习之用。第二期（四月至六月）拟迁校至塘沽新港冷藏库附近的劳动协会房舍内，该地面河临海，较为合适，但是可供使用的房舍甚少，只能因陋就简，一时权宜，所有房舍，拟于修缮后使用，请呈拨给修缮费。修理渔船、网具、修船厂、冷藏库等，利用各项设备从事实验技术工作。购办家具、物品、图书、仪器、化学药品及实验器械等必须物品。延聘主任、教授及技术人员等。拟定学校中一切章则、办法呈教育厅审核备查；拟定新校址的面积、范围，请省核定；拟请河北省政府公营事业管理委员会将接收的天津东南洼窑，地处铁道旁的鱼塘及天津市接收敌人的八里台养鱼场拨给该校作为学生实习之用。救济物资拨下后，即予安装整理，准备应用。第三期（七月至九月）则促请教授、技术人员等陆续到校。开始招生，拟先设置渔捞、制造两科，两班每班五十人，招生考试从严办理。录取体格强健、勤苦耐劳且学识优异之青年。拟定课程标准，呈厅核定。九月内开学授课。继续添置图书仪器及必需用具。利用渔业冷藏库及修船厂等各种设备从事实验及技术训练工作，所得利益，拟酌补贴学生伙食及各项实习费用。第四期（十月至十二月）继续授课，并严格举行各种考试。继续添置各项设备。除授课外，积极训练学生，注重课外辅导，切实施行以三民主义为中心的生产教育。继续实施各项试验及技术训练工作，准备学期考试。拟具校舍建筑，及添置设备等计划准备下半年度实施。从上面的恢复性计划可以看出，经过战争破坏的水产专科学校，还需要较长的时间才能慢慢复原。下面是河北省立水产专科学校向救济总署开列的救助教学物品清单：

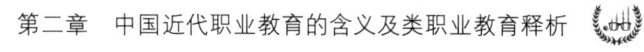

表2-1 河北省立水产专科学校向救济总署请求分配渔业救济物资清单

| 物品清单 | 数量 | 价值（元） |
|---|---|---|
| 一、无动力船 | | |
| 1. 渔船需用品 | | |
| 工具 | 3组 | 13000 |
| 材料 | 80斤 | 70000 |
| 造船木材 | 240斤 | 180000 |
| 维系一年用木材 | 200斤 | 16000 |
| 渔具用品 | | 107000 |
| 2. 外国建造渔轮 | 50支 | |
| 3. 在华建造渔船 | 100支 | |
| 工具、材料、木材、器具等 | 380组 | 59000 |
| 渔具 | 6组 | 5000 |
| 二、动力渔船 | | |
| 1. 新建动力船 | | |
| 10—125拖网渔轮 | 2支 | 100900 |
| 10—75中着网渔轮 | 4支 | 80900 |
| 10—65流网渔轮 | 3支 | 60900 |
| 50—75木船质横拖网渔轮 | 10支 | 100900 |
| 150—85木船质横拖网渔轮 | 10支 | 100900 |
| 2. 捕鱼装置 | | |
| 拖网船 | 2支 | 6700 |
| 中着船 | 2支 | 60000 |
| 流网船 | 2支 | 12000 |
| 木质船 | 2支 | 20000 |
| 3. 拖网渔轮修理器材 | | |
| 材料 | | 30000 |
| 4. 燃料 | | |
| 高效燃料 | 200斤 | 600900 |
| 润滑油 | | 250000 |
| 5. 装置及需用品 | | |

续表

| 物品清单 | 数量 | 价值（元） |
|---|---|---|
| 油漆防腐剂及附属品 | 20 | 80000 |
| 三、冷冻罐头制造及人员训练用 | | |
| 1. 制冰所 | 40 | 40900 |
| 2. 冻结所容器 | 40 | 40900 |
| 3. 冷藏库300万立方尺 | | 10900 |

资料来源：《河北省立水产专科学校1946年工作计划》，1946年，河北省档案馆藏，资料号：617—2—299。

从这个表格可以看出，河北省立水产专科学校原有的物资几乎丧失殆尽，一切还要从头干起。这也表明了另外一个问题，那就是抗战之前，民国的教育发展总体上来讲还是取得了不少的成绩的，其中也包括职业教育。而且20世纪30年代可以说是近代职业教育的黄金时期，无论是制度架构、还是理论基础甚至是办学数量和规模，都有长足的进步。同时加上社会的稳定，经济产业的发展，促使全社会还兴起了创办职业教育的热潮。可惜好景不长，日本侵华战争的破坏，无情地打断了中国职业教育早期现代化的进程。

根据上面对于专科学校的界定可以看出，它的层次要略高于职业学校，门类和专业设置也要比职业学校多。首先就培养目的上来看，专科学校培养的是专业技术较为精湛的人才，而职业教育则是培养青年生活的知识和生产的技能。从专业性对比上来看，职业学校培养专业知识的水平肯定是要低于专科学校的。而且就门类来看，专科学校会开设好几门专业。而职业学校原则上只能是单科性质的，从这一点上来看，专科学校的规模要比职业学校大一些。其次，就招生的层次来讲，专科学校主要是招收高级中学毕业的学生，而职业学校分为两种，初级职业学校招收小学毕业生，高级职业学校招收初级中学的毕业生。因此，从教育层次上看，专科学校确实要高于职业学校。但二者也有一定的共性，专科学校可以附设带有职业性质的高级中学，这就体现出了专科学校的职业性；当然职业学校也可以附设职业补习班，层级就更低了。而且两者在修业年限上也基本一致。在行政级别上，职业学校最高主管单位是省教育厅，直接隶属于行政院的市也有资格设立职业学校。其实在1936年国家有计划创办一所国立的职业学校，当时教育部发文指出："近以工科教育极为重要，而首都左近尚无一规模完备之国立工科学校，爰在本年度内计划在京筹办一国立工科职业学校，当以河北省立工业学院院长魏明初办理高等工业教育有年，成绩优良，特电召魏氏到京，主持筹备事宜……现院长已于日前离津晋京，与教育部磋商筹办国立南京工科职校事宜，校址闻已勘定，设备力求完善，因筹备不及，恐须本年寒假时始得招生开学，至此间院务，魏氏离津后，已委由各系主任，与秘书室会商办理。"① 国家同时提倡普通的市县设立职业学校，私人和团体可以开办私立职业学校。而专科学校的行政级别也要高于职业学校，最高等的有国立专科学校，最低的也是省级的。剩下的课程、师资、校行政机构设置上两者基本一致，所不同者，职业学校以不收取学费为原则。尽管专科学校与职业学校之间有很多的共性，但是当时国家是不允许职业学校改为专科学校的：

  教育部对于全国设立专科学校，现正全盘筹划，积极推行。除由部拟定分期设立各种科学校于各适当地点外，并令各省教育厅各特别市教育局，计划管理范围内筹何项专科学校，分别呈核办理，准教部恐各省市旧有之各职业学校，任意改设为专科学校，于将来整理不便，特于昨日通令各省市云。案查本部前系为整顿该项专门学校起见，又本部前咨各省市政府，请地方亟应增设之专科学校，查明见复一案，其已准咨转须增设之专科学校，经本部核定后，或另筹专款分期兴办，至各地方成绩如何，加以策励或整顿，不得任意改为专科学校，以重学制，而免纷歧。②

  根据上面教育部的指令来看，职业学校和专科学校是层次界线极为分明的两种学校，而且各个省市若以原有的职业学校改办成专科学

---

① 《教育部筹办国立工职学校》，《益世报》1936年8月26日。
② 《职校不得改为专科》，《益世报》1929年12月3日。

校，不但会引起学制上的分歧与混乱，更重要的是会压缩整个教育系统中本来就不大的职教比例。当然，在1934年中央国民政府要求全国注重职业教育时，水产专科学校也受到了影响，因为之前河北省立法商学院奉照教育部的命令在当年已经停止招生，并加以整顿欲转为职业学校，因此社会上盛传："顷悉水产专科学校亦奉部令改制为水产职业学校，故本学年亦不招考新生，该校长张元弟以目前变更学制殊多未便，由津赴京，向教育部陈述一切困难情形，请求于现有'渔捞''制造'各班学生毕业后再行改制……特别注重职业教育，各县前期师范学校已准备一律结束。"① 在1936年的时候，这个学校遇到了危机，因为经费紧缺以至于有被裁撤的危险，因此"该校师生赴保，分向省府及教厅呼吁，业已稍有转机，赴保之校方代表田家鼐及学生代表王文彦、庄厚基、阎文襄等三人，均于昨晨先后返津……水产并非整个裁撤，为缮减经费，拟将专科取消，改为高级职业学校"②。因为这一时期全国重视职业教育，以至于要削减专科来办职业教育。以当时的情况看，在全国大力推行职业教育这是正确的，而且一些多余重复及办学效果不好的学校也应该停办或改办成职业学校。但是像水产专科学校这样办学较具特色的学校，其实不用盲目转变，只要能保持自己的办学特色即可。

### 二 补习学校

民国时期河北地区存在着大量的补习学校，它的种类较为宽泛，包括妇女补习学校、工人补习学校、商人补习学校、农人补习学校，技能补习学校（或称为传习所）以及其他带有补习性质的学校。补习学校的目的，是"对没有受充足教育的青年，培养他们关于职业的知识技能与性格，使他们有实际从事职业的能力"③。这些学校有些属于职业教育的范畴，有些则属于社会教育的范畴，它们主要对"已受国民识字教育或一般略识文字的成年人，施以职业训练，补充其生

---

① 《水产学校改制》，《益世报》1934年7月16日。
② 《水产将取消专科改为高职学校》，《益世报》1936年8月18日。
③ 何清儒：《职业补习教育中的个别指导》，《教育与职业》1936年总第174期。

活上和职业上必需的知识技能；对已受国民识字训练者，多加以职业训练"①。可见这种教育载体特别注重职业技能的训练，当然"如果单教些职业上需用的智识技能，其他一切不问，那么凭你课程如何完密，教材如何精深，教法如何良好，最多只能养成一个熟练的劳动者，绝不能养成一个健全的社会人"②，因此在传授职业技术时也要讲授一定的基础知识。这里主要介绍下工人与商人补习学校、民众补习学校、妇女补习学校和职业补习学校。

（一）工人及商人补习学校

工人及商人补习学校作为增进工人与商人专业知识和业务素质的教育方式，很早就受到天津市的重视。为此，天津市教育局出台了《本局主办工商人补习学校计划大纲》，大纲中计划先在天津市内设立商人和工人补习学校各十处，每处设一到两个班。此外，"各学校校舍及一切设备除借用各公私立学校及其他有相当设备之公共机关（如讲演所、阅报所等）外，其工厂、会馆、庙宇、祠堂、商场、善堂等由本局会同各法团与各该主管人员设法筹备"③，尽量利用各种可能的场所作为校址。每班学生人数控制在四十人以上八十人以下，学生的年龄需要在十四岁以上。教授的科目包括党义、国语（包括读法、书法、算法、作法、唱歌）、算术（包括笔算、珠算、简单簿记）和常识。授课时间是每班每周上七次课，星期日不停课，每次授课两小时。修业的期限定为五个月，合格的颁发文凭。关于教员，只要是合格的党义教师、曾担任教职员或中学以上毕业接受过党义训练并热心民众教育者以及曾在中学毕业的忠实党员均可担任补习学校的教师。经费安排上，每班开办费四十到六十元，经常费是三十到五十元。在管理上，设置工商人补习学校办公处，开办费一百元，经常费一百四十元到二百五十元。

在这个工人、商人补习学校的计划大纲中，对于校舍、学生、师资、教授科目及经费都进行了较详细的说明。与职业学校相比，它的

---

① 全国教育专家编制：《全国教育会议决议》，公民书局1931年版，第233页。
② 赵宗预：《都市的职业补习教育》，中华职业教育社1935年版，第2页。
③ 天津市教育局刊行：《本局主办工商人补习学校计划大纲》，《教育公报》1929年第1期。

表2-2　　1929年天津市工人、商人补习学校一览表

| 学校名称 | 地址 | | 名誉校长 | 教员 | | 班数 | 学生人数 |
| --- | --- | --- | --- | --- | --- | --- | --- |
| | 地名 | 借用厂名或校名 | | 姓名 | 性别 | | |
| 第一工人补习学校 | 小刘庄 | 裕元纱厂公会 | 王延年 | 刘永洲 | 男 | 2 | 132 |
| 第二工人补习学校 | 小刘庄南杨庄子 | 北洋纱厂公会 | 黄绍荣 | 曾庆祥 张天烈 | 男 | 4 | 199 |
| 第三工人补习学校 | 小刘庄 | 裕元小学校 | 曹叔和 | 刘吾堂 | 男 | 2 | 124 |
| 第四工人补习学校 | 特三区大王庄六经路 | 新民小学校 | 靳子屏 | 王梅舫 刘锡禄 | 男 | 2 | 90 |
| 第五工人补习学校 | 大直沽南郑家庄 | 宝成纱厂公会 | 张鸿绪 | 刘峨如 | 男 | 2 | 120 |
| 第六工人补习学校 | 河北黄纬路 | 恒源纱厂第二宿舍 | 王同新 | 图子敬 李丕仁 | 男 | 4 | 368 |
| 第七工人补习学校 | 河北三条石 | 三义永工厂 | 庞耀菴 | 庞耀菴 | 男 | 1 | 30 |
| 第八工人补习学校 | 北阁外小杨庄清真寺 | 民立第九十小学校 | 穆成荣 | 穆祥珍 王政 | 男 | 1 | 65 |

续表

| 学校名称 | 地址 | | 名誉校长 | 教员 | | 班数 | 学生人数 |
| --- | --- | --- | --- | --- | --- | --- | --- |
| | 地名 | 借用厂名或校名 | | 姓名 | 性别 | | |
| 第九工人补习学校 | 河北小于庄 | 华新纱厂公会 | 高玉贵 | 王少圃 | 男 | 2 | 120 |
| 第十工人补习学校 | 河东沈王庄 | 养正小学校 | 宋新民 | 李铎<br>刘金英 | 男<br>女 | 2 | 100 |
| 第十一工人补习学校 | 南市首善大街春华南里 | 市钟小学校 | 高恩庆 | 李紫阳 | 男 | 1 | 50 |
| 第十二工人补习学校 | 南门外大舞台后街里 | 水业公会 | 陈正源 | 米同伦 | 男 | 1 | 43 |
| 第十三工人补习学校 | 西南城角西养病所 | 广育小学校 | 张国瑞 | 张泽浦 | 男 | 1 | 45 |
| 第十四工人补习学校 | 西头如意菴 | 市立第九小学校 | 罗中文 | 季云圃 | 男 | 1 | 55 |
| 第十五工人补习学校 | 西北城角 | 文昌宫河北一师附小一部 | 罗中文 | 王敏滋 | 男 | 1 | 80 |
| 第十六工人补习学校 | 法租界西开保滋里 | 宏蕴小学校 | 郭子建 | 郭宏祥 | 男 | 1 | 47 |

续表

| 学校名称 | 地址 | | 借用厂名或校名 | 名誉校长 | 教员 | | 班数 | 学生人数 |
|---|---|---|---|---|---|---|---|---|
| | 地名 | | | | 姓名 | 性别 | | |
| 第十七工人补习学校 | 河东锦衣卫桥于家园子 | | 崇育小学 | 王佐卿 | 王文元 姚金纬 | 男 | 1 | 45 |
| 第十八工人补习学校 | 南市聚华茶园旁 | | 电车点灯工会 | 魏丕助 | 魏丕助 | 男 | 2 | 120 |
| 第十九工人补习学校 | 老车站地道外新苫机 | | 同仁小学校 | 李贺芝 | 王敬碾 冯洋馨 | 男 | 1 | 57 |
| 第一商人补习学校 | 南大道富辛庄南 | | 民智小学校 | 罗拱宸 | 牛子厚 董中岱 | 男 | 2 | 80 |
| 第二商人补习学校 | 河东姚家台秦康里 | | 私立义务学校 | 陈硕宗 | 李梦华 | 男 | 1 | 46 |
| 第三商人补习学校 | 英租界广东路西口 | | 宋氏小学校 | 梁之麟 | 刘继田 | 男 | 1 | 40 |
| 第四商人补习学校 | 河东尚师夫坟地旁 | | 崇善社学校 | 李渾舟 | 李惠生 郑伯耀 毕蓬洲 | 男 | 3 | 182 |
| 第五商人补习学校 | 双街口黑寺 | | 种德小学校 | 刘镇民 | 刘尽忱 | 男 | 1 | 40 |

续表

| 学校名称 | 地址 | | 名誉校长 | 教员 | | 班数 | 学生人数 |
| --- | --- | --- | --- | --- | --- | --- | --- |
| | 地名 | 借用厂名或校名 | | 姓名 | 性别 | | |
| 第六商人补习学校 | 河北大街河北大寺 | 市立第十六小学校 | 陈实潘 | 穆祥麟 萧福申 | 男 | 1 | 40 |
| 第七商人补习学校 | 西头慈惠寺 | 市立第十一小学校 | 石承谦 | 任士珍 穆成祥 | 男 | 1 | 45 |
| 第八商人补习学校 | 河东锦衣卫桥于家园子 | 崇育小学校 | 王佐卿 | 洪宝诚 | 男 | 1 | 45 |
| 第九商人补习学校 | 河北小王庄永平东里 | 河北小学校 | 宗麟生 | 魏光耀 宗喜成 | 男 | 1 | 41 |
| 第十商人补习学校 | 西头永明寺东硝房胡同 | 澄衷小学校 | 庞凤岐 | 周文睿 | 男 | 1 | 42 |

资料来源：天津市教育局刊行：《天津特别市市立工人、商人补习学校一览表》，《教育公报》1929年第16期。

学生年龄段和职业学校大体相同，并且也传授一些知识和技能，但从其教授科目来看，明显其专业性较职业教育相差甚远。而且由于它是补习性质的教育方式，其规模也远不如职业学校。授课时间和修业年限都很短，对于授课教师专业素质的要求也不是很高。与职业教育最显著的差别，就是它不能算作是学校教育，因为其办学可以在"工厂、会馆、庙宇、祠堂、商场、善堂等"地实施，这样使得这种工人、商人补习学校所呈现出的是社会教育的特征。但它还是有一些特征与职业教育相似，都有明确的计划、组织和目的，并且都传授技能以便为学生将来从事工商业做准备。

（二）民众补习学校

民众补习学校也是天津市很重视的一种带有补习性质的教育事业。1931年天津市政府出台了《天津市教育局订定市立私立民众补习学校民国二十年设学办法》，在行政上由民众补习学校办公处依据所划分的区域负责管理和视察工作，但总体上归天津市教育局直接领导。区域划分为三大区，其中第一、第五学区为一大区；第二、第六、第七为第二大区；第三、第四、第八为第三大区。民众补习学校的修业年限是六个月，四个街区划分为一个班。除了以街区划分来创办公立的民众补习学校外，天津市教育局还鼓励有实力的团体创办私立的民众补习学校。无论是市立还是私立的民众补习学校，都必须达到校具教具完备、教室至少能容纳四十人以及光线空气适宜的要求。市立民众补习学校的校址由办公处事前选好请教育局备案，私立民众补习学校则是在学校成立后到教育局备案，以便于管理。在招生对象上，"无论市立私立民众补习学校学生，以年在十二岁以上五十岁以下健全之失学男女民众为合格"[①]。就这一点来看，民众补习学校的教育对象就是失学民众，各个学校私塾的肄业生是不能招收的。但学生在入学前必须填具入学志愿书及保证书，说明了这个学校在入学手续上还是非常正规的。民众补习学校的开办情形，无论是市立还是私立，都要按时上报给教育局，以保证天津市教育局对于民众补习学校

---

① 天津市教育局刊行：《天津市教育局订定市立私立民众补习学校民国二十年设学办法》，《教育公报》1931年第55期。

办学实情的了解。民众补习学校的教学科目主要分为四大类,即党义(除讲授三民主义外,并加授国民革命之普通要义)、国语(包括读、写、作、注音符号)、常识(包括自然社会两项)和算数(包括笔算、珠算两项)。民众补习学校办公处负责安排这些课程的讲授进程,并分发给各公私立学校。在教学监督方面,天津市教育局会指派工作人员视察市立和已经立案的私立民众补习学校的开班情况,同时民众补习学校办公处也会随时派员进行检查和监督,并且把得出的结论及改进意见呈报给天津市教育局。各学区的主任要定期召集各民众补习学校的教职员举行民众教育研究会,并且教育局还会委派督学指导员指导这项研究,每期至少举行两次,力求尽快发现问题、解决问题。对于民众补习学校当中成绩优异的学生,办公处还会拿出一部分经费购买奖品予以鼓励。关于测验,无论市立还是私立民众补习学校,都要在每学期的第二个月和第四个月的月末,进行临时测验,以便随时掌握学生的学习情况,并敦促他们努力学习;结业考试都是在每学期的期末,由办公处分别举行。市立民众补习学校的教育经费分为四项,其中教员薪水十五元,工友津贴二元,学生用品九元,杂费支出四元,总共是三十元,可见民众补习学校的办学经费并不宽裕。而且市立民众补习学校的办学经费基本上是由创办者自身负担,除办学成绩优异的,天津市教育局辅助费项下有盈余的时候,才能按照补贴私立民众补习学校的标准予以补助。市立民众补习学校的开办费每班不能超过四十元,如何安排支出,还必须上报给办公处,最后再由教育局核定。

表2-3　　　　1929年天津市私立民众补习学校一览表

| 校名 | 地址 | 主管人 | 班数 | 人数 | 每月补助（元） |
|---|---|---|---|---|---|
| 天津学生同志会第一儿童义务学校 | 鼓楼南 | 王建新 | 1 | 43 | 10 |
| 天津学生同志会第二儿童义务学校 | 东门内 | 王建新 | 1 | 40 | 10 |
| 天津学生同志会第三儿童义务学校 | 西北城角 | 王建新 | 2 | 85 | 20 |

续表

| 校名 | 地址 | 主管人 | 班数 | 人数 | 每月补助（元） |
|---|---|---|---|---|---|
| 天津学生同志会第四儿童义务学校 | 西街 | 王建新 | 1 | 42 | 10 |
| 天津学生同志会第五儿童义务学校 | 河北窑洼 | 王建新 | 1 | 47 | 10 |
| 天津学生同志会第六儿童义务学校 | 河东 | 王建新 | 1 | 47 | 10 |
| 天津特别市妇女协会第一妇女补习学校 | 河北窑洼 | 妇协会 | 3 | 63 | 30 |
| 天津特别市妇女协会第二妇女补习学校 | 东马路 | 妇协会 | 2 | 49 | 20 |
| 天津特别市妇女协会第三妇女补习学校 | 法租界 | 妇协会 | 2 | 50 | 20 |
| 天津特别市妇女协会第四妇女补习学校 | 小刘庄 | 妇协会 | 2 | 43 | 20 |
| 天津特别市妇女协会第五妇女补习学校 | 郑庄子 | 妇协会 | 1 | 23 | 10 |
| 西沽民众补习学校 | 西沽 | 第二区党部 | 2 | 60 | 20 |
| 天后宫民众补习学校 | 天后宫 | 杨沛霖 | 1 | 22 | 10 |
| 中山中学同学会民众补习学校 | 学会会馆 | 中山中学同学会 | 1 | 45 | 10 |

资料来源：天津市教育局刊行：《天津特别市私立民众补习学校一览表》，《教育公报》1929年第10期。

天津市推广民众补习学校，也是争取让所有失学的民众都能够接受教育。当然这里面既有基础知识的传授，也培训一定的谋生技能。可以说，民众补习学校是民国时期河北地区办得最有成效的民众教育实体。

（三）职业补习学校

民国时期社会上存在大量的失学和失业人员，"对于以前失学或现在失业，及虽学而未经职业陶冶者，使之获得某种职业必需之道德、知识、技能，宜设补习学校及分科的职业学校，使之补习或学习"①。因此除了正规的职业学校以外，国民政府要求全国各省市应"视地方需要，得于职业学校内附设职业补习班，或职业补习学校"②，以缓解民众无法充分接受职业教育的局面。而且"通常人皆以为职业教育，只有职业学校，不知道除了正式的职业学校教育外，尚有非正式的职业补习教育及职业指导两项。这三项在职业教育范围内，可以说是三根台柱，他的分量和价值是完全相等的。并且照中国现在社会情形来看，恐怕职业补习教育，比较其他两种，还要十分重要"③。而且从职教推广角度来看，仅仅有职业学校，"绝不能使职业教育普遍化，有了职业学校，再有职业补习学校，则职业教育，乃可以言普及，这是一定而不可移之理"④。当然，要办理"职业补习教育，先要明白职业界一般人的心理，指导职业补习教育有关店员服务效率，自动资送其练习生入学的，究居少数，头脑顽固，阻止其练习生入学的，却大有人在"⑤。

早在1933年9月6日，教育部就公布了《职业补习学校规程》，该规程总计二十三条，对于如何开展职业补习学校做出了非常细致的规定。1936年2月5日，教育部又颁发了《各省市推行职业补习教育办法大纲》，大纲开篇要求："各省市教育行政机关均应遵照本办法大纲之规定，切实推行职业补习教育，并须要拟具详细实施办法，呈报教育部备案。"⑥之后对于职业补习学校的设置、教学、经费及推行步骤进行了较为详细的说明。职业补习学校是职业教育的重要构成载体，从世界范围来看，"德国之职业教育机关最重要者为各种职业补习学校，盖德国小学教育八年完全强迫，不入小学者或入中学或入中间学校，均须全期入学至十四岁止，故入职业界者儿童之年龄既长，知识之基础已备，充一般之工人绰有余裕，再加工余补习教育，

---

① 朱鼎元：《对于实施职业教育之管见》，《教育与职业》1918年总第10期。
② 陈青之：《中国教育史》，商务印书馆1936年版，第766页。
③ 江问渔：《职业补习教育还不值得提倡吗?》，《教育与职业》1935年总第162期。
④ 江问渔：《职业补习教育的十种重要性》，《教育与职业》1936年总第174期。
⑤ 赵霭吴：《职业补习教育的几个实际问题》，《教育与职业》1935年总第164期。
⑥ 中国第二历史档案馆编：《中华民国史档案资料汇编·第五辑·第一编·教育（一）》，江苏古籍出版社1994年版，第474页。

且习且学，成绩斐然"①。这里的职业补习学校分为两类，分别是妇女职业补习学校，以及专门招收男子的职业补习学校。

1930年，天津市计划先在市内设立妇女职业补习学校两所，校址和校舍及教学设备均由天津市教育局筹划。每个学校暂时设置四个班，商业科和工艺科各两个班，每班的学生数额在三十人到四十人之间。在课程设置上，分为普通课程和专门课程，其中普通课程包括党义、国语（包括读法、作法、书法和音乐）、常识及算术（包括珠算和笔算）；专门课程的商业科包含商业常识、商业广告、商业簿记、经济浅说、商业发达史、贸易学和商业尺牍；工艺科包括花边组、刺绣组、裁缝组、编物组、造花组、编织组、理发组、美术组及织染组。入学资格则要求凡是"身体健全，品行端正，年在十二岁以上二十岁以下具有小学毕业或相当程度"②的妇女都可以到妇女职业补习学校的商业科学习，到工艺科学习的年龄范围大一些，从十四岁到四十岁。学生的课业用品基本由学校供给，但是可以酌量收取家境富裕学生的学费。授课时间是每天六小时，其中有三小时为实习环节，修业年限是半年到一年，教员的任用资格由教育局另行规定。开办经费是每校两千元，经常费是一千元。

在侵华战争爆发后，日伪政府的华北政务委员会教育总署于1943年还提出了《各省市对于职业补习教育应积极整顿或设法筹设职业补习学校以资补救国民生计案》，提案中指出："我国失业人民为数最多，考其主要原因端在人民缺乏谋生技能，故提倡强化生计教育，允为当务之急。查事变以来各地各级职业补习学校或因需费浩繁而地方财力不济或因师资及教材缺乏难期深造，迄今未克举办，即有举办亦属寥寥。时至今日在全体协力勤劳增产之战时体制下，其需要之迫切百倍于前，亟应排除一切困难而向实践途上迈进。故各省市县区对于原有之职业补习学校应力加整顿并充实其内容，其迄未设立者应积极

---

① 庄泽宣编：《各国教育比较论》，商务印书馆1929年版，第129页。
② 天津市教育局刊行：《本局主办妇女职业补习学校计划大纲》，《教育公报》1929年第1期。

设法趁期筹设，以资救济人民失业之痛苦而谋勤劳增产基础之确立。"① 鉴于这种状况，华北政务委员会教育总署提出的方法首先是由教育总署咨行各省市公署统筹办理，其次是由编审会筹编各级职业补习学校教材，之后筹设农工及其他职业教育师资养成所，同时各省市县区新民教育馆至少附设一处职业讲习班或传习所，职业补习学校还要广备实验场所，最好还能与当地工厂相联系，为学员提供更多的实习机会。

### 三　短期职业训练班

天津市于20世纪20年代推行了一种短期的职业训练班，以解决当时广大人群要接受职业教育的迫切要求。开设短期职业训练班的目的是训练某项业务的技术人才，因此有能力培养各类技术人员的传习所、养成所和讲习所也属于短期职业训练班的范畴。至于如何开办，教育部出台了《短期职业训练班暂行办法》，要求如果社会需要某种专业技术人员的时候，高级职业学校和专科学校有责任附设短期职业训练班以应社会经济产业所需。各行政机关如果其所属的行政范围内需要某种管理人才以及私人与团体因为企业和社会需要某种技术人才，都可以创办短期职业训练班。训练班的修业年限为三到十五个月，根据职业性质来安排修业时间。训练班分为两种，分别招收具有初级中学及高级中学（包含同等学力）毕业的人，来接受训练。在课程安排上，专门教授技术学科的课程。如果某学科修完并且合格，即可结业。短期职业训练班的科目设置、课程安排、设备概况、经费使用、详细计划、教员资格以及学生缴纳学费等项都要呈报当地教育行政主管部门审核。学生训练期满，考试及格的给颁发某项技术学科学业成绩证明书。

1922年3月17日直隶妇女职业传习所添招了蚕桑班，其原有的"高等刺绣班，已于2月13日开学，共有学生二十二名，计旧班学生十名，新班十二名。现由该所聘请舒淑志女士教授高等刺绣，对于新

---

① （伪）华北政务委员会教育总署秘书室编：《第三次教育行政会议记录》，华北政务委员会教育总署秘书室，1943年，第20页。

到各生拟另加钟点,使之补习,俾得与旧班生程度相等。又该所每年春季添招女子蚕桑班,以传授种桑饲蚕各艺术。"① 到了5月1日,蚕桑班正式开课,"由实业厅通令监山等二十县各送女生一名,限于4月25日以前报到。闻其课程有养蚕学、栽桑学、制丝学、国文、修身、算学及养蚕实习等科目。其养蚕器具,则由农事试验场借用"②。1922年6月30日天津银行设立了商业传习所,当时"国民之生计日高一日,谋生之途径日难一日,有能力者尚可略谋职业,无能力者即不堪设想。天津银行有鉴于此,拟设一商业传习所,专以中外要课及行商业务传习来者,年半卒业,及格者由该校函请地方长官发给文凭,满八十分者即由该校位置差事,在校每月所费无几,将来衣食即可有赖。"③

民国时期的各类教育还不向今天这样发达和普及,职业教育也是如此。很多人想去正规的职业学校去学习专业技术技能,以便寻找到适合自己的职业。但以当时河北地区职业教育的发达程度来说,是无法满足所有此类人群的要求的。而短期职业训练班的出现,恰好缓解了这个问题。

短期训练班是高级职业中学和专科学校的附属单位,虽然在修业年限和课程安排上与职业学校及专科学校相比有非常大的简化。但从培养目的上看,它也是一种政府有计划、有目的、有组织地通过培训具体的专业技术,来促进人们就业的教育形式。而且这种教育形式更具有指向性和针对性,见效也很快。因为它就是根据社会需要哪种特定的技术人才而创办的,学生接受这种培训以后,便于找到对口的工作。因此,短期职业训练班虽然和正规的职业学校在各个方面还有非常大的差距,但它确实是属于职业教育的范畴。

## 四 游民养习所

民国时期天津市之所以要花大力气开办游民养习所,主要是鉴于

---

① 天津市地方志编修委员会办公室、天津市图书馆编:《〈益世报〉天津资料点校汇编(一)》,天津社会科学院出版社1999年版,第1000页。
② 同上书,第1001页。
③ 同上书,第1003页。

天津市的游民收容所和教养所内的游民数量实在太多。为这些游民提供衣服和食物以保证他们身体健康的同时，天津市还非常注重通过教授他们一些最基本的行业技能，以便能够让这些游民自食其力。有养无教并非长久之计，因此天津市教育局局长亲自筹划为游民提供生计教育的事情。此后，天津市政府多次召开委员会议，商讨应该对于年幼的游民施以教育，通过半工半读的方式，使其掌握到切实的谋生技能。为此，需要编订快捷适用的课程，例如织袜、编篓及织席等简易的手工课程，以便使他们能够迅速地找到工作，自谋出路。

有鉴于此，天津市政府出台了《天津特别市游民收容教养所计划大纲》，大纲要求对于游民，不仅要给他们提供衣食给养，还要设法教给他们相当的知识与技能。教育局负责制订相关的实施计划和改进措施，同时核定教职员的资格及待遇；为保证游民教育能够方便施行，需要进行分班教授，主要分为幼年班、成人班、妇女班、特殊班（聋哑盲及残疾者）。课程分为知识科与技能科，知识科包括党义、国语（作法和读法）、算术（珠算和笔算）、常识、音乐、体操、商业、簿记和尺牍；技能科包括织席、石印、织袜、织毛巾、竹器、木器、照相和应用化学。在科目选择上，各个班必须学习知识科的课程，技能科课程任选一组或数组进行学习。教学时间安排上是幼年班每天四小时学习知识科的课程，二到四小时的技能科课程学习；成人班每天学习两小时的知识科课程，四到六个小时学习技能科的课程。每个班的修业年限为一年，但毕业之后还需要继续学习。每个班的人数限定在四十到六十人之间，经费由游民养习所和教育局共同筹划。游民养习所还设有营业部，将学生作品进行出售，其中的三成资费作为学生的奖品，剩下的则充为游民养习所的办学经费。

游民养习所的最终目的和正规的职业教育不大一样，开办游民养习所，虽然是为了让游民能够自食其力，但从更深层次上看，主要是为了社会稳定，有较强的政治性。而且游民不是学生，其教育对象与职业学校是截然不同的。当然，在授课内容上，游民养习所只是传授最基本的知识和谋生技能，在人力资源输出的层次上和职业学校是没法比的。而且游民养习所不是学校教育，没有正规的学校作为其实施教育的载体。但游民养习所是有权力开展职业补习教育的，20 世纪

30年代天津市的游民收容所就开展了职业补习教育，当时"入学生徒，计贫儿六十名外，尚有原附学学生三十名，计者九十名，现分二班，半工半读，已拟定临时课程表，暂为上课，惟学校设备房舍，修理学工组织，在在需款，现正妥筹进行方法，不日正式开课"①。之后，该所的职业补习学校还开办了营业部，因为其"教授各项技艺，现该校计有织编织袜石印三科，所有学生均能工作，现教育局已预备扩充，加添营业部，承揽各项营业，并于昨日委吴国桢为该校营业部主任，所有营业收入经费，拟作为广收贫民之用"②。因此相比之下，它们有一点还是相同的，既都有自己产品的销售环节，通过出售受教育者上学时期所生产出的产品，以补贴二者的教育经费。

**五 民众教育馆**

除了注重为百姓提供必要的专业技能训练以外，民国时期的河北地区还积极开展启发民智，扫除文盲和半文盲的社会教育活动，较为常见的机构是民众教育馆。之所以开设民众教育馆，主要是为宣传主义，开发民智，教育只是辅助性的。中国是农业国家，绝大多数百姓都生活在农村。民众教育是民国时期的一种新兴教育运动，而在农村推广民众教育馆也仅仅是刚刚起步。为此，1932年河北省制订了在农村推行民众教育馆的计划。以定县的民众教育馆为例，它应该是河北省各县的较好者，"馆中原有经费每月五百二十六元，另有体育场一处，每月津贴此间三十元，再有社会教育办事处前办定县旬刊所用之款，每月十二元五角，亦因停刊拨到此馆，所以馆方每月可有五百六十八元五角之收入"③。尽管在最开始设立时，从教育馆的工作人员配备到经费划拨，都有非常大的困难，但当时的河北省还是下定决心，在农村实行推广民众教育馆的实验工作。最开始，计划设立演讲、图书、游艺和卫生四部，之后为扩大工作起见，还计划添设民众学校。在此计划之前，河北省对于教育时间、简报出版、民众读物编

---

① 《市立第一职校由贫民救济院接办》，《益世报》1929年10月7日。
② 《职业补习学校加添营业部》，《益世报》1929年8月21日。
③ 姜书阁编述：《定县平民教育视察记》，察哈尔教育厅编译处1932年版，第16页。

辑及乡村社会调查等都做了大量的工作，以期真正了解实际情况，做到有的放矢。

河北省主要在农村开办了民众教育馆，并且对普及工作进行了认真的总结。首先是演讲部，原定演讲部的工作包括定期演讲、巡回演讲和特别演讲三种。定期演讲是每星期在馆内举行一次。但组织者发现召集听众有非常大的困难，因为乡村交通不便，生活艰窘，农活繁重，再让他们跑近十里的路程去听演讲，根本就没有积极性。尽管推行定期演讲十分积极和卖力，但是听讲最多的时候也就二三百人，而且听众基本上都是附近村庄里的闲散游民、妇女和小孩。要是遇到了刮风下雨和下雪的天气，那么来听讲的基本上寥寥无几。巡回演讲团每星期出发三次，每次到一个村子。因在召集民众上依然有困难，最开始用戏匣子和电影来吸引民众，但时间长了就没什么作用了。巡回演讲采取的是露天演讲，人群流动性大，效果不好，而且演讲者和民众之间还有隔阂。遇到有重要纪念日或者发起某项改进运动的时候，还举行特别演讲，但是在召集民众方面依然难见成效。归结原因，是因为不能够深入民众，不了解民众，演讲的内容民众不感兴趣，甚至许多也不是和农业生产相关的，无法贴近农村生活。其次是图书部，在管内设有两个图书阅览室，一个是普通阅览室，一个是妇孺阅览室。但阅览室的开办效果也不十分理想，仅有数十人在阅览室阅读，除了当地的中学生及妇孺到阅览室看书外，其他的村民数量很少。产生这种现象的主要原因是因为乡村缺乏最基本的小学教育，以致文盲太多，根本就没有阅读能力和时间。再次是游艺部，室内设有乒乓球和棋类设施，此外还有新剧团等。但来游艺室的主要还是当地的中学生，真正的乡民则是非常少的。民众教育馆还设立了一处体育场，有单杠、木马、滑梯及篮球等运动物品，但实验数月证明，只有附近村子的小孩和中学生来玩玩，村民很少来进行这种所谓的"消遣"活动。究其原因，主要是村民劳作太过辛苦，干完繁重的农活之后还要奔走十来里路进行体育锻炼，这完全是违背常理的。

鉴于上面的情况，河北省得出乡村人口不集中，交通也不够方便，经常举行集中性质的民众教育是很不现实的；农村文盲太多，不能够急于推广图书教育；乡村是依照季节变化而忙碌的，所以教育应该分阶段进行；而且村民农活繁重，体力消耗过度，进行体育锻炼也是不合适的。以往的工作中没能利用庙会和集镇来推广民众教育，是最大的失误。

根据对推广民众教育当中存在问题的分析以及总结的经验，河北省认为首先要竭力发展民众学校，尽管不能商业普及，但对于一般中产以上的民众，效果还是不错的。而且随着农村经济的发展、工商业的振兴、典当买卖的频繁、银圆钞票的使用等，都证明识字的重要性，因此民众学校的作用也将会日渐凸显出来。当时一共有民众学校三处，海子角两处，义和庄一处，并且计划再成立五处，同时还要添设工人夜学班，通过这些学校的推广，在某种程度上还弥补了乡村初级小学不足的缺陷。演讲部则是要减少定期演讲，每月一到两次，与定期游艺会同时举行。巡回演讲改为以各村民众学校为目的地，特别演讲则还是保持惯例。在演讲词上也要做出改进，可以用双簧、笑话、鼓词、歌曲等老百姓容易接受的形式进行传播。事实证明，这种方法非常有效。图书部则是将阅览室开放时间减为每周一次，同时以民众学校学生为中心组织民众读书会，并且试办巡回文库。游艺部则是要以民众学校学生为中心，组织音乐会，民众游艺团，设立民众俱乐部，游艺会改为每月举行一次或两次。卫生部则是以民众学校学生为中心组织国术会、健身会及业余运动会；卫生方面是要求学生讲卫生，并要起到示范作用。在馆内还添设诊疗所，治病的同时普及卫生知识。在编辑民众读物方面，将过去的俚词巷曲、插图、小说、灯谜及笑话等编辑成读物，会引起乡民的极大兴趣。此外，还要继续调查农村社会的实际，深入了解乡民的实际生活状况。农业经济在农村占有绝对重要的作用，因此河北省计划组织民众学校学生组建合作社，并且改进农村副业，引进优良的农作物种子，积极提倡家庭手工业。还利用庙会和集镇，在集镇开设民众茶馆、民众阅报处、民众澡堂及民众食堂等，利用一切方式普及民众教育。

根据所制订的民众教育计划来看，河北省认为深入民众，能够消除民众对教育馆之间的排拒；能够彻底了解乡村社会的实际情况，调查工作方能顺利进行；实际指导民众生活，进而可以完成乡村社会的改造。

总体来看，民众教育馆是典型的社会教育实体，它的教育对象是全体民众，根据上面河北省的农村实验来看，受教育者都是农民。而且民众教育馆所提供的"教育"，其实是最广义的教育，即能够提升民众素质、开民智的行为，都可以说是民众的教育。民众教育馆提供的教育方式也较为全面，但其实都不够精。它包括科学教育、卫生教育、体育教育甚至还有文艺教育，但每样又都是较为肤浅的，因为较深的知识农民根本没办法接受。采取的教育形式也有多种，演讲、图书阅览室、播放戏剧和电影等，只要是能够吸引农民的手段基本上都会使用。同时教育内容也采取双簧、笑话、鼓词、歌曲等老百姓容易接受、喜闻乐见的形式进行传播。此外，民众教育馆更侧重消除文盲、开启民智，提升民众的基本素质。而关于谋生的技术传授，基本上是没有的，这一点还是有很大不足的。因为"我国一般民众，正处于极度的经济衰落、生计贫困与文化落后之境地，论其原因，固由耕地不足、农工商技术幼稚、地利未开化，尤以外货皆倾销、商人剥削、豪强兼并以及捐税太重，阶之为厉。故经济建设为社会建设之本，而生计教育成为民众教育之入手法门"①。在这则大纲中，可以看出，虽然民众教育馆具有一定的教育功能，但毕竟是辅助性的，更多的是强调开民智，宣传党义。总体而言，它既不是学校教育，也不是正规的教育机构，其中教化多于教育。它完全不具备职业教育所应有的校舍、生源、师资、教材、课程、专业等核心要素，虽然带有辅助性的教育功能，但在各方面均不具备职业教育的基本特征。

---

① 汪懋祖：《教育学》，正中书局1942年版，第163页。

# 第三章

# 民国河北地区职业教育发展规划及概况

民国时期，无论是中央政府还是河北地区的省市各级政府，都非常重视先从总体上规划职业教育的发展思路，之后再制定具体的年度发展计划，以保证职业教育的发展能够按部就班地进行。本章拟从提案、计划及发展概况这三个部分，来说明民国时期河北地区职业教育发展的总体思路以及实际执行的效果。

## 第一节 发展职业教育的提案

1931年，河北省教育厅召开了全省教育会议，在会议当中河北省教育厅委员会成员、各个职校、中学、师范学校的校长及专家在《职业实施方针行政杂项合组成立案》中纷纷提出了针对河北省职业教育改革与发展的提案，并且从理由和办法两个方面做出了非常仔细的说明和规划，为20世纪30年代的河北省职业教育发展提供了极为宝贵的思路与策略。

### 一 增设职业学校提案组

发展职业教育，首先要做的就是尽可能增加职业学校的数量，这样才能够保证更多的青年接受职业教育，达到职业教育的普及，才能在社会上有更多的"生利"之人，社会经济才能够快速发展。

中央对于如何有效增设各类职业学校的提案，对于河北省的职业学校增设，提供了非常有益的借鉴和参考。有了中央的提案作为指导和保证，那么地方的增设职业学校提案作为一种积极回应，开始受到重视。在认真研究、思考和总结之后，河北省的职业教育提案犹如泉涌般出现在各类教育会议当中。

为了能够更加有效推广职业教育，河北省要求增加职业学校的数量，为此各个机关和单位总共提出了七个子提案，总体上达成了要以专设为原则；商业、简单工艺、农业及家事等专业可以在初中附设；高中主要附设农工商各科，各县应该普遍设立初等职业补习学校的总体思路。

首先河北省水产职业学校教员王馥琴提出了《发展职业教育案》，其理由是只有发展职业教育才能够促进生产，只有生产搞好了，才能够拯救国家的贫苦百姓，进而才能够实现孙中山先生的民生主义。如何具体实施呢，提案中指出扩充现有省立职业学校（如水产、工业、商业、农、医等），增设各种男女职业中学，普通中学要增设职业科目（如农、商等）。为职业学校毕业生广谋出路，这需要由学校与官厅共同负责。应选择职业学校的优秀毕业生到外国留学，培养高等职业教育人才。此外，还要减收职业学校学生的学宿费。这个提案强调扩充省立的职业学校，并且通过增设职业中学、加开专业等方式去推广职业教育外，比较有新意的地方是还主张派遣留学生，以培养高层次的职业技术人才，这在当时来讲，是很进步的。

河北省第十中学的校长苏炳辉提出了《河北省应速推广职业教育以利民生案》，他的理由是1930年中学职业会议曾议决中学应添设职业班，但各个学校只扩充了普通班，而对于职业班却没有太大的热情，增加的职业班数量很少。而且随着当时产业落后、民生凋敝，失业人数的日渐增加，这种情况甚至影响到了国家的发展。因此，苏炳辉想到的解救之法就是尽快推广职业教育，让学生毕业后能够有相当的职业。这样可以减少社会上的失业者，还能够增加社会的总体生产力，是一举两得的事情。为此，他提出了相应的对策：

第一条 将已有之职业学校力图扩充；
第二条 由厅制定区域，酌量地方情形，每年递增职业学校（农、工、商）；

第三条 由厅指定学校添设职业班或职业科目；

第四条 入职业学校学生或入职业班学生，可减收学费或完全免纳，以示提倡职业教育及抚恤贫寒学生之至意。①

苏炳辉的提案，明确了职业教育对于个人生计以及社会发展的重要作用，其对职教作用的定位还是非常准确的，而且减免职业学校学生学费的建议，是符合当时的职教发展总趋势的。难能可贵的是，他注意到各中学没有按照原定的决议增设职业班，在一定程度上反映了当时河北省推广职业教育的真实状态。

教育厅聘任委员缪辉曾提出了《为本省增设职业学校推广职业教育之提案》，案中指出职业教育是养成国民的生活技能、增进国民生产能力的法门，通过职业教育，可以起到振衰除弊的作用，这里可见缪辉曾对于职业教育寄予了非常大的期望。而河北省的职业学校数量并不是非常多，许多想接受职业教育的人都没有机会。尤其是抗战结束以后，百业萧条，无论是社会还是人民生计都日渐艰难。因此他提议在河北省的各个县内酌情设立省立职业学校一处，可以根据各个地区的主要产品拟定课程标准。如此，则职业教育既能够得到普及，民族产业也就有了发展。为此，他给出了五条建议：

第一条 首先于天津、北平、保定三处附近之地酌设一处规模较大、分科较多之职业学校，其余各县逐渐增设，于教育经费预算无甚窘，开办后二三年得设营业部以便自筹扩充经费，培养实际实用之人才；

第二条 如本省教员不敷，若不能增设职校时或于二三年县附近之省立中学校、师范学校择一适当之学校改为职业学校，但另添置设备与该校原有之预算无甚差；

第三条 于本省所辖各县教育局酌设职业教育养成所，并组织职

---

① 河北省教育厅编印：《河北省应速推广职业教育以利民生案》，《河北省教育公报》，1932 年第 17 期。

业指导委员会于县立小学酌增加职业科课程,于公共图书馆多购职业教育有关之图书;

第四条 为造就职业教育师资问题,于职业学校内设师范科或于师范学校内设职业科;

第五条 每一学年应开成品会展览会一次,汇集各职校之成品以便互相观摩。①

在缪辉曾的这个提案中,既考虑到职业学校自筹经费发展的途径、又提出了如何在短时期内培养职业教员的方法,而且更为可贵的是,他特别强调职业教育的产品输出,即要求每一学年都应该举办职校产品的展览会,这样能通过比较来衡量一个职业学校的办学效果,并能够鞭策较差的职校加以改进。

第十一中学的校长薛起昌提出了《本省应增设职业学校案》,他指出由于河北省职业教育不够发达,小学毕业的学生因为没有合适的职业学校可以就读,大多都考入到普通中学,但是普通中学毕业后,又由于经济条件所限制,很多人无法升学。而在学校所学习到的东西大多不符合社会需要,因此失业带来的是社会的动荡。他认为河北省由于中等职业学校太少,导致河北的整个教育系统是畸形的。为此,他建议教育厅可以会同建设厅在河北省适当的地方增设某种适合当地需要的职业学校;师范学校或中学校应该在条件允许的情况下增加职业班次,以此来扩充职业学校。

可以说,上面扩充职业教育的出发点都是好的,无奈当时河北省的经济基础本来就较差,而且后来又遭受日本侵略,正是百废待兴之际,因此很多人的心情是急切的,想尽各种办法来拯救国民和社会。但这里有两个问题值得思考,第一,职业教育的作用真的有那么大吗?这是值得反思的。在他们的想法里,职业教育不仅仅能够解决青年的失业问题,甚至认为只要青年失业减少了,社会就能完全安定了。这里可以试着来一个反向推论,那就是社会之所以动荡不安,百

---

① 河北省教育厅编印:《为本省增设职业学校推广职业教育之提案》,《河北省教育公报》1932年第17期。

业萧条，是因为社会上闲散人员太多，之所以这么多流氓，都是拜职业教育不能普及、办得不好所赐。这个结论完全是站不住脚的，对此，杨贤江非常客观地指出："靠职业教育能救国，简直是笑话……提倡职业教育，以为现在国家奇穷，人民生计太苦，能使人民有独立谋生的能力，使各种工商业发达，以抵抗外国货，国家就可以富强起来"①。在这些问题背后的因素当中，职业教育仅仅是一个方面，更要从经济、政治、社会以及其他教育类型上总结原因。恐怕以当时河北省的财力才来讲，它不可能实现所有无法升学的青年都可以接受职业教育的这个目标；即使青年失业的问题得到很好的解决，那社会就一定不动荡了吗？职业教育只是单方面的因素，不能解决全局性的问题，它"诚然能改造社会，但社会的改造，却不能专恃教育一途。有人对于教育希望太高，认他是包治百病的'万应灵药'，以为只要教育一好，自然社会就百病消除，那是错误的见解。可知责备教育太苛太严，当然也是不对的了。因为教育的力量，一方面它能以缓和的工夫，潜移默化的精神，改良社会，同时一方面它也会受社会恶劣势力的牵制和摧残。如果社会的病，太深了，太重了，非用刀圭割治，非用猛烈攻剂，不能奏效，只好借重政治之力，去攻治它，去改革它，教育哪里还能显出功能来呢？就是有一些可显的功能，也怕只是'杯水车薪'，于事无益"②，因此把整个国家经济复苏和百姓生计的重任全都放在职业教育的肩头之上，恐怕这是不现实的事情。第二，以当时河北省的实际状况来看，该地区是遭受掠夺和破坏的重灾区，基本上没有能力在各个县都设立一所职业学校。即使是勉强设立了，恐怕在各方面也达不到应有的水准。因此，很多人认为除了新增职业学校以外，在中学当中开设职业科，不失为普及职业教育的一条捷径。

## 二 中学改添职业班提案组

之后河北省为了能够快速推广职业教育，在中学添设职业班这种简便快捷方法受到了专家的重视，教育厅在交换意见过程中，提出了

---

① 任中印编：《杨贤江全集 第3卷》，河南教育出版社1995年版，第32页。
② 江问渔：《我国中学教育的前途》，《教育与职业》1930年总第120期。

《指定中学数处兼办或改办职业班案》，其理由是为促进社会产业的发展，培养切实可用的职业人才，中等职业教育的设立和推行确实是当时教育的重中之重。但是专门创办职业学校面临困境：首先河北各市县的财力不够，其次短时间内把职业学校的一应设施都筹办齐备也是不可能的。但是让现有的中学兼办或改办职业学习班还是比较可行的。在创办过程中，一定要仔细斟酌地方的实际情形，根据地方的实际需要设立单科的职业班，以后再谋发展。高中开设职业班还能兼顾不能升学的学生进行职业训练，僻远地方的中学要根据本地需要办理职业班，以确保学生毕业后确实能为地方所用。根据河北省各地中学的实际情况，这个提案列出了一个中学兼办或改办职业班的简表，现摘列见表3-1：

表3-1　　　　1931年河北省中学拟兼办或改办职业班计划表

| 校名 | 所在地 | 拟办之职业科 | 办学方式 | 理由 |
| --- | --- | --- | --- | --- |
| 第七中学 | 正定 | 工职科 | 兼办 | 该校原址设石印照相等，选科颇有成绩 |
| 第八中学 | 易县 | 农职科 | 兼办 | 该校有五年计划注重农林 |
| 第四中学 | 唐山 | 工商职科 | 改办 | 唐山地方环境适宜工科 |
| 第一中学 | 天津 | 商职科 | 兼办 | 环境适宜 |
| 第十二中学 | 邢台 | 工商职科 | 兼办 | 环境适宜 |
| 第十八中学 | 黄村 | 农职科 | 兼办 | 该校原有前农林学校农场，闲置颇为可惜，其地环境亦适宜农林 |
| 第十七中学 | 北平 | 工或商职科 | 兼办 | 北平环境需要工商人才 |

资料来源：河北省教育厅编印：《指定中学数处兼办或改办职业班案》，《河北省教育公报》1932年第17期。

这个提案当中所列河北各中学开设职业科的计划，还是很有可行性的，因为它照顾到了各个中学所在地区的自然、经济和社会条件，而且很多中学都是兼办，既不减少原有的普通教育，又可以利用现有的教育资源开设职业科，能够实现在短时间内普及职业教育的目的。中学毕业生过多，又无相应技能必然会与社会实际需求相悖，"社会所需要的是做事的人才，学堂所造成的是不会做事又不肯做事的人才"①，这样的学生毕业后根本无法为社会所接收。当时之所以存在就业无着的普遍性社会问题，"一方面源自经济萧条、社会凋敝、百业不良等客观原因，另一方面，对于大量扩充的非职业性的普通学校，存在着严重的无目的、无计划的问题。"②

　　第二职校的校长杜守文提出了《省立第十一中学应先改添职业班案》，原因是提倡职业教育是全国的一致要求，但大名县位于河北的南部地区，地瘠民贫，中学招生十分困难。中学毕业的学生，工作能力不足，升学又财力不敷，毕业之后很难找到出路。如果照这种情形发展下去，大名县的教育后果将不堪设想。为此应该尽快推广职业教育，以改变中学生毕业就失业的局面。省立第十一中学原来设有十个班，并且还有两万元的存款。每年招两班学生，如果改变为招一中学班和一职业班，以两万元来购买职业班所需的设备，那还是比较充裕的。这样，家庭条件好的学生可以继续升学，贫寒子弟就读职业班，则将获得无穷的实惠。具体的办法则按照国家教育部出台的中学改添职业班案办理即可。在普通中学招生困难的情况下，就应该对之进行整顿，一半保持原有的普通中学性质，一半改为职业班，这样大名县的中学就有了存在的价值和发展的希望。杜守文还提出了《拟就现有中学改添职业班案》，鉴于国家提出的尽量增设职业学校及各种补习学校，并奖励私人筹设职业学校的号召，同时教育部还命令各省市的教育厅局自1931年起，限制普通中学的设立，要增设职业学校。而河北省职业学校数量很少，尚达不到省立中学数量的二十分之一，如果再把县立和私立中学计入其中，那比例就更加不合理了。不可否认，中学是升大学的必经阶段，但大学学费较高，就是中等经济条件的家庭也很难供养一个大学生，而且20世纪30年代河北省民生凋敝，困苦异常，供子弟上大学更是不易。中学毕业后不能升学，又没有本事去做事，出路变得十分狭窄，纷纷失业，这将是不可避免的。

---

　　① 胡适：《胡适文集 第4卷》，北京大学出版社2013年，第10页。
　　② 张雁南：《论近代职业教育思潮的缘起与定位》，《徐州师范大学学报（哲学社会科学版）》2011年第1期。

如果任其发展下去，失业青年积聚增多，必然会出现犯罪之徒，扰乱社会安定。但就当时河北省的经济实力来看，直接设置大量的职业学校是不可能的，只能在省立中学添设职业班，既不妨碍富家子弟升学，又可培养贫寒子弟的谋生能力。具体的办法是：

第一条 由教育厅通盘筹划，除天津保定已有职业学校外，其他中学将变轨制酌量变一轨，仍准备升学，俾资深造，一轨逐渐改设职业补习班，俾谋生路；

第二条 就原有校舍经费由省库仅拨给工厂设备费以资助学；

第三条 招收学生时由各县教育局负责加倍选送贫寒子弟，学校择优录取；

第四条 由校长聘请合格职业主任以专责成；

第五条 学生免收学费；

第六条 初中职业修业年限为三年；

第七条 工作占五分之三，讲授占五分之二；

第八条 由二十一年度起如有两班学业者，招收中学职业各一班；

第九条 职业班免费不敷之款，由教育厅按照职业学校经费标准增加；

第十条 至二十四年度三班职业完成后另设科目。①

在这里，杜守文一针见血点明了河北省普通教育过剩、职业教育太少的问题，"教育现代化与整个现代化的双重失调，约束了教育本身的发展以及教育与整个现代化的协调关系，造成一方面严重缺乏人才，另一方面人才又无用武之地的畸形现象"②。普通中学的学生很大一部分是难以升学的，那么结果就是失业。为此，中学必须开设职业科，给不能升学的学生以就业出路。他按照年度制定了非常细致的发展规划，给出了具体的修业年限，还强调工作即实践操作在教学当

---

① 河北省教育厅编印：《拟就现有中学改添职业班案》，《河北省教育公报》1932年第17期。

② 章开沅、罗福惠：《比较重的审视：中国早期现代化研究》，浙江人民出版社1993年版，第561页。

中的比重，突出了职业教育的实践性。

　　第五中学的校长张荫圻提出了《省立中学校所在地如无职业学校应于该中学校增设职业科案》，其理由是教育部曾通令自1931年起，全国各个普通中学应该一律添设职业科目或附设职业科，河北省全省的省立中学校有二十余所，而省立职业学校才不过两三所，数目悬殊。且每年中学校毕业的学生能够升学的超不过半数，大多数学生因为家境不够宽裕，中途辍学，既没有专门知识又不具备特殊的专业技能，这样的青年自然无法为社会所接纳，大量失业青年必然会扰乱社会安定。而补救之法就是在普通中学多增设职业科，以便使无力升学的学生毕业后有专门的技术，能够依靠自己的力量经营小型的工业产业或者担任小学工业教师，成为有用之人，从整体上增进国家的生产力。创办职业学校费时久，消耗经费也较多，加上河北省的财力不足，只能在各个中学校增设职业科，这就当时的情况来看，还是比较容易做到的。在具体的实施步骤上，规定职业科相当初级中学或高中，三年毕业。各中学的所在地如果没有职业学校，则该中学应该自1932年起增设职业科一个班，其科目可以从农林、染织、商业、机工、陶业、制革、造纸、应用化学及木工当中任选其一。在招生上，职业科"专招收贫寒学生，除伙食衣服书籍等项归自备外，学宿杂各费一概不收，但中途不得退学；职业科之课程务求专精，以学生毕业后得有专门技术为目的，第一学年实习占课程钟点三分之一，第二学年占二分之一，第三学年占三分之二"①。关于工厂、农场或林场设备以及经费数目由教育厅核定，各普通中学校以先行增设初级职业科为宜。张荫圻的提案强调了没有职业学校的地方必须在中学开设职业科，这一点在他看来，职业学校的数量与普通学校应该是持平的，但是河北财力不济，只能让某些中学开设职业科。而且他还根据河北的实情列出了详细的职业科目范围，以备没有职业科目的中学在开设职业科时有所参考与选择。还有一点值得注意，就是中学改办成职业学校，一定不能操之过急，如果各种条件不成熟，"普通高中快速转变

---

　　① 河北省教育厅编印：《省立中学校所在地如无职业学校应于该中学校增设职业科案》，《河北省教育公报》1932年第17期。

成职业高中的结果经常只是表面上学校名字的变化,而实际上在学校内部没有发生什么变化"①。

聘任委员李建勋提出了《于初高级中学内添设职业班及农工商家事等科以促进生产教育增厚国力案》指出,虽然民国时期的教育有一定的发展,经济也有了相应的进步,但传统科举制留下的影响,人们报考学校还是为了能够获取官职,对于报考职业学校基本上没什么兴趣,以至于职业教育的发展远远落在了其他教育类型的后面,跟同时代的欧美资本主义国家相比,也有非常大的差距。1927年英国职业学校学生的数量大约是中学生的二倍,1925年法国职校学生的数量也是中学生的二倍,1926年德国职业学校的学生数是中学生的三倍,美国职校学生的数量也至少是中学生的二倍,而1925年中国职业学校学生的数量还不及中学生的七分之一。如果政府与社会希望尽快改变我国积贫积弱的状况,必须要花大力气促进职业教育的发展,以增强我国的国力。他的具体办法是:

第一条 各县于其财力所及之范围内,创办短期之职业学校;

第二条 于初级中学内设职业班,修业三年,何校应办何种职业视各该地方之需要定之;

第三条 高级中学之普通科向分文理两组,照近来教育部所定之课程标准,应合为一组,其余一组之财力则办农工商或家事等科,但何校应办何科视各该地方之需要定之。②

在这个提案中,李建勋拿出了大量的篇幅说明了同时期西方欧美资本主义国家职业学校学生数量与普通学校的对比,这也反衬出了民国时期河北省乃至全国教育结构的畸形化,传统的"学而优则仕"的观念阻碍着民国时期职业教育的发展,这一点在李建勋看来,必须加以改正。而且在"学校中实行手工教授,是预备赚钱方法中最实

---

① [瑞典]T. 胡森、[德]T. N. 波斯尔斯韦特主编:《教育大百科全书》第4卷《成人教育职业技术教育》,张斌贤等译,西南师范大学出版社2006年版,第686页。

② 河北省教育厅编印:《省立中学校所在地如无职业学校应于该中学校增设职业科案》,《河北省教育公报》1932年第17期。

用、最有价值的一种。学校中施行手工教授，也是发展童儿赚钱的欲望和做人的本能最有效的方法"①。

河北省第四中学校长曹乾元提出了《余省宜分区添设职业中等学校及中学加添职业班案》，其理由是国家实业不振主要是由于职业教育的缺乏，人民缺乏相当的技能。而且中学毕业生能够升学的都不到一半，其余的人因为没有专业技能，很容易失业。这会形成一种恶性循环，就是读书的越多社会就越不能提供所需的职业，无业者越多，这些人必然会成为国家动荡的隐患，社会也就也不安定，连带着职业教育也没法办好。补救之法，唯有注重职业教育，推广职业学校。具体办法是首先将整个河北省划分为若干中等职业教育的区域，他设想如果按照七个区域划分，那么天津是第一区、北平第二区、保定第三区、正定第四区、顺德第五区、沧县第六区、唐山为第七区；每区设立一职业中学，以便招收该区域内无力升学的青年，对他们传授职业技能，毕业之后可以谋生。各省立中学及师范加添职业班，至于班次的多少及科目设定必须要按照各学校所处的社会环境而定。但加添职业班的设定必须有充足的经费保证和必要的设备基础，在教学过程中必须收到实际练习的效果，不然这样办学有害而无益。但是对条件有限的地方，即"不能设职业班之学校，其各年级班应酌添职业科目一门或二门，科目种类应按各地情形规定"②。在这个提案当中，曹乾元将河北省划分为七个区域，提出必须保证每个区域有一所职业中学，同时中学校及师范学校还要根据该区域的实际条件开设相应的职业班。划分区域来办职业教育，有利于对河北省的职业教育进行统一的部署和管理，并且每个区域还能自主根据自己的财力、产业状况和经济水平来开办职业教育。其实在中学进行手工教授还是非常有必要的，因为"手工科每取通常物后，严密观察其形状及构造，以测尺寸，可以直接观察形后之观念，制作物品，用多数之原料，以施切断刮削锤碾粉碎溶解热烧等种种手续，并观察其形状及变化，于是儿童

---

① ［美］Thomas Robet Foulkes、Thomas Diamond：《手工教授和赚钱方法的关系》，王志莘译，《教育与职业》1920 年总第 21 期。
② 河北省教育厅编印：《省立中学校所在地如无职业学校应于该中学校增设职业科案》，《河北省教育公报》1932 年第 17 期。

有直观的意识，藉以得知自然物之形状及效用，物品之制作，色与形为必须之要素，是法明瞭，可生色彩相关之观念，手工科所做之事，于一般职业，皆有关系，可以补充实业之知识"①。

河北省第七中学校长于炳祥提出了《本省各中等学校应根据客观环境之需要增设职业教育科目案》，在提案中他指出虽然民国时期的教育发展已有年头，但成效并不显著，主要原因就是受教育者大多没有职业上的知识和技能，进而出现了极为矛盾的现象，那就是教育越普及，失业的学生就越多，而且这种现象在中学尤为明显，因此在中等学校亟须推行职业教育。当时的国民政府，强调中等教育应该注重多培养职业人才，让中学毕业之后无法升学的学生，有选择职业的出路。职业教育的科目设置，必须依据客观环境的需要，才能收到最大的功效。比如天津和北平就比较适宜开设商科，或者单设簿记，打字等。具体的办法教育厅可以依照河北省各县的实际情形具体谋划。再以中学开设农业课程的必要性来讲，"初中实际设置农业的作业，以为职业探发的目的，在探发的价值里面，大有差异，使学生念知农业实用的要素，研究植物与动物的生活，他们彼此的关系以及对人的关系，利用学校园，饲养家禽，实验练习，到郊外旅行的种种手段，以达到探发的目的"②。

通过对关于中学校开设职业班提案的汇总和分析，可以了解到这样的几个事实：首先，民国时期的河北地区乃至全国的职业教育与普通教育的比例是极不对称的，而且过多创办普通教育压缩了职业教育的发展。有的提案还将普通教育培养学生数量与职业教育的比例与同期外国的比例进行了对比，得出了我国的教育结构是极其不合理的，甚至是畸形的结论，这严重制约了民国时期教育的整体效果。当时全国"完全之职业学校太少，而普通中学太多，且滥收学生，容易倖进，家庭不明白教育目的，学校不管社会需要，又无认真之职业指导，徒任学生自由

---

① ［日］冈山秀吉：《手工教授之教育的价值》，沈慕萱译，《教育与职业》1921年总第26期。
② 熊子容：《职业教育》，黎明书局1931年版，第79—80页。

选择"①。其次是就业问题，过多的学生接受了普通教育，但中学毕业后，大多数的学生因为家庭经济条件所限，不能够升学，但是还没有专业技能，因此就会出现大量的失业青年。最后，拿出提案的专家们也看到了职业教育的社会作用，点明了职业教育办得不好，是引发社会动荡的重要因素。河北省关于中学校附设职业科的提案就当时来看，还是走在时代前列的，对于当时全国实行中学校开设职业班产生了非常大的示范性作用，以至于在"民国二十年四月教育部已有训令到各省市教育厅局，详言职业之重要，并规定各省市对于中学教育设施之纲领八条，消极地限制普通中学的招生及设立，积极地主张添设职业学校。指示普通中学中应附设职业班或职业科目，县立初中，应附设或改设乡村师范或职业科。同时并附列各省市设置中等农工学校实施方案二章，计三十一条，全国空气，顿为转移"②。中央对于限制中学进而扩充职业学校的重视，会直接刺激地方办理此事的积极性。当时的教育考察团也得出结论，"不赞成以学生获得毕业文凭升入大学为职业训练之主要目的，盖其结果，必使职业训练之课程，与寻常中等学校之课程无甚差别也。真有天才之儿童，其在职业学校毕业后，当升入专门学校，自不待言，惟就原则上言，职业训练应与小学校相衔接，学生之所预备者，应为实际生活，而不应为专门学校中之学理的研究也。中国业已循此原则，拟定许多新办法，他日当有卓著之成绩也"③。考察团的几句结论，道出了中国职业教育的实际，并且对于中央与地方推广职教的改革也是抱有非常大的希望的。

### 三 发展各类职业教育提案组

在1928年全国教育会议的各个提案组当中，全国农林教育计划案组提出了大量翔实可行的提案。其中湖北的陈尧成提出了《农林教

---

① 程其保、经筱川：《中国教育实际问题之分析》，中央政治学校研究部1937年版，第73页。
② 黄季陆主编：《革命文献 抗战前教育概况与检讨》，中央文物供应社1971年版，第233页。
③ 国际联盟教育考察团编：《国际联盟教育考察团报告书》，载沈云龙《近代中国史料丛刊》，文海出版社1984年版，第141—142页。

育振兴之提案》，新中国农学会提出了《建设全国农业教育计划大纲案》，遇探先提出《农业教育与农业行政分工合作办法案》，朱厯澄等提出了《请立林业教育委员会研究林业教育之设施案》，吴承洛等提出了《请立中央林产研究所案》。以上是关于推广农业职业教育的提案，由于是全国性的提案，并非是针对河北地区而言，因此这里不再一一予以展开说明。

（一）工业类职业教育提案

河北省工业学院院长魏元光提出了《河北省工科职业教育实施意见书》，该意见书中认为鉴于民国时期整个国家生产落后、经济破产的局面，所以必须大力推广职业教育。而且就当时全国教育的热门议题来看，主要集中在增加生产技能，解决公民的生计问题上。河北省的职业教育应该通盘筹划，循序渐进，以期适合社会的需要。就河北省的实际状况来看，魏元光认为河北地质矿藏十分丰富，应该根据这个自然条件，分区筹设符合物产的职业学校，必然能够收到事半功倍的效果。为此他认为应该在河北全省，改良并扩充工科类的职业教育，以增加社会生产能力。在工科职业学校的授课过程中，学生的学习与生活要工厂化，以便使他们尽早养成即将从业的习惯。在具体实施上，首先是职业学校要分为初级职业、初中职业、高中职业及专科职业四等。其中"初级职业可单设学校或附设于县立高小或与县立工厂并设；初中有二科以上者可单独设校，单科可会同农商各科组成职业学校；高中不单设学校，应择适当科目与初中职业并设或附设于工科大学；专科学校应就地方需要择地单独设立或附设于工科大学；高中以下各级职业班所采科目要含地方性；初级及初中职业均定为三年毕业；高中定为四年，前三年学习后一年实作，颁发毕业证政府并给予工师证；专科定为三年，毕业充技师；初中以下免学膳费，高中、专科免学费"[①]。在这里，他把四个等级的职业教育如何设置制定了较为切合实际的规划，并且还说明了修业年限和将来的职业等级。

之后，魏元光还说明了各层级职业教育的培养人才层次，初级职

---

① 河北省教育厅编印：《河北省工科职业教育实施意见书》，《河北省教育公报》1932年第17期。

业培养工徒；初中职业培养的是工匠，并且还要传授相当的理论；高中职业培养工程技师，同样也需要传授理论知识；专科职业培养的是技师，并且他们还要非常熟悉本专业的学理知识。在时间安排上，初级职业的实习时间占全部的三分之二，上班占三分之一；初中职业的实习时间占五分之三以上，剩下的五分之二是上班时间。剩下两级职业都是实习与上班各占一半。初级职业的学生带有工徒性质，工师是学校的主要管理者，带领学徒在校外包揽工活；初中及高中职业的学生对于成品及原料均需要亲自经理，按照其对于产品和原料的经营使用及保管程度，来评定其升级毕业的标准。在科目的设置上，各级都分为普通和特别两类，其中初级职业学校的普通科包括泥瓦工、木工、铁工、针织及编织等，特别科包含草绳编工、皮毛工及石工等；初中职业学校的普通科包含染织、机工、土木工、印刷及油漆工等，特别科目包含窑业、电工、造纸及制革等；高中职业学校科目包含机工、电工、制革、染织、水利、窑业、造纸、肥料、酿造、油业、建筑、矿冶、造船及图绘等；专科职业学校的科目有矿冶、机械工程、电机工程、化学工程、土木工程、河海工程、建筑、测量、纺织、染色、造纸、肥料、制革、陶业、造船及飞机制造等。

在学校推广上，魏元光主张初级职业学校于每个县至少设立一所，可以通过增设、就原有的工厂或者是高级小学增加设备及经费附设或改设，以及合并两个高级小学增加设备再改设职校这三条途径。初中职业学校应该在交通发达地域及工商业中心分区设立。当时有初中职业学校的是保定和高阳，在石家庄、唐山、顺德、大名、泊镇、高碑店、长辛店和蓟县这八个地方可以添设初中职业学校。高中职业学校计划在天津和保定两地设立；专科学校则附设在相当的工科大学内，当然也可以单设。按照当时河北省的经济及社会情况来看，因为具有农工商各学院，并且还具有高级职业科，因此专科职业可以从缓进行。在教员的要求上，初中职业教员必须是高级职业学校毕业，还必须有工师证，并且在工厂有一年的实际工作经验；专门职业学校毕业的职业教员需在工厂有一年以上的实际经验。实习教员则要求曾在工厂做工匠三年以上，由教育厅委托大学或高级职业学校考试及格并接受半年以上教学训练的人担任。高中职业学校及专科学校的教员则要求在本国大学毕业有实际工作成绩的人以及在外国留学而具有工作经验的人才能有资格担任。在经费上，魏元光认为各级职校经费应由教育厅和各个县共同筹划，具体经费项可以分为两个部分，即工厂设备费和建筑费。其中初级的工厂设备费为每科五百元到二千元；初中为每科五千元到二万元；高中为三万元到十万元；专科职业学校的工厂设备费则依据教育部的部令办理。建筑费方面初职主要是由高级小学改设，借助官房或者是庙宇，河北省政府则要酌情给修理费；初中职业学校的建筑费则按照中学和师范学校的建筑费标准由教育厅拨给，并且在此基础上，还要附加工厂建筑费。高级职业学校的建筑费与初中相同。

  在筹设程序上，魏元光给出了非常具体的发展规划。首先是初级职业学校，自1932年起，一等县要筹备学校的地址，同时训练初职的师资，限期到1933年暑假开始招生。每设立一所初职，至少要包括泥瓦、木作和金工三科，当然地方可以根据自身的条件设立特定的科目。二、三等县在1934年的暑假后必须添设初级职业学校，设立的学校至少包括普通科任意两科，特别科根据地方实情斟酌筹设。其次是初中职业学校，计划在1932年，于石家庄和唐山各设一所，每个学校必须有普通科两科，其中石家庄的职业学校要设机工、染织两科，唐山职校设机工、土木工两科；1933年，顺德、高碑店和泊镇要各设一所职业学校，其中顺德职业学校应该开设机工、制革两科，高碑店职校设土木工、油漆工两科，泊镇设机工、印刷两科；1934年，在大名、长辛店和蓟县各设立职业学校一所，大名的职校要设有染织、土木工两科，长辛店的职校应开设机工、油漆工两科，蓟县职校开设土木工和印刷两科；到1935年，在各个学校加设特别科，以壮大办学规模。其中顺德职校添设窑业科，以磁县的陶土和顺德的白沙作为教学和生产对象；石家庄的职校添设电工、唐山职校添设造纸及窑业，因为唐山迁安的纸料丰富，附近还有大量陶土资源，非常有利于这两科的开设。再次是高中职业学校的规划，1932年将原有的工厂扩充，增加设备。在天津工业学院附设高职，包含机工、染织和制革三科，每科拨给设备费三万元到五万元，染织科应该注重纺织和染色。保定的职业学校除了初中职业染织及机工科正常开办外，它的化学科应该改为油漆工，然后再分年增加染织、机工、油业三种高中职业班。1932年添设高级染织班；1933年，添设高职机工班，设备费各加五万元；1934年添设油业班，设备费为四万元。1934年还应该在天津和保定各设立初中女子工科职业学校各一所，保定女职暂设缝纫、印刷、图绘及染织四科。1935年天津高级职业学校应该添设造纸、水利及肥料（或酿造）三科。

魏元光的这个提案河北省教育厅基本上是赞成的，但做了一些修改。初级职业项下还可以包含职业补习学校，初中职校以下免学膳费改为只有初级职校免学膳费。在筹设的计划上，高中职业学校改为于1934年在保定暂设缝纫、针织两科，可附设在第二职校内，在天津设立缝纫、图绘、染织和针织四科，其中缝纫、针织、图绘可由女子师范学院附设，染织一科因为设备关系，可以附设在天津工业学院内。工科是职业教育的重要组成部分，魏元光的提案将河北省划分了具体的区域，对于某个区域应该开设什么样的科目，也是基于当地的实际条件来进行定位的，并且他还规划了具体的年度性职业教育发展进程，有着非常强的操作性。

河北省第二职校机械科主任张子锷提出了《添设高职采冶科案》，理由是中国的矿产十分丰富，但是缺少人员去进行开采，主要原因是缺乏采矿和冶炼的技术人才。当时各矿厂的技师很多都是外国人，而当时中国的高等学校少，也很少有学校开设采矿和冶炼科，就是大学开设这两类科目的也不多。具体实施上，张子锷认为采矿和冶炼科的"课程程度较深，初级职业不能添设；修业年限定为三年，即三三制之高职程度；此科颇与机械化学有关，若已设机械或化学科之职业学校筹办较易"[①]。仅就上面的要求来看，对于开设采矿与冶炼两科职业学校的层次和实力有着很高的要求。在招生要求上，接收初中毕业和初职毕业的学生。科目设置分为本课和专课两部分，本课包括英语、德语、数学（大代数、解析几何、微积分）、物理及化学等；专课包括地质、矿物、冶金、验石、化学分析、测量、机械、热机及制图等；实习包含制图和化验两种。在毕业之后，学校会推荐学生到矿

---

① 河北省教育厅编印：《添设高职采冶科案》，《河北省教育公报》1932年第17期。

厂实习，期满后即可在矿场候用。张子锷的提案主要是针对河北省的矿产丰富，才主张添设高职采矿和冶炼科目，而且对于这两个科目的开设，从层次定位上就很高，并且有非常严格的实习要求。

（二）女子职业教育提案

河北省当时非常重视职业、师范和女子教育的协同发展。认为"职业是生活之本、师范为教育之本、女子为国民之本"。[①] 因此必须将三者结合起来，注重女子的职业和教育。为此河北省提出了《本省添设女子职业师范学校案》。其中指出女子天性较为温和，很适合教授儿童，所以在欧美国家，教育管理大多是女性承担。这个提案中还举了日本东京手岛精一氏在创设职业教育和师范教育所取得的重大成绩，受到了社会的广泛好评。同时说明了在女子职业学校接受专业技术培训，只有完全熟练所学技能，才能发给结业证书。之后，为了使河北省的女子教育能够注重自立和实用，借鉴省立中等师范学校的方法，竭力添设女子职业师范学校。女子职业师范学校除普通课程外，应该特别注重职业技能如蚕桑、家畜、园艺、家政、编织、艺术养殖等学科。学成之后，必定有相当程度的职业思想、技能和习惯。这样，无论是服务社会、教育儿童及操持家务等，肯定能有职业化的表现，对环境产生积极的影响。女子职业教育要是能够顺势利导，必能收到非常好的效果。在当时的职业主义者看来，"女子有女子应尽的责任，自然和男子一样，而责任却离不开职业。职业是包括家庭和社会两方面。主持家政，养育子女，是职业；从事于社会文化，政治，农工商各种工作，也是职业"[②]。创办女子职业师范教育，首先应该将学校建立在远离都市的地方，宽旷的农园是最好的了。其次可以采用渐次、普通和试验三种办法来设立女子职业学校。学生主要招收各县的高校毕业女子，品性要求诚实质朴，服装伙食及住宿费一概由公款垫付；科目设置上分为普通科与专习科两种，专习科的课程安排具体根据社会的实际需要进行设定。该学校的修业年限为六年，寒暑假

---

① 河北省教育厅编印：《本省添设女子职业师范学校案》，《河北省教育公报》1932年第17期。

② 江问渔：《中国女子教育问题》，《教育与职业》1936年总第171期。

只能减少课程，同时必须承担学校分配的工作。

民国时期"女子要求解放，要求经济独立，要求继承财产，必须要有相当的教育，尤其需要的是职业教育。若是吾们一方面高唱解放独立承继权等，另一方面不去提高生活知识的程度——就是职业教育——那么女子成了只有权利没有义务的一个享福阶级，这不是提高女子程度，还是看轻女子啊"①。女子本来就有接受教职业教育的渴望，1930年孙淑英女士"为提倡女子工业起见，先行试办一女子工业传习所，刻在法界泰康商场招生教授，该所定于本年二十五日开学，闻报名者颇形踊跃，嗣后逐渐扩充，大有不可限量之概"②，可见当时的妇女怀有很高的热情去接受职业教育。再从"理想的意义说，女子在文化上不可无贡献，女子自愿择其职业，以从事于社会活动，为现代女子应有的事"③。

河北省第二职校的校长杜守文提出了《职业学校应添设女子职业班案》，其理由是基于民国时期政府提出的男女平等原则来讲，女子还是有权利去接受普通教育的。但是在职业教育上，女子接受教育与训练的机会很少，显得很不公平。而且女子成长过程中学习一些针织的活计，这本就是很职业性的东西，如果能在轻工业学校学习染织化学等科目并加以适当训练，其成绩一定会优于男子。因此，职业学校可以添设女子职业班，在节省经费的同时还能培养出大量的妇女技术人才。具体办法是"由工业学院及第二职业学校添设染织化学女子职业班；女子染织科宜注重缝纫、针织、印染等课程，化学科注重胰皂、化妆品及食物化学等课程"④。学生的入学资格要求是十六到二十岁的女子，修业年限为四年。工作时间占五分之三，上课时间占五分之二。女子的职业教育一直都没有很好的受到重视，"中国是素来盛行家族制的，婚嫁的时期，是一个绝大关头，正在求学的女子，往往到了这个时候半途中止；或是已有职业的，因了家庭牵累，就此牺牲的，这可说是环境的不

---

① 杨鄂联：《女子职业教育的我见》，《教育与职业》1930年总第114期。
② 《女子工业传习所定于二十五日开学》，《益世报》1930年5月25日。
③ 陈选善主编：《职业教育之理论与实际》，中华职业教育社1933年版，第2页。
④ 河北省教育厅编印：《职业学校应添设女子职业班案》，《河北省教育公报》1932年第17期。

良，一时简直无从救济"①。而上面两个提案，在解放妇女，开发妇女生产力上有着非常重大的意义。"妇女职业，非仅关系家运之枯荣，即社会组织，亦多利赖。我国妇女，向未以职业为重。同人以男女平等参政，本诸人道之公，惟必须对于社会国家，厚储服务知能，然后自立立人，根本上方为有效。外而就业，内而治家，皆需在相当年龄予以适宜之训练。若对女子教育，偏重普通，此种方针，是否适合于中国目前需要，实为绝大疑问"②。即使退一步讲，妇女不接受职业教育，也应该接受一定程度的普及教育，陶行知先生曾认为"家庭妇女大概是子女没有长大，家重累累，不便时常外出为社会服务，但如果肯把家庭每天开放个把钟头，组织一个读书会或是共学团，邀约临近没有上学机会的妇女或小孩来参加，这不是一件很有意义的工作吗"③，可见开展妇女教育是非常有必要的。当时的社会逐渐重视女子的职业教育，天津市妇女协会职业学校在经费不足的情况下还要应广大妇女的要求强行开课，该校因"多数学生来函催促开课，妇协因援助已失学失业之受经济压迫多数妇女计，故虽经费无着，亦先筹备开课，日内再商议筹款办法，遂于十日上午九时在西窑洼妇女职业学校大礼堂举行开学典礼，到校学生有五十二人"④，希望能够继续学习。再有就是随着时代的进步，"女子已经觉悟自己的地位并不限于家庭，她已经打破了旧观念的束缚，她已经发现了自己的能力。她在职业界已经获得相当的地位，以后只有一天比一天向前进展"⑤，会有更多的女性去接受职业教育。

在女子职业教育的具体实施上，1929年河北省的工商厅为了"提倡妇女职业起见，将旧有之妇女职业讲习所重新整顿，设立编纫刺绣两班，于前日通令各县政府，每县选派高小毕业女生一二名，送厅以便入省妇女职业传习所肄业。该所定于三月一日开课，凡各县甄选合格学生，限于二月十五日送至该校，天津县教育局奉令后，即已

---

① 李仁：《对于推广女子职业教育之意见》，《教育与职业》1921年总第30期。
② 黄季陆主编：《革命文献 抗战前教育概况与检讨》，中央文物供应社1971年版，第296页。
③ 陶行知编：《普及教育三编》，儿童书局总店1936年版，第58页。
④ 《妇协职业学校昨已开课》，《益世报》1929年5月11日。
⑤ 陈选善：《女子的职业能力》，《教育与职业》1930年总第117期。

定于日内招考……本厅所辖河北省妇女职业传习所成立十年于兹，成绩颇著，惟以规模狭隘未能推广造就，值此建设开始之际，妇女职业尤属重要问题，本厅长有鉴于斯，特将该所从事扩充、改良组织、添设班次、分期传习，并令各县保送学生来省习业，以期养成妇女实用美术之技能，藉督职业教育之普及"①。

河北省政府于1931年为了"普及女子职业教育、养成实用技能起见，特由省库拨款设立河北省女子职业教育讲习所，并令由实业厅专责管理，闻该所已决设于北平，内部职员于所长下设学监一人、教员若干、文牍员一人、庶务兼会计一人，均由实业厅委派。组织计分编纫、图绘两科，编纫科分两班、图绘科分三班，每科学额三十名，所有应用材料及器具均于该所供给，各科学生系由省属各县保送，由所供给宿舍，由各保送之县供给膳费，编纫科修业二年、图绘科修业三年，毕业及格后由实业厅分往原保送之县服务，此项办法业经省府令行各县遵章保送，暑假后当可正式开学"②，讲习所虽然最初的规模不是很大，但是其在对河北地区女子进行职业教育方面却发挥着非常重要的作用。

提案反映了这个区域内的学者及理论家对于如何发展职业教育的研究和思考，有些提案是非常切合实际的，便于实行，而有些则可能较为理想化，在实际当中不易操作。但不管怎样，有了思考，才会有具体的思路和计划，有了具体的计划，才能够按部就班、逐步执行，职教的发展才能有希望。

## 第二节　职业教育发展计划

加快河北地区职业教育的发展，教育规划的制定十分重要，因为"决策的正确与教育的良性发展、人才的有效吸收，形成相互促进的循环，整个国民素质的提高与专业化人才的增长同步实现，这一方面促进了社会的需求，另一方面又以体系完备、门类齐全的教育培养出

---

① 《提倡妇女职业》，《益世报》1929年1月25日。
② 《冀省府提倡女子职业》，《益世报》1931年8月12日。

多方面多层次的人才，满足了社会发展的需求"①。民国时期河北地区对于职业教育的发展，各级教育厅和教育局均逐年制订了较为详细的发展计划。

## 一 天津市职业教育发展计划

早在1929年，天津市就有发展职业教育的计划，这一年天津市教育局打算设立一所职业学校，天津市的"游民收容所业经市府组织委员会共同负责，现并拟组织职业学校，由教育局负责计划，兹闻该局已着手筹备，在西关大街僧王祠，组织职业学校，计名为市立第一职业学校，计分幼年成人两班，幼年注重识字、成年注重工艺，凡纺织编席等，并仍在僧王祠山门，建设通俗图书馆，任人阅览，现已委石仰周筹备，暑假当可开课"②。这一时期，由于职业教育刚刚起步，因此对职业学校没有太专业的要求，在传授专业技术知识的同时还担负一部分基础教育的责任。

在1931年天津市教育局的年度教育行政计划当中，对于天津市教育的发展强调要"专业化"，实行升学指导与就业指导，因为"小学儿童毕业以后升学或从事职业，若不加以指导，往往误入歧途、浪费光阴"③，所以天津市计划调查本市各个小学的最高年级儿童毕业以后的志向，然后接洽研究职业教育的专家分期到市内的各个小学校，对升学和就业两组学生进行职业指导，以便让学生明白毕业之后如何选择自己的发展道路。这一年天津市的教育行政计划关于具体改进职业教育的部分很少，如果说有，那么天津市计划举行市立第一职业补习学校成绩展览应该算在其中。因为市立第一职业补习学校已经成立许久，为了引起全社会对于职业教育的注意，并鼓励学生报考职业学校，天津市教育局计划将第一职业补习学校学生生产的产品公开向社会展览，以表示对于职业教育的提倡。此外，天津市教育局还计划创设妇女职业补习学校亦

---

① 章开沅、罗福惠：《比较重的审视：中国早期现代化研究》，浙江人民出版社1993年版，第560页。
② 《教育局组织职业学校》，《益世报》1929年6月20日。
③ 天津市教育局刊行：《民国二十年天津市教育局教育行政计划书》，《教育公报》1931年第46期。

可以算作是职业教育的发展规划。天津市教育局意识到妇女的职业在当时社会的重要性。所以为了发掘妇女的社会生产力起见,天津市教育局计划于1931年创办妇女职业补习学校一所,暂时开设商业和工艺两科,每科开两个班,招收年满十二岁并且有小学毕业或相当程度的妇女作为生源,教授她们相当的职业知识与技能,以备谋取合适的职业。因此,天津市1931年的计划中关于职业教育部分,只是强调要在小学中进行升学和职业指导,市立第一职业补习学校举办产品展览,并且开设第一所妇女职业补习学校这三方面的内容。

1933年天津市教育局的教育行政计划明确强调要筹设职业学校,因为天津市作为华北的重镇应该特别注重职业教育,但是当时因为经济条件所限,一直未能筹划并实施,天津市教育局感到这是天津市教育发展的重大缺憾。为此,根据《三中全会关于职业学校由各省市应尽量扩充之决议》[①],天津市遵照决议积极推广职业教育。天津市教育局还计划开办一所职业学校,并根据各地实际情况的需要设定具体的科目。同时,天津市还鼓励私人兴办职业学校,以培养青年人的劳动习惯和生产技能。此外,天津市在这一年继续发展职业补习教育。此前教育局已经设立了第一职业补习学校,准备予以整顿和扩充,并筹设妇女职业学校一处。这里反映出一个问题,就是1929年天津市计划设立一所职业学校,1931年筹划建立一所妇女职业补习学校,但1933年还旧事重提,说明当初的计划并没有如期完成。

1934年天津市教育局的行政计划当中依然强调要筹设职业学校,并指出"本市市立职业学校因经费关系尚未筹设,实属缺憾"[②]。看来之前制定的职业教育计划依然没能如期实现,解决的办法是天津市教育局送留学英国和德国学习职业科目的学生在当年就可以毕业回国。可以推测天津市职业学校之所以没有开办成功,其中一个主要的原因可能就是没有足够的师资。1934年职业教育师资方面的问题基本解决了,天津市教育局计划筹备一定的经费,并且规定科目,设立

---

① 天津市教育局刊行:《民国二十二年天津市教育局教育行政计划》,《教育公报》1933年第97期。

② 天津市教育局刊行:《民国二十三年天津市教育局教育行政计划》,《教育公报》1934年第126期。

一所职业学校。

1934年在职业教育方面还有新的规划。首先是命令市立小学要附设职业班,因为教育本身的宗旨就是要养成国民的生活技能并增进国民的生活能力,所以天津市教育局在这一年计划选择条件适宜的若干小学附设职业班,并且在这一年的暑假之后开学招生。在小学附设职业班是普及职业教育的最快最简捷的方式。此前虽然计划要建立一所独立的职业学校,但是因为各种问题一拖再拖,可见创办一所职业学校之难。而开办职业补习班还是比较节省成本的,在条件合适的小学,就可以在短时期内开办起来。其次是要求市立师范学校添设职业科师资训练班,因为当时天津市的职业科师资极为缺乏,发展职业教育深感力不从心。为了解决这个问题,天津市教育局打算在市立师范学校内添设一个职业科师资班,并于当年的暑假之后再添设两个班,以便多储备职业学校的师资。职业教育的师资缺乏一直是个很难解决的问题,在师范学院开设培训班,也是讲求快速和便利,如果仅仅依靠国外归来的留学生来解决职教的师资问题,无异于杯水车薪。再次是继续召集中小学升学及职业指导委员会议,之前天津市对于中小学升学及职业指导已经制定了相关的办法并组建了指导委员会,该会负责指导和研究。在1934年天津市教育局仍然要"按期召集会议,以便辅助各校实施指导之进行"①。从这里可以看出,天津市教育局非常重视中小学的升学与职业指导,因为只有在升学与职业的问题上做出了正确的选择,才能使学生走上适合自己发展的道路。在推广职业补习教育上,市立第一职业补习学校已经购置了机械设备,并且还改组了科目。此外,天津因为是北方巨埠及商业中心,因此这一年计划"创设高级商业职业学校一处,地址及校长人选在物色中,决在可能范围以内,使之于本年暑期成立招生"②。但是妇女职业补习学校还是没有建立起来,因此"拟于最近期内,筹设妇女职业补习学校一处,暂设商业工业两科,每科开办二班,专收年满十二岁,并曾受小

---

① 天津市教育局刊行:《民国二十三年天津市教育局教育行政计划》,《教育公报》1934年第126期。
② 《教厅发展职业教育》,《益世报》1934年7月6日。

学教育或有相当程度之妇女，授以相当技能与知识，教育局正筹备，关于校址尚在物色中，不日或可实现云"①。

1935年，天津市立的职业学校还是没能建立，依然是计划中。而这一年已经有两所市立小学附设了职业班，并且办得还算有成效，因此天津市计划再添设四个班，以扩充职业教育。这一年天津市还提倡私人设立职业学校，因为天津市的私立学校（尤其是私立中学）数量已经很多了，因此天津市停止了私立中学的立案，"提倡私人建设职业学校，以期职业教育之推广"②。依照当时的情形来看，政府创办职业教育实属不易，但私人创办职业学校还是有很大的可行性，私立的中学已经够多了，但私立的职业学校还寥寥无几。为此，天津市教育局以行政方式引导私人力量创办职业学校，还是很可取的。在这一年，天津市还设立了职业教育设计委员会，因为职业教育的开办较之其他教育类型更为烦琐。例如在科目设置、设备筹备、经费支撑等方面都必须有切实可行的方法，这样职业教育才能正常运行。因此，天津市教育局计划在1935年设立职业教育委员会，主要从事职业教育的调查和计划工作，以确保天津市职业教育的顺利推行。这个计划还是很有必要的，在职业教育推广之前，应有一个专门的调查研究机构，对于职业教育进行详细的设计，以期职教发展能够按部就班进行。在职业补习教育方面，设立妇女职业补习学校依然还在计划之中。但是市立第一职业补习学校已经成立四年，在原有工、商两科的基础上，1935年在工科内添设化学和工艺两科。

根据上面几个年度的教育行政计划来看，总体而言天津市还是非常注重职业教育的。但由于经济乃至师资条件的限制，在1929年就计划开办的天津市立职业学校和1931年计划开办的妇女职业补习学校直到1935年还没有建成，说明办理职业教育起码在经费上，天津市还是不能完全负担得起。因此，只能在中学开设职业科以弥补这个问题。此外，天津市还非常重视职业指导，避免学生误入歧途；同时还鼓励私人创办职业教育等。

---

① 《教局将筹设妇女职业学校》，《益世报》1934年6月11日。
② 天津市教育局刊行：《二十四年度天津市教育行政计划》，《教育公报》1935年第148期。

## 二 河北省职业教育发展计划

（一）河北省整体的职教计划

1928年，在河北省政府的教育计划大纲中，强调进行和逐步筹划的教育发展规划里都有关于职业教育的计划。其中，第一要务是引进专门人才以图教育之专业化，并广设各种补习学校以增工农商职业上的知识与技能。在逐渐筹备项中要求增改职业学校以促进民生教育。并且当年还拟定了改进职业教育的方案，规定职业学校名称以期整齐划一，并督促职业学校要注重实际应用及与实业界的联系。

1930年，河北省教育厅规定省立师范学校三一制职业课程，于后一年列为必修科，三三制列为选修科，通过这种方式，来储备小学校职业科的师资。在各县中小学及师范学校，要一律添设职业课程，考虑到河北省以农业为主，因此对于农业科要特别注重。各个小学在这一年开始，按照教育部的规定课程标准，要加授工作课程，以体现出实用性。教育部规定的工作课程分为校事、家事、农事、工艺及商情五项，除校事在普通科中涵盖以外，农工商三项得由各县教育局根据本地的实际需要按照教育部的学分规定在工作课当中进行传授。高级小学校双轨制应该分为就业和升学两种，单轨制对于无法升学的毕业生，在城镇当中要注意工艺和商业的培训，农村注重农事和工艺的传授。此外，高级小学毕业生无法升学的，县立高小或乡村师范或者是县立的中学，都应该增设职业班来接收这些无力升学者，使其一到两年毕业。同时河北省教育厅还规定教育经费充裕的县都要筹设职业学校，在种类上分为农工商三种，至于设立哪种科目，要依据地方实际情形而定，因为河北是农业区域，因此应该尽量先设农科。职业教育在实施上，要以实地的工作为主，授课为辅，职业学校的制成品以销路较广的产品为主。乡村小学宜设菜园和农场，便于学生就地实习，苗圃和农场面积至少在一亩以上，并邀请有经验的人经常予以讲说和指导。这里说明河北省还是非常注重该省自身的实际状况的，因为河北省主要是农业经济，因此在职业教育推广的过程中优先开办农业科还是很符合当时河北省的实际需要的。

1931年河北的教育计划当中，关于职业教育的计划首先是要求省立男子师范学校注重工艺和农业，因为以往河北省男子师范学校对于小学教师应用的工艺和农业不够重视,以至于"各县男子小学关于工艺农业课程无人担任"①,因此河北省教育厅明令河北省男子师范学校遵照教育部的章程,加授工艺、农业课程,为各县男子小学校储备工艺和农业的师资。同时,河北省教育厅还计划让县立男子乡村师范配备农场或工厂的设备,因为县立男子乡村师范必须注重乡村教育,所以应该先有农场的设备。因此,河北省教育厅计划转饬各地教育和建设两局,联合筹划在师范学校的附近酌量拨给良田若干亩,作为师范学校学习农业科知识的实习场地。如果根据地方情形,需要学习工艺,那么还应该在师范学校的附近建立工厂,以备实习之用。在这一年当中,河北省还筹拨省立第八中学职业教育五年计划的临时费,这件事情经过河北省政府委员会议决,令财政厅和教育厅按照原计划在1931年应该拨给临时费一万二千元,再与财政厅商议之后,先由省库拨款五千五百元,余下的数目于次年再行划拨。在这一年的施政纲要当中,关于职业教育,河北省计划首先要扩充省立工业学院高中职业部班次,因为省立第一职业学校自1930年并入工业学院后,改称为工业学院的职业部,并且在当年暑假后添设高中职业班,分为染织、机工和制革三科。在这一年,河北省计划让职业部继续添招三个班次,连同上一年一共招收六个班次。此外,省立第二职业学校计划添招化学班,因为这个学校自1929年议决添设化学科并经省政府会议议决,分年拨给建筑费和设备费后,已经在1930年添设了一个班。因此河北省教育厅计划让其继续添设一个化学班,一共设有两个班次。同时还计划在省立第十八中学添设职业班,因为"该校地点位于平津之间,交通便利、校址宽敞,宜于办理职业教育"②。而且省政府于1930年已经拨给其教育费二千七百元,令该校设立养蜂、养蚕等农业科目,但这个办法恐怕难以收到实效,因此河北省教育厅在这一年开始时就令该校招收农艺科一个班,以此来打牢职业教育的基础。这一年的计划体现出河北省对于职业师资训练的关注,省立男子师范学校承担着训练河北省小学职业科师资的重要任务,如果师范

---

① 河北省教育厅编印:《本厅预定二十年七月至九月三个月行政计划》,《河北省教育公报》1931年第26期。

② 河北省教育厅编印:《河北省教育厅民国二十年度施政纲要》,《河北省教育公报》1932年第30期。

学校的学生连基本的农业和工艺都不懂,那么小学校当中的职业科教学也就无法进行了。

20世纪30年代全国职业教育有长足的发展,这和国民中央政府对于职业教育的大力提倡是分不开的,在中央的压力下,全国各个地方包括河北地区的职业教育也得到地方各级政府的重视。尤其是在1933年和1934年这两年中,中央不断指示地方各级政府要把职业教育办好,在1933年,国民中央政府教育部鉴于"全国民生落后之情形,端在生产人才之缺乏,而职业学校为造就此项人才之首要机关,故拟订发展职业教育计划,颁布实行,以期早日提高民间生产……教部既有设法促进各省市职业教育之计划,本省感于本省职校之缺乏,教厅亦有同样之筹议,进行顺利时,预料明春即有全省职教之新发展见诸实行"①。在国家的号召下,1933年11月22日,河北省教育厅开厅务会议,讨论河北省发展职业教育的推进计划,会议由陈宝泉厅长担任主席,决定发展计划步骤,制定了非常宏大的职教发展规划:

1. 划分全省为四职业教育区:
(1)津海区;(2)北平区;(3)保定区;(4)大名区。
2. 分配职业学校种类,按本省各地生产情形,以农工为重酌量分配下列各科:
(1)农业,分农林科、园艺科、牧畜科,占百分之四十;
(2)工业,分织染科、机械科、化学科,占百分之四十;
(3)商业,普通商科,职业,占百分之四十;其他特种职业占百分之十。
3. 整理现有职业学校:
(1)调查本省职业学校现状,分别整理;
甲 省立职业学校;乙 县立职业学校;丙 私立职业学校。
(2)充实现有职业学校之设备。
4. 扩充职业教育,分年分区逐渐发展:
(1)增加职业学校;

---

① 《造就生产人才发展职业教育》,《益世报》1933年11月9日。

（2）中学改办职业学校；

（3）补助县立私立职业学校，临时补助及经常补助。

5. 储养职业教育师资，储养师资与扩充职业学校同时进行，以应需要。①

这是河北省1933年年底才制订出的计划，预想着是要1934年开始执行的。这次计划的制定可以看出中央给了河北省非常大的压力，在这种压力下制定出如此宏大的规划，在短时期内恐怕难以完成，而且这个规划太过笼统，并没有给出较为明确和具体的目标。因此在这个计划制定后，河北省教育厅向教育部说明了自己的难处："惟照部颁标准，全省教育，职校应百分之三十。按本省情形，大部教费办理于师范学校。而本年度又以库款支绌，教款未能比额增加，若强行开设职校，恐为事实所办不到。此次所拟方案，顾及实际情形，第一步先自各学院添设专班，随后逐年增加，循序而进，则一应困难，均可迎刃而解，刻已将上项方案呈部，俟核准后，即于下学期实现。"②因此，河北省在仔细思考自己的实际情况后，于1934年在原有蓝图基础上设定了更为详细的目标。

1934年，河北省教育厅制定了更为详细的职业教育发展规划。提出要增加职业教育补助费。那么补助费从哪里来？河北省教育厅决定"本年度即以停办前期师范经费挪用，先就各重要县份普设，然后逐渐普及于全省，详细计划即可确定"③。河北省的职业教育本不发达，故亟须进行扩充。但是因为河北省财政拮据，因此职业学校只能"逐步增设，爰自停办后之前期师范经费项挪用，期以五年完成，以符功令"④。

经过这个战略性的调整，各项困难皆有着落。第一，划拨经费，"冀教育厅，近查省境各职业学校，每因经费支绌，致难发展，拟抽

---

① 《冀教厅昨开会讨论发展职业教育计划》，《益世报》1933年11月22日。
② 《职业教育》，《益世报》1934年1月14日。
③ 《发展职教计划》，《益世报》1934年7月27日。
④ 《教厅分别草拟社教职教五年计划》，《益世报》1934年8月8日。

拨二万元以为补助之用,俟详细办法规定,即决自本二十三年度施行"①。同时河北省教育厅还命令各县筹设初级职业学校,根据教育部的规定,职业学校要分为高、初两级,高级职业学校的设置河北省计划从省库当中划拨专款以资建设,而初级职业学校计划由各县分别设立。遵从教育部"令增设职业学校,本省以教育预算不能增加,故无力增设,但自本年起,为谋补救计,各地中学已一律设专班"②。此外,规模小、财力薄弱的县也可以在完全小学附设职业班。

针对职业教育的师资,河北省教育厅计划先制定职业学校师资登记训练办法大纲,并且在1934年暑假后开始进行。职业教育的发展一直是缺少经费的,1934年河北省能专门拿出款项来补助职业教育,已经实属不易。

第二,实施职业学科师资训练,以确保职教师资的充裕。

第三,委托省立女子师范学校及大名女师办理初级女子职业班。1933年全国职业教育会议曾议决以后要推广女子教育,尤其是注重家政方向的教育。1934年河北省拨出一部分职业教育经费委托省立女子师范学院及大名女师范开办女子职业班,主要招收与高校毕业程度相当的女生为学员,到两校的劳作师范班学习,修业年限为三年,主要传授管理家庭教养孩童的必须知识与技能,同时增强学员缝纫、织染及化学工艺等技能,并设置一定规模的工厂以供学员实习,以适应社会的需要。

第四,继续整顿县立和私立职业学校。1933年河北省教育厅曾出台了具体的整顿县立和私立职业学校的实施办法,各个职校也较为认真执行。但是大多因为高执行力人才的缺乏,县立和私立职校改进效果并不是很好。为此1934年河北省教育厅认为仍有必要对县立和私立职业学校进行整顿。整顿的重点在于县立和私立职业学校质量的提升,其中包括充实设备及增加经费等,以达到能够培养青年谋生技能的目的。对于县立和私立职业学校整顿效果较好,卓有成绩者,河北省教育厅还要给予一定的经济补助,以资奖励。

---

① 《补助职业教育》,《益世报》1934年4月17日。
② 《各县中学校添职业班》,《益世报》1934年5月16日。

第五，筹设津浦沿线及冀南一带农业职业学校，河北省教育厅"依照部颁各省市设置中等农工学校实施方案，各省均应就旧道府区设一中等农校，大约每省为四五校，于年内完成。本省自二十二年度开始设置农业职业学校，决定将'省立易县中学校（旧第八）改办高级农业职业学校，黄村中学校（旧十八中）改办初级农业职业学校。易县中学原有蚕业班，成绩甚佳；易县黄村两地，环境甚宜于农业学校，仍由原有校长王国光任高级农职、吕其光任初级农职两校校长。定自本年度起开始招生，其原有之普通中学班，则均将逐年结束'①。但是河北省区域辽阔，学生前往易县黄村两处就学颇感不便，实有增设的必要。因此本年度拟先于津浦沿线之南部，筹设农业职业学校一处，以容纳旧河间府及旧沧州直隶州一带之青年。因该地系本省东部一带产棉区，如就该地办理农业职业学校与当地需要适相切合。至冀南一带，（即旧大名广平顺德三府所属区内）纯为农业区域，亦拟选择相当地点，筹设农业职业学校一处，一俟详细调查后，再行规定"②。此外，河北省教育厅除了"分设农业商业学校外，拟于明年度设高级工业职业学校一处，以资培养人才，地点已决定在石家庄……即将派定人员负责筹备，拟于二十四年度开始招生授课"③。

第六，为了能够在较短时间内推广职业教育，河北省教育厅还奖励设置职业补习学校或职业训练班，以便解决正规职业学校数量不足的问题。职业补习学校和补习班，对于失学的农民、工人及青年传授相当的职业知识和技能极为方便，因为在较小的城镇和农村就可以设立，而且对于设备的要求也不是非常高，易于创办。所以凡是农工商团体以及私人设立职业补习学校或补习班都将会得到河北省教育厅的鼓励和支持，这样这两种职业教育机构将会得到渐次推广。

第七，河北省教育厅计划分配职业学校的毕业生到各类职业机关进行实习，以提升学生的实际操作能力。根据《修正职业学校规程》要求，职业学校学生毕业后需要到职业机构见习，因此河北省教育厅

---

① 《教厅发展职业教育》，《益世报》1934年7月6日。
② 河北省教育厅编印：《二十三年度河北省教育计划书》，《河北省教育公报》1934年第14期。
③ 《冀筹设工职业学校》，《益世报》1934年12月20日。

遵循教育部的要求，饬令省内各职业学校要为毕业生提供充足的实习锻炼机会，以提升学生的实际生产知识和技能。

第八，督促各个职业学校切实介绍毕业生的就业，因为"根据视察所得及各校报告，职业学校毕业生之出路均不甚佳，能就业者仅居最少数。此虽由工商凋敝农村零落无处销纳所致，而学生是否已养成就业及敬业之知识技能，学校方面是否已尽其介绍就业之最善努力，均不失为重大原因。本年度拟依规程所定督促各校切实施行并令将实施成绩报厅以备查核，期能竭力改善毕业生之出路，于学生本身及职教前途其裨益均匪浅鲜也"①。

第九，要筹设女子职业学校。之前河北省教育厅也制订了设立女子职业学校的计划，但是并未能如期实现。为此河北省教育厅计划在1934年建立女子职业学校，以推广女子职业教育。

1935年，河北省计划在石门开设一所工业职业学校，拟定"自本年暑假后，开始成立，已派定魏元光、曲直生、阎子亨等三人为筹备委员，负责计划一切，另委卢祝尧为筹备员，前往筹备。拟定设立土木工程科及金工科两科，先行筹设建筑包工设备及铁工厂，再行开始招生，本年拟先招职业补习班，注意实行，不尚空想，再扩充初级高级班，开办费酌需三万八千余元，已由主管科长拟具实施计划"②。之后，石门工业职业学校筹备委员在"省立工学院开筹备会议，讨论该校之建筑校址事宜，已由阎子亨工程师绘具草图与各筹备委员揸商，定仍由阎拟具建筑计划，将来校舍建筑，拟注意教材之适用，并拟完全采用当地出产为建筑用材，其不急需之房舍，拟留至将来学生实习建筑，至铁工厂之设计，将由魏明初负责办理，闻该校拟于本年暑假开始招生"③。这一年教育部对于河北省的职教发展计划还有严格的要求，教育部指出"查各省市推行职业教育，前经本部规定推行程序，及应占中等学校经费比率，通令饬遵，并由各省市先后拟具实施计划，呈部审核在案。兹以二十三年度迅将结束，关于二十四年度

---

① 河北省教育厅编印：《二十三年度河北省教育计划书》，《河北省教育公报》1934年第14期。
② 《石门工业职业学校本年暑假后成立》，《益世报》1935年3月20日。
③ 《冀教厅提升生产教育》，《益世报》1935年5月10日。

应行扩充之职业教育经费预算，与所占中等教育经费之比率及职业学校校数之增加，设科之分配，设备师资之改善，以及对于县市立或私立职业学校之整理与改进等，应迅即拟具详细方案，限于四月内呈报到部"①。由此可见，对于如何发展职业教育，教育部要求各地方必须要有明确的计划，并且中央政府也要掌握全国职教的发展步调。

在1937年，河北省在四月份根据中央政府教育部的要求制定了整个民国时期最为庞大也最为详细的发展计划，但是很可悲的是三个月以后就爆发了全面侵华战争，这些计划也就付诸东流了。但是我们不妨看看当时河北省教育厅的计划，以便明了当时河北省要振兴职业教育的雄心壮志。

第一，没收私立瀛南初级农业职业学校。因为该校经费来源不稳定，很难再维持其发展，因此计划收归省有。该校共有学生三个班，经常费若是按照省立初级职业学校标准拨给，每年需要拿出16200元，加上农场实习费1800元，一共要18000元，河北省计划收回该校资产及拨款，并把它变成省立连镇初级农业职业学校。

第二，继续选派职业教员到国内外工厂商店实习。河北省"职业师资尚感缺乏，上年度曾经由省立各职业学校，选派优良职业教员七人赴日实习，本年度拟继续办理，惟办法拟略为变更，改由本省各公私立职业学校，共选优良教员十人，斟酌情形，分赴国内国外各地职业机关及工厂商店实习，以谋优良职业师资之普及"②。

第三，充实省立各职业学校设备。职业学校是实施生产教育的机关，"必须有充实之设备，方能藉实习以训练学生之生产技能，教育部最近职业教育方案，亦规定须谋质的改善，而不应从事量的扩充。据本厅视察所得，省立各职校均有质的改善之必要，故二十四年度曾将职业学校经费标准稍行提高，使有增加设备余力，但非另拨经费，仍不能谋设备之充实。本年度拟指拨的款，作为各职校设备费，分别令饬各就需要，拟具计划及预算，呈候核定，以便拨款，统筹实施。"③

---

① 《教部令冀教厅拟具本年职教改进计划》，《益世报》1935年4月15日。
② 《冀二十六年度职教推行方案》，《益世报》1937年5月3日。
③ 《冀二十六年度职教推行方案》，《益世报》1937年5月3日。

第四，派职业专门人员实地考察。河北省职业学校的扩充，经过三年的时间虽然没有完全达到教育部的标准，但各新学校的增设及班次的扩充均能根据环境的需要、经济状况而进行调整。所以对各职业学校的内容如组织、设备、教学、实习以及课程等，都有实地考察的必要。因此这一年河北省将委派职业专门人员到各职业学校详细调查，作为改进的参考。

第五，继续整理职业补习学校或职业补习班。以往"县立私立职业补习学校或职业补习班，曾于廿四年度经本厅拟具整理计划呈核者，尚属踊跃，但均以经济人材缺乏之故，未能彻底改进。本年度仍有继续整理之必要，如充实设备、增加经费等，此外对学生毕业后之出路，并拟特为注意"①。

第六，增加省立各职业学校班次。河北省的职业学校完成变轨的有省立黄庄初级农业职业学校、省立天津高级水产职业学校，尚未完成变轨增加班次的有省立易县高级农业职业学校和省立石门工业职业学校，这两所学校应该增加两个班；省立滦县女子初级染织科职业学校和省立医学院附设高级护士助产两所职业学校均应该增加一个班；省立法商学院附设商职部高级双轨和初级单轨都是三年制，但高级文书科应该增设一个班；省立天津女子师范学院、师范学校及省立大名女子师范学校这三所学校附设的职业班也应该增加一个班，以上九所学校总计要增加十一个班。

第七，督促各职业学校切实介绍学生就业。根据河北省教育厅"视察所得及各校报告职校毕业生之出路，均不甚佳，能就业者尚属少数。此虽由工商凋敝农村冷落无处消纳所致，而学生是否自己已养成就业或创业之知识技能，学校方面已否尽其介绍就业之最善努力，均不失为重大原因。本年度拟依照规程所定，督促各校切实施行，并令将实施成绩报告，以备查核。关于学生本身及职教前途均有裨益"②。

第八，明确规定职业学校教员的待遇。河北省各职业学校教职员的待遇，因为以前的习惯沿袭，以至于各个学校均不一致，所以应该

---

① 《冀二十六年度职教推行方案》，《益世报》1937年5月3日。
② 《冀二十六年度职教推行方案》，《益世报》1937年5月3日。

重新制定标准，以整齐划一，保证教师待遇的公平性。

由这八条改革方案可以看出这一年河北省教育厅还是要花大力气去发展本省的职业教育的，它的计划如果没有战争的影响而得到顺利的执行，未来几年之内该省的职业教育一定能够上一个更高的台阶。

根据上面这几年河省的职业教育发展计划来看，它的规划有些模糊。这与天津市出台的职业教育计划不大一样，天津市的计划就是在当年要具体做哪些工作，例如要设置几所职业学校，改良哪所职业学校等，而河北省的职业教育计划更像是一种对策，即根据当时职业教育所存在的问题，提出了一些补救性的措施和建议。在具体的规划上，没有天津市具体和清晰。根据规划，能反映出河北省的职业教育无论是在经费还是在师资上，都有较大的问题。此外，河北省由于经济产业的落后，尤其是工业化水平的低下，连带着职业教育也只能以发展农业科为主，这一点也表明同一时期河北省职业教育的现代化水平是不如天津的。再有，很多职教发展计划都不能如期实现，原因之一就是教育专款往往很难到位，以1930年4月河北省的教育经费为例，它的教育专款"系每月由卷烟统税局分批缴纳财厅十万元，计十日三万，二十日三万，三十日四万，每月再由财政厅分两次发给津保省立各校，自去年实行以来，未有如期，近自时局变化，上月该项专款，曾传……有提充军费之消息，各校职员闻讯，异常注意，皆以教育为国家命脉，专款为学校生命，不容擅自挪移"①，但是教育专款总是被擅自挪用，又怎么去实现之前制订好了的计划呢？

(二) 河北省各县的职教发展计划

河北省赞皇县计划在1931年成立职业学校。根据赞皇县的实际自然条件，它地处偏远，交通不便，商业不够发达。为此，赞皇县认为亟须振兴农工两个行业，而职业学校应该注重农业和工艺两科。赞皇县教育局计划在1931年内同建设局筹备设立一所职业学校。在校址的选择上，县立第一工厂前院的空房较多，若将职业学校设在此处，教室和宿舍基本都齐备了，如果进行染织科的实习就更为便利了。在经费筹备上，因为创设初期，经费拮据，只能用人从简。赞皇县教育局计划"聘校长兼教员一人，担任农业及普通学科，再由工厂厂长及技师兼任

---

① 《河北省教款之危机》，《益世报》1930年4月29日。

工艺学科及实习事项"①。由此可见，县一级别的职业学校办学条件确实十分简陋，办学力量过于单薄。在经费使用上，每月大约需要五十到六十元，由教育局和建设局在其款项下均等开支。

河北省的宁河县在1931年计划于各高级小学校内添设职业班，以养成人民生活的技能，并增进生产能力。职业班的经费由教育款项经理委员会核定并拨付。宁河县还不具备单独设立职业学校的条件，只能在高级小学内设置职业班，职业班是在办学规模、教学内容、技能培养、修业年限等方面，和职业学校都有非常大的差距，宁河县的状况恐怕也是河北省下面各个县的真实写照。

1932年，河北省沧县对准学生的就业出路，推广职业教育。当时我国兴办的教育大多不注意与社会现实之间的联系，大多数学校的学生毕业后走向社会，其所学根本就与社会的需要不相匹配。社会上许多需要技术人员的地方，无法招到合适的人才。但矛盾的是，社会上的失业者还有增无减，这种局面如果不尽快改变，教育的发展确实要出现致命性的问题。而沧县认为解决这个问题，必须要推行职业教育，这是当务之急。因此，根据河北省教育厅的命令，沧县计划尽量"多设农工商等科职业学校，并拟于乡村师范及完全小学中，酌加职业科目，俾学生毕业后，得有生产技能，藉免失业之苦"②。沧县以其当时的经济条件来看，别说是农工商各科，就是创办一个单独科目的职业学校亦非易事，所以它要想实现这个计划还是很困难的。

根据赞皇县、宁河县和沧县的计划可以看出，当时河北省县一级的地方开展职业教育确实是非常困难的，只能制定比较简单的职业教育发展规划。有能力创办职业学校的县数目寥寥，基本上只能就其原有的中小学附设职业科或职业班，来推广职业教育。但是附设的职业科和职业班所能发挥出的效能与专门的职业学校相比，相差甚远，这极大地影响了30年代河北省整体职业教育的发展。

（三）抗战后的恢复性计划

1937年全面侵华战争爆发后，河北地区日伪政权成立了冀东防

---

① 河北省教育厅编印：《赞皇县全县教育进行计划书》，《河北省教育公报》1931年第26期。

② 河北省教育厅编印：《沧县教育整顿及推行计划》，《河北省教育公报》1934年第26期。

共自治政府,该政府鉴于"本区土地既广、物产亦博,惜一般民众只知泥守成法、不求进益,以致生产日渐减少、工业日就低落,急宜提倡生产改良工艺,以期地无遗力、物无遗材"①的实际状况,计划在昌黎设农林科一校、密云设矿科一校、迁安设工科一校,至于高级职业学校,则根据各地情况计划设立三所,并附设试验场与工厂,以期通过培养技术人才,促进当地的经济发展。

抗战胜利以后,河北省的职业教育计划基本都是恢复性的,由于没有能力开办新的职业学校,因此很难再去制定较为宏大的职业教育发展规划,下面是1948年河北省教育厅职业教育发展规划表:

表3-2　　　　1948年河北省教育厅职业教育计划表

| 计划项目 | 过去办理经过或创办缘起 | 计划限度 | | | 实施办法 |
| --- | --- | --- | --- | --- | --- |
| | | 计划要点 | 已完成概况 | 本年度要点 | |
| 充实原省立职业学校 | 本省职业学校。除省立工职已并入保定工职,工学院附设工职。沧县农职已与沧中等县联合设校外,其余各校均曾充实学额,扩充班数,并由上年八月份起,按农工医80%,商科40%,添加公费名额 | 完善设备,除随时调整班级,补充学额,分期充实各校实习部分 | 上年度本省分配于职业教育复员费共一亿八千五百万元,均经分配。各校充实设备,增添公费名额 | 石门商职增加一理工学院,附设工职,增三班。医学院附设助产职业与护士职业各增二班,共增十三班 | 详查各校学生人数,如有空额,应于暑假时,充实并增招班级完成规制,按照各校实际需要分别增发临时费,充实设备。(失陷后沧县农职暂与沧中沧师联合,待沧县收复即行分别设立。石门商职待石门收复后,即行分别设立。) |
| 增设女职业学校 | 酌设各类职业学校 | | | 增设唐山高级机械科职校,秦皇岛高级商船职校 | 增设之各校于本年四至六月份设筹备。七月份分别增设并将开办及临时各费列入预算 |

---

① (伪)冀东教育厅编:《冀东教育概况》,冀东教育厅印1938年版,第50页。

续表

| 计划项目 | 过去办理经过或创办缘起 | 计划限度 | | | 实施办法 |
|---|---|---|---|---|---|
| | | 计划要点 | 已完成概况 | 本年度要点 | |
| 新办各类职业训练班 | 拟于本年举办各类职业训练班 | | | 举办电化教育人员训练班及各类职业训练班 | 电教人员训练班于本年开始时筹备，四月初招生开学，六月底结业 |
| 生产机关及事业团体办理职业校班 | 鼓励生产机关及实业团体办理职业校班 | 本省规模较大生产机关及实业团体先办理职业学校班，如成绩良好，再行推广。计三年内举办职业校班二十处 | 唐山开滦矿务局已设立工务员训练班、采矿班、机械班等 | 塘沽永利铁厂、久大精盐公司、秦皇岛耀华玻璃厂等均拟策动其举办职业校班 | 由教育厅与各生产机关及实业团体按职业学校办理成绩酌予补助 |
| 增设唐山工职 | 增设唐山工职 | | 暑假前勘定校址，即行招生开学 | 暑期设校规，定先招学生三班，并将各经费列入下半年预算内 | |
| 增加职校经费并提高教员待遇 | 过去本省职校经费及教员待遇与省立中学大致相同 | 依照部定标准职校经常费应照省立中学酌量增加，以期提高至50%为准 | | 自下半年起职校经费较中学暂增30%，教员待遇提高10% | |

材料来源：《教育厅一九四八年度工作计划及上半年中心工作》，1948年，河北省档案馆藏，资料号：617—1—23。

由表3-2可以看出，1948年河北省教育厅的职业教育计划基本上是对原有遭受破坏职校的修补，仅预计开设三所新的职业学校，而且能不能在期限内完成还在两可。剩下的仅能是鼓励社会团体开办职业学校，但是具体结果怎样也未可知。此外，还计划开办一些职业训练班，这是既省钱又能速成的一条途径。

## 第三节　职业教育发展概况

从清末一直到民国初期，"直隶实业教育向不发达，固因督促之不力，亦因人才经济之缺乏。甲种学校据称该省屡有推广设立之议，迄未实行。计全省共有甲种工业二校，商业二校，只清苑甲工一校纯为省立，查其内容设备极为简略；其余三校均为地方设立。天津之甲商，近系私立，规模狭小，科目不备。至乙种实业学校，据称全省不过十余校；就视察所及，天津乙工学校漆工成绩尚优云"①。民国初期，中国的职业教育"尚在萌芽时期，而国民经济、国家产业，亦尚未发达。致职业学校为数甚少。年来，又因中国教育制度未善，职业教育并入于普通教育系统中，与中学混合设置，尤使职业教育无从滋长"②。表3-3是1919年河北地区各类实业学校数量、科别、教员数、学生数及经费等状况的相关数据表：

表3-3　　　　1919年河北地区实业学校数目一览表

| 省别 | 种别 | 校数 | 教职员 | | 现有学生 | | 毕业学生 | 经费（元） |
| --- | --- | --- | --- | --- | --- | --- | --- | --- |
| | | | 职员 | 教员 | 班数 | 人数 | | |
| 北京 | 甲种农业学校 | 1 | 3 | 11 | 1 | 35 | | 3000 |
| | 甲种工业学校 | 3 | 25 | 25 | 4 | 162 | | 28080 |
| | 甲种商业学校 | 2 | 12 | 30 | 3 | 120 | | 3859 |
| | 乙种农业学校 | 1 | 1 | 2 | 1 | 30 | | 2814 |

---

① 舒新城编：《中国近代教育史资料（上册）》，人民教育出版社1985年版，第309页。

② 乐嗣炳编：《近代中国教育实况》，世界书局1935年版，第80页。

续表

| 省别 | 种别 | 校数 | 教职员 | | 现有学生 | | 毕业学生 | 经费（元） |
|---|---|---|---|---|---|---|---|---|
| | | | 职员 | 教员 | 班数 | 人数 | | |
| 京兆 | 甲种农业学校 | 1 | 4 | 8 | 2 | 62 | | 5196 |
| | 乙种农业学校 | 5 | 9 | 11 | 6 | 162 | 5 | 4129.8 |
| | 乙种工业学校 | 1 | 1 | 1 | 1 | 15 | 40 | 600 |
| | 乙种商业学校 | 1 | 1 | 1 | 2 | 25 | 9 | 760 |
| 直隶 | 甲种农业学校 | 2 | 16 | 29 | 8 | 169 | 44 | 69167.4 |
| | 甲种工业学校 | 2 | 18 | 25 | 14 | 280 | 84 | 46287.9 |
| | 甲种商业学校 | 3 | 3 | 12 | 6 | 155 | 20 | 8672.6 |
| | 乙种农业学校 | 5 | 10 | 12 | 8 | 243 | 49 | 7177 |
| | 乙种工业学校 | 3 | 9 | 10 | 6 | 139 | 4 | 12473 |
| | 乙种商业学校 | 3 | 31 | 13 | 6 | 242 | 29 | 5000 |
| | 教养所 | 1 | | | | | | 4000 |

资料来源：中国第二历史档案馆编：《中华民国史档案资料汇编·第三辑·教育》，凤凰出版社2011年版，第415—416页。

20世纪20年代，在民国初期实业教育没有改革成为职业教育之前，整个国家的实业学堂基本上分为农、工、商三大类，甲、乙两个层次。从北京市来看，它作为当时中国北方的政治、经济与文化中心，工商业在全国处于领先地位，因此其工业学堂和商业学堂就多一些，而农业学堂仅有一所，这样的实业学堂类别构成符合北京的产业发展状况。相比之下，当时的京兆（即北京下设及周边的各个县区）及直隶大部分地区都是农村，农业是它们的主要产业，因此开设的农业学堂也自然要多于工业及商业学堂。此外，根据表格我们可以发现北京市的甲等实业学堂要多一些，相比之下另两个地区的乙等实业学堂要多于甲等，这也体现出经济发展水平决定了教育层次的道理。

表3-4 1919年河北地区实业学校一览表

| 省别 | 校别 | 科别 | 地点 | 职教员 职员 | 职教员 教员 | 现有学生 班数 | 现有学生 人数 | 本年毕业学生 | 经费（元）每生平均数 | 经费（元）全校总数 | 立案年月 |
|---|---|---|---|---|---|---|---|---|---|---|---|
| 北京 | 京师私立甲种农业学校 | 农科 | 北京 | 3 | 5 | 1 | 55 | | 40 | 2000 | 1916年10月 |
| 北京 | 北京高等师范学校附设职工科 | 木工科、金工科、编物科 | 北京 | 1 | 3 | 1 | 40 | | | | 1916年4月 |
| 北京 | 北京美术学校 | 绘画科、图案科 | 北京 | 13 | 14 | 2 | 71 | | 120 | 28080 | 1918年4月 |
| 北京 | 私立电气工业学校 | 电工科 | 北京 | 11 | 8 | 1 | 50 | | | | 1919年12月 |
| 北京 | 尚志甲种商业学校 | 商科 | 北京 | 8 | 9 | 1 | 64 | | | | 1918年9月 |
| 京兆 | 京兆甲种农业学校 | 农科、林科 | 黄村 | 4 | 8 | 2 | 55 | 16 | 94.47 | 5196 | 1918年8月 |
| 京兆 | 公立农业专门学校附设甲种农业讲习科 | 农科、林科、蚕科 | 清苑 | 6 | 22 | 5 | 115 | 9 | 173 | 35904 | 1912年8月 |
| 直隶 | 省立甲种水产学校 | 渔捞科、制造科 | 天津 | 8 | 15 | 4 | 71 | 14 | 436.5 | 31000 | 1914年4月 |
| 直隶 | 公立工业专门学校附设染织学校 | 染织科 | 天津 | 9 | 13 | 7 | 94 | 10 | 187.9 | 17667.9 | 1914年12月 |
| 直隶 | 省立甲种工业学校 | 金工科、染织科 | 清苑 | 9 | 14 | 5 | 161 | 22 | 169 | 29988 | 1914年12月 |
| 直隶 | 天津县公立甲种商业学校 | 商科 | 天津 | 2 | 9 | 3 | 129 | 10 | | 4437 | 1912年6月 |
| 直隶 | 高阳县私立甲种商业学校暨附设乙种商业讲习所 | 商科 | 县城 | 2 | 3 | 2 | 62 | | 40 | 2500 | 1915年6月 |
| 直隶 | 政法学校附设甲种商业讲习所 | | | | | 1 | 32 | | | | 1915年7月 |

资料来源：中国第二历史档案馆编：《中华民国史档案资料汇编·第三辑·教育》，凤凰出版社2011年版，第428—429页。

表3-4的各个实业学堂的建立时间都还不长,最长的也就7年左右。而且班级数及教员数目还都很少(每个班级所能容纳的学生数目基本达到了正常的水平),如果与今天一所正规职业学校的办学规模相比,简直是令人难以置信的,但这确实是当时的实际情况。

## 一 国民政府对河北地区职业教育的考察

对于民国时期河北地区职业教育的发展概况,中央政府曾多次进行考察。早在1933年,就委派专员到地方去考察职业教育的办理情况,以便进行监督。教育部"事先委派专员分往各省市调查全国之教育状况,而尤特别注重职教学校之状况,即预为发展职教之准备。应派来冀之教部特派专员戴应观氏,已于上月到达,并已开始观察。现已由本市至北平市观察期中。将再由平汉线南下,至省属各县观察,此后再转冀东一带,视察毕当有详细之报告与批评记者。昨往教厅访吾第一科殷科长,据谈戴专员虽已视察本市完毕,但并无意见,将来全省视察完毕,当有具体之意见发表"①。

民国中央政府在1934年又派员对河北省进行了考察,教育部为了"明瞭全国职业教育情形,以便改进起见,前派员视察苏、浙、皖、豫、湘等省职业教育,此次复派督学钟道赞视察北平、河北、山东等三省职教情形,即日起即由京北上视察,钟将于本月底到津,将分别视察本市及全省职业学校"②,钟道赞考察之后做出了非常详尽和客观的评价,对于河北省各个职业学校的整改有非常大的指导意义。

1935年中央政府再次派员进行职教考察,教育部"定本年四月间,再派督学钟道赞赴冀、鲁、青岛等处视察职教,……据钟谈,全国职教经一年来积极整顿,比前已略进步,最显者如:一、注重工厂实习;二、注意学生出路;三、含有商品代价之职校,内部充实等,但缺憾仍多,尚待职教当局努力"③。钟道赞"赴平、冀、晋三省市视察职教,……此次视察各地职教,特别注重课程之实施与学生之成绩,是否

---

① 《造就生产人才发展职业教育》,《益世报》1933年11月9日。
② 《教部派员视察职校钟道赞即来津将分别视察各校》,《益世报》1934年9月25日。
③ 《视察职校》,《益世报》1935年2月27日。

与当地之需要相适应，及各地推行职教，是否遵照部令意旨，钟氏之视察期间约需两月之久，可视察完毕"①。在考察的过程中，钟道赞指出："河北省文化程度、教育成绩因向为华北各省之冠，职业教育虽属新兴，亦颇可观。前者举行劳展之时，冀省工学院职教部等校出品，颇得好评。冀省职业经费，虽未能按照部颁标准增加，但前拟之逐年增加办法，已渐可接近标准。惟高级职校经费，应依照初级比较增加，尚未照办，殊对设备实习发展上有所限制，应谋改革。至职教师资冀省已举办登记，并拟派成绩优良，派遣实习，均为应付目前需要之办法。至女子家事职业学校，教部亦极望各省筹办，冀省拟在女师学院附设，颇多便利。本人在北平观察，认为市立高级工业职校成绩尚佳，其他多数私人开办之职校，设备颇多简陋，本人此行视察之目的注意教部推行职教，与地方情形如何适宜之处，以谋改进而求发展。"②

钟道赞于4月8日由北平来到天津考察天津工学院职教部，河北省教育厅科长曲直生向钟道赞汇报了近期河北省教育厅的工作概况："本省去岁增设黄村、易县两农业职校及天津商业职校，再俟本年石家庄工业职校开办后，则量的方面已具初步规模，今后即须先行注意质的充实，务求设备完善，……各职校经费决力谋提高，以求合于部颁标准。关于职教师资，除举办登记外，并拟先行选派成绩优良之职校毕业生，分别实习，以重技术，对各县职教力谋整顿，前已拟定办法，至提倡女子职业教育，亦在计划进行中"③。来到工学院职业部后，钟道赞"考核一切章规，巡视该校课室及实习设备染织工厂，制革工厂，及分院之电机工厂，对该校染织制革及机工科自造机械均甚注意，并询问各科出品应用及售卖情形，以及学生生活状况极详，……并赶往南关下头五一制革厂视察，该厂原系该校上届毕业生李金榜自行创设，自任工头并兼经理，钟氏对该生之精神及该厂出品，颇为嘉许"④。

钟道赞在天津视察了工学院职业部、法商职业部、水产职业部、省立商职、津中商职班、天津市师职业班、市立三十五小学木工职业

---

① 《教育部督学钟道赞》，《益世报》1935年4月2日。
② 《教部视察华北职教专员钟道赞昨到津》，《益世报》1935年4月7日。
③ 《冀省职教之现状已具量的规模》，《益世报》1935年4月8日。
④ 《钟道赞昨视察工学院职业部》，《益世报》1935年4月9日。

班及女师家政专科……天津公立商职,弘德、通惠两私立商职及南开职业班等。"刻天津方面职校大致已视察竣事,钟氏以省立女师学院之家政专科教育在中国亟待发展,对该院此科甚为注意,特于昨晨赴该院召集该科主任及教授等谈讨,对于该科之意见,钟氏略谓家事教育在国内学校设有专科者仅三处,一在燕京,一在福建,再一处即为女师,此行家事教育在过去多偏重于不能平民化大众化。如家庭设计、炊事、缝纫皆以贵族生活为对象,再如所制点心多为西式,所应用家具亦多为西式,此种教材殊非我国目前之需要,今后家事教育应注意儿童家庭教育,清洁卫生,化学工艺,宜注重科学方面,且各家庭因经济之不一致,及职业之不一致,分类极多,对于家庭之教材应普遍注意,就现代中国一般家庭问题,以期此单师范学院学生毕业后,将来充家政师资,及俾能于中国一般人民之家可有所改革,使其得到合理化之生活。"①

在职业教育发展概况这一部分,主要介绍一下1935年左右,河北地区职业教育发展的概况。因为在这一年,国民政府教育部专门组织了对全国各省市职业教育发展概况的视察,其中包括安徽省、江苏省、河南省、湖南省、北平市、湖北省、江西省、河北省、青岛市、山东省、福建省及广东省,并撰写了这些省市1934年到1935年职业教育发展情况的报告汇编,其中对于河北省和北平市进行了非常仔细的调查和研究,尤其是北平市,专门拿出两个独立的报告来说明北平市职业教育的状况,天津市的职业教育发展情况与河北省放在一起进行了汇编,所以本节将天津职业教育的发展概况放在河北省一并进行论述。这次由国民中央政府教育部组织的职业教育调查,就河北地区来说,肯定了该区域职业教育的成绩,但也更加客观地指明了其中存在的问题以及将来的改进措施。

## 二 北平市职业教育发展概况

(一) 北平市职教总体概况

北平市的职业教育,可以追溯到清末光绪三十三年(1908),当

---

① 《教部职教视察专员钟道赞今日离津》,《益世报》1935年4月20日。

时的京师督学局为了培养职业技能人才起见，就原来的学政署旧址创立了初等工业学院，九月份开始招生，修业年限定为四年，这可以说是北平市职业教育的肇端。民国元年八月份，京师学务局将初等工业学堂改为第一艺徒学校，该校的程度与高级小学相当，专门造就工徒和童工。1916年11月在全国教育行政会议关于各省区报告汇录中，指出北平市内的实业教育有"私立甲种农业学校一处，系由乙种改组而成，学生一班有五十人。又本局于女子中学附设职业班一班，注重缝纫，两年毕业，计本年七月毕业二十九人；嗣又续招新班凡四十余人"[①]。这是民初北京市区内实业教育的发展概况。在北京的周边地区，有京兆工艺传习所，包含的科目有化学、金工、木工和矿工。分两个班级，总计一百人，经费额是12346元。在发展策略上，因"学校地址在京兆第一中学内，就所余斋舍加以增筑，稍事修葺。选取学生以身体健全，曾在高小学校以上毕业及有同等学力者为及格。毕业之后得充各县艺徒学校、乙种工业学校各教员暨贫民工厂各项工师。俟经费充裕，再增加科目，延长年限，改设完全班，逐渐扩充，以应各县的需求"[②]。京兆地区的县立乙种实业学校有三所，具体情况如表3-5所示：

表3-5　　　　　　1916年京兆县立乙种实业学校一览表

| 县名 | 校名 | 科目 | 班数 | 人数 | 全年费额 | 备考 |
|---|---|---|---|---|---|---|
| 武清 | 乙种农业学校 | 农学科 | 1 | 40 | 1258 | 蚕学科水产学科尚拟增设 |
| 通县 | 乙种商业学校 | 商科 | 1 | 50 | 15984 | |
| 顺义 | 乙种农业学校 | 农业科 | 1 | 40 | 1100 | |

材料来源：璩鑫圭、唐良炎编：《中国近代教育史资料汇编·实业教育师范教育》，上海教育出版社1991年版，第266页。

当时一个县去办一所实业学校实在是太难了，京兆大约有十几个县，其中仅有三个县——武清、通县及顺义——能够开设实业学校，

---

① 璩鑫圭、唐良炎编：《中国近代教育史资料汇编 实业教育师范教育》，上海教育出版社1991年版，第264页。

② 同上书，第265页。

而且层次上又是乙种,每所学校就1个班,培养这么一点技术人才(培养的质量暂且抛开不讲),又怎么能满足该地区的需求呢?长此以往,对该区域的经济发展是十分不利的。

之后,北平市鉴于"初级实业教育增进国民职业,为地方切要之图。本署自治筹备表列入第二期内,令各县一律筹设,每县至少须设乙种实业学校一处。……刻由本署创设工艺传习所、农业教员养成所,俟明年上半年毕业所有人,当可依限添设,一律成立,仍持积极进行主义,次第扩充"①。

到了1920年,北平市开始提升第一艺徒学校的程度,将其"改组为京师公立职工学校,设金木化妆品等三科。十二年实行新学制,改为京师公立职业学校,分机械化学两科"②。下面是1923年北京公私立职业学校的一览表,基本上能够反映出20年代初期北京市职业教育的大体状况:

表3-6　　　　1923年北平市公私立职业学校一览表

| 校名 | 校址 | 设立者 | 教职员数 | | 学生数 | | 全年经费数(元) | 每名学生平均费(元) |
| --- | --- | --- | --- | --- | --- | --- | --- | --- |
| | | | 男 | 女 | 男 | 女 | | |
| 京师公立职工学校 | 东四什锦花园 | 京师学务局 | 18 | | | | 11800 | |
| 京师公立第一商业补习学校 | 琉璃厂安平里 | 京师学务局 | 5 | | 106 | | 2328 | 22.0 |
| 京师公立第二商业补习学校 | 打磨厂新开路 | 京师学务局 | 6 | | 98 | | 2028 | 20.7 |
| 尚志学校 | 宣内化石桥 | 尚志学会 | 24 | | 110 | | 14000 | 127.3 |
| 北洋商业学校 | 廿八半截中半壁街六号 | | 10 | | 75 | 29 | 3300 | 31.7 |

---

① 璩鑫圭、唐良炎编:《中国近代教育史资料汇编 实业教育师范教育》,上海教育出版社1991年版,第266页。
② 王世杰编:《第一次中国教育年鉴 丙篇 教育概况》,开明书店1934年版,第419页。

续表

| 校名 | 校址 | 设立者 | 教职员数 | | 学生数 | | 全年经费数（元） | 每名学生平均费（元） |
|---|---|---|---|---|---|---|---|---|
| | | | 男 | 女 | 男 | 女 | | |
| 北京豫章商业学校 | 玻璃厂八角琉璃井 | 旅京赣人私立 | 28 | | 74 | | 5300 | 71.6 |
| 京师私立甲种农业学校 | 西安门内西什后库 | 京兆农会 | 7 | | 35 | | 2000 | 57.1 |
| 北京银行簿记学校 | 东城贡院北总布胡同 | | 4 | | 20 | 10 | 516 | 17.4 |
| 商业银行簿记学校 | 西安门内西大街 | 林楷 | 1 | | 90 | 30 | 900 | 7.5 |
| 簿记专门学校 | 宣外棉花上七条 | 韩白秋 | 3 | 1 | 46 | 12 | 800 | 13.8 |
| 速记传习所 | 景山西小石作 | 蔡璋 | 9 | | | | 100 | |
| 北京银行讲习所 | 宣外校场小五条 | 王朝桢 | 4 | | 40 | | 1000 | 25.0 |
| 中国实业学校 | 西域屯绢胡同 | 李光鼐 | 11 | | 30 | 26 | 2400 | 42.9 |
| 京师私立第一会计学校 | 崇外下三条胡同 | 汇丰银行 | 5 | | 15 | | 2760 | 184.0 |
| 北京女子职业学校 | 宣外赶驴市 | | 8 | 7 | | 128 | 10000 | 78.1 |
| 北京务本女子甲种职业学校 | 西四马市大街 | | 15 | 5 | | 42 | 1600 | 35.4 |
| 北京私立女子工艺学校 | 小口袋胡同 | 刘王惠云 | 3 | 7 | | 55 | 1350 | 24.6 |
| 京师北城第一女子职业学校 | 安内交道口北二条胡同 | 刘学成 | 1 | 3 | | 42 | 240 | 5.7 |
| 北京女子家庭职业学校 | 司法部街北府前街 | 李钧寰 | 6 | 4 | | 40 | 3000 | 75.0 |
| 京师女学工艺传习所 | 内左四区七条胡同 | 宋永龄 | 7 | 3 | 2 | 60 | 500 | 8.1 |

续表

| 校名 | 校址 | 设立者 | 教职员数 男 | 教职员数 女 | 学生数 男 | 学生数 女 | 全年经费数（元） | 每名学生平均费（元） |
|---|---|---|---|---|---|---|---|---|
| 京师女子美术学校 | 西城察院胡同25号 | | 6 | 4 | | 40 | 1640 | 41.0 |

资料来源：中华教育改进社编：《京师教育概况》，1923年，铅印本，第19—20页。

如表3-6所示，经过几年的努力，北京市的职业教育有很大进步。这一时期北京市的公立职业学校与私立职业学校齐头并进，且私立职业学校在招生数量以及经费投入上并不比公立职业学校差，可见当时北京的私立职业教育搞得还是不错的。私立职业学校数量可观，可见整个北京市社会力量对于职业教育还是很重视的。当时北京市由于商业的发展，各种商会、团体、组织的数量十分庞大，并且其中也不乏经济实力雄厚、社会影响巨大者，他们加入到兴办职业学校的行列当中，无形中使得北京市的职业教育与周边地区拉开了差距。

到了20世纪30年代初期，江问渔做过大致统计，北平市有"职业学校一所，内分机械科四班，化学科四班；商业学校一所；均系高初级合设。在民国二十一年度，其经费占总额30%，二十四年度，增至40%。"[①] 之后，北平市又制订了发展计划：（1）就原有的职业学校，增加到九个班；并且逐年改为高级，三年毕业。（2）就原有商校，每年增一班，至九班为止，逐渐改为高级，三年毕业。（3）就原有中学逐年改为初级职业班。（4）添设女子职业学校。（5）缩减中学班。根据这项计划，北平市的全年职教经费能够达到184607元，可以占到整个教育经费的36%左右。这一时期北平市的普通中学教育比较发达，职业教育则因为技术人才的缺乏才受到世人的重视，无论是公立还是私立的职业学校，逐步建立起来。表3-7是1934年北平市职业学校的一览表：

---

① 黄季陆主编：《革命文献 抗战前教育概况与检讨》，中央文物供应社1971年版，第244页。

表3-7　1934年北平市职业学校科别学生人数经费数目调查表

| 校名 | 科别 | 学生人数 | 全年经费 |
| --- | --- | --- | --- |
| 市立高级职业学校 | 机械科、应用化学科 | 152 | 43836 |
| 市立高级商科职业学校 | 高级普通商科、高级会计科、高级补习班、初级商科 | 132 | 25776 |
| 北平市第一社教区第一工读学校 | 1.甲乙二班 2.模型玩具科分雕型、绘饰、木工、缝纫四组 | 64 | 3960 |
| 私立香山慈幼院第四农工实习场 | 农业、铁木、化学、织染、陶工、印刷、刺绣七科 | | 20460 |
| 北平女子职业学校 | 正班分机器、刺绣、缝纫、织袜、机织四科，补习班分过问、算术、家政、党义四科 | 40 | 1500 |
| 戏曲学校 | 剧艺分德和金玉永照令名八级，文艺分单轨双轨 | 205 | 7800 |
| 私立智化英文商业补习学校 | 英文、商业、簿记、财政、会计五科 | 32 | 720 |
| 家庭化学工艺社 | 完全科、专修科 | 30 | 1500 |
| 私立民铎工艺学校 | 初级一班 | | 10000 |
| 私立韩氏女子职业补习学校 | 职业科、文学科 | 79 | 1500 |
| 私立震宇无线电传习所 | 业余研究班、暑期速成班、礼拜半日班 | 30 | 6000 |
| 第一女子职业补习学校 | 文学科、补习科、职业科 | 15 | |
| 私立新闻专科学校初级职业班 | 初级职业班 | 40 | 12000 |
| 私立华英打字学校 | 华文打字班、英文打字班 | 8 | 120 |
| 私立中央银行簿记学校 | 专修科、速成科 | | 108 |
| 北平振华刺绣职业传习所 | 甲乙丙丁四班 | 37 | 1000 |
| 北平银钱业公会附设商科职业补习学校 | | 68 | 3000 |
| 国英女子职业传习所 | 编织科、刺绣科 | 19 | 720 |

续表

| 校名 | 科别 | 学生人数 | 全年经费 |
|---|---|---|---|
| 育志英文商业补习学校 | 商业科、英文科 | 55 | 10000 |
| 华文打字传习所 | 普通科、速成科、补习科 | 12 | 1200 |
| 英文打字专修馆 | 英文打字科 | 36 | 700 |
| 竞成女子职业学校 | 甲乙二班 | 30 | 1052 |
| 北平工读学校 | 四二编制 | 40 | |
| 私立宏志女子职业补习学校 | | 10 | 1000 |
| 永贤妇女职工传习所 | 机织科 | 20 | |

资料来源：教育部编：《中华民国二十三年度全国职业教育概况》，南京：教育部编印，1935年，第48—49页。

1935年，北平市有缝纫、刺绣、编织、打字及簿记之类科目的私立职业补习学校共计19所；工艺技术性质的传习机构有13处，在数量上看，还是不少的，而且科目开设相比较民初的实业学堂而言，有了质的突破。但是，这些职业教育机构的教学的设备十分简陋，教学方法落后。更有甚者，个别机构仅仅是挂了个牌子，实际既无学生也没有教师。很多机构的校址常常迁移，没有固定的办学场所，学生的来去也不是非常的固定。同时不少机关没有专门的行政组织进行管理，学校与房屋混用，课程的时间安排也不符合规定，所有这些问题都是上面职业教育机构存在的通病。为此，必须对于这些职业教育机构严格进行考核，其中办理有成绩的，有一定设备基础的北平市给予一定的补助，并指导其加以改进。而那些规模太小又办理成绩不佳的职业教育机构，没什么发展前途的，应该命令其停办或者撤销立案。这样，通过优胜劣汰的方式，使得这些职业教育机构的开办更加趋于正规化。

（二）北平市各职业学校的情况

而就个案来讲，北京市当时各个职业学校都有自己的办学特色，但是也存在不少需要改进之处。当时北平市立高级工业职业学校办理得较有声色，培养出的学生质量也较高。但是，该校校舍过于狭小，设备也不够完善，北平市教育局应该划拨专款，充实该校的硬件设施，以保证其发展与壮大。在实习的时间上，该校还是应该延长的。除去它的制图科不讲，其他科目低年级每周实习时间只有九个小时，高年级每周也只不过是十六个小时，这与教育部所规定的实践比重有一定的差距，必须设法增加实习的时间，注重学生专业技能的训练。在生产产品上，还需要加以改进，每年制造的出品数量不多，连收回成本的能力都没有，还何谈盈利呢，因此这一点必须加以改进。

北平市立高级商科职业学校的校舍布置以及行政组织还是比较正规的，但是其教学太过于偏重讲授，实践环节除了打字和簿记以外，就没有其他的实习工作了。而且作为商业职业学校，它对于商业行情的关注，经济状况的调查以及商品的研究等，都没有给予足够的重视。此外该校的商业广告及图案都很一般，商品陈列室还没有建立起来。而且讲授商业实习类功课的教师，许多都没有经验。在商业补习的问题上，该校仅仅局限在高级的层次上，可以多开设一些商业补习班，这样能够有效普及商业教育。

北平市立第一工读学校招收了初小四年级的学生，并且对三年级的高小学生进行职业训练，每天上课六小时，是一种半工半读的性质。学生的工作包括泥工、木工、缝纫等，这与职业补习学校基本没什么区别，所以应该改称为第一职业补习学校，以符合教育部的相关规定。同时，在教育部的调查中发现，该校的学生大多是清贫人家的子弟，升学的机会非常少，所以应该为他们提供充分的职业补习教育。在教学过程中，减少普通学科的传授，要适当增加实际操作的比重。可以适当放宽入学年龄，修业年限也可以适当裁减。在必要的时候，还可以添设初级职业科，专门学习与北平市产业对口的手工业。

私立女子西洋画学校办理得较有成绩，基本上达到了高级女子艺术职业教育的水平，大体上没什么不足之处，所应该做的是筹备充足的经费，增加教学设备，将学校升级为高级女子艺术科职业学校。

私立香山慈幼院在很早就开展职业教育了，中华职业教育社在1924年调查它时曾评价道："班次因人而设，每班人数不均，班次多而人数少，故训练者，每苦时间不足，规模较大之教育机关，大都如此，如北京香山慈幼院即其一也。"① 20 世纪 30 年代该院的五校设有机械、染织、制革及地毯四个科目，学校的出品质量优良，受到了社会的好评。该校每天除了工厂的工作以外，有一到两个小时的室内功课，其中的一半是普通课程。地毯科没有教室授课的环节，而且由于学生太少，制造地毯的所有工作都是由工人来完成的。但是该校的"行政组织及管理方法，殊嫌松懈，校舍亦欠整洁，每年营业，收支几不相抵，应令力加整饬"②。

北平市原计划要增加工商两个职业学校的班次，并且将第五中学逐渐改办为职业学校，本来这都是符合当时的实际状况的。但是当时所需要增加的经费并没能及时拨付，以至于短时期内无法实现的。中央政府在当年 10 月起已经根据新的经费数额开始发放，每个月增加 25000 元，除去其中一小部分作为增设小学校的经费以外，大部分应该投入到职业教育的发展当中，一面充实各校的办学条件，一面增添班次，实现原来的发展计划。此外，北平市立师范当时共有十二个年级，每年毕业的学生过多，出现了人满为患的局面，所以应该减少师范的班次，将其改组为职业教育，或者也可以扩充为小学校。只有将无用的教育资源转化为有用的，这样北平市的整个教育体系才更加合理和完善。

之后，教育部又派出了督学兼科长钟道赞对北平市的职业教育发展进行了再次视察，发现上一次视察遗留的问题例如公私立职业补习学校或传习所的整理，市立工商职业学校的充实与改进以及该市原定要推行的职业教育计划等，都没有得到很好的解决。同时这次复查还发现了不少新问题。在教育经费的问题上，虽然上一年中央每月增加 25000 元的职业教育经费，但是原定要购买和添置的职业教育设施都没有得到很好的补充。要求将市立第五中学改办为职业学校，还一直处在研究和论证阶段，该校接收农事试验场之后，就计划要附设农业

---

① 中华职业教育社编：《中华民国十三年度调查全国职业教育报告》，中华职业教育社 1926 年版。

② 教育部编：《教育部视察各省市职业教育报告汇编》，教育部 1935 年编印，第 33 页。

科，但还没有进入到具体实施的阶段。对于家事教育，是应该大力提倡的，但是北平市还没有女子职业教育的机构，所以权宜之计就是充实市立师范学校的家政设备，附设女子家政职业科。市立师范劳作科的特别师范班，因为学校自身的根基较差，对于当老师的兴趣也不够统一、修业期限较短，办理得也没什么成绩，所以应该延长它的修业年限。在招收新生的问题上，一定要注意学生对于教师职业的兴趣与理解，当然必要时可以专收职业学校的毕业生，注重实际。香山慈幼院第一院分为幼稚园、小学、职业、中学及师范五个部，职业部分为金工、机械、木工、印刷、染织、陶工、缝刺、应用化学、畜牧、养蜂及葡萄等组，"其中设备以印刷、陶工、金工、机械较为完备，缝刺、应化较为简单，全体学生仅六十余人，训练既少精神，行政组织亦欠灵便，各厂生产量甚少，不能自给，办理殊不经济"①。该校小学部的学生自四年级起，年龄在十二岁以上的，每天需要工作一小时，可以自由选择作业，每个学期更换一次，以发掘其职业热情。同时，该校还应该依照学生的个人特长和能力，让大部分小学毕业生选择学习一种职业技能（升入中学和师范的学生除外），利用该校现有的一切设备，注重学生生产技能的培养，使其每天工作六个小时，上课的时间为三个小时，这样理论和技能的安排较之前的八小时实践与一小时理论学习更为合理。

抗战胜利后，国民政府对于职业教育进行了修补和恢复工作，要求"各省市中等教育经费内，职业学校经费不得低于35%。此外，教育部曾举办中等机械、电机技术科、中等水利科，及其他农工医各科中等技术人才之培养，由政府拨款分令各省增设是项班级，现已设立570班之多。"② 北平市则主要致力于筹设市立初级农业职业学校和护士助产职业学校，同时添设了市立初级商业职业学校以及私立惠童职业学校等。1946年的北平市职业学校大体如表3-8所示：

---

① 教育部编：《教育部视察各省市职业教育报告汇编》，教育部编印1935年版，第40页。

② 教育部资料室编：《最近之教育》，教育部编印1948年版，第18页。

第三章 民国河北地区职业教育发展规划及概况

表3-8　　　　　　　　1946年北平市职业学校一览表

| 校名 | 校长 | 科目年级班次 | 学生人数 | 教员数 | 修业期限 | 设立年月 | 校址 |
|---|---|---|---|---|---|---|---|
| 市立高级工业职业学校 | 曹安礼 | 机械科、化学科、土木科（一二三四年级各一班，共十二班） | 341 | 58 | 3年 | 1904年月 | 内三东四什锦花园南扁担胡同五号 |
| 市立高级商业职业学校 | 蕙述宗 | 银行科、会计科（一二三年级各一班共九班） | 188 | 24 | 3年 | 1919年 | 内二宣内未英胡同二号 |
| 市立初级商业职业学校 | 马继三 | 普通商业科（一二三年级各一班共九班） | 249 | 24 | 3年 | 1942年8月 | 外二和外梁家园二十二号 |
| 私立公益高级助产职业学校 | 贾硕亭 | 助产护士科（一二三年级各一班共三班） | 66 | 26 | 3年 | 1936年3月 | 内六西安门内养蚕夹道甲一号 |
| 私立育青女子高级职业学校 | 戚恺之 | 商科、文书科、家政科（一二年级各一班共六班） | 140 | 22 | 2年 | 1940年8月 | 内五前鼓楼苑三号 |
| 私立进山高级商业职业学校 | 任杰生 | 银行科、会计科（一二年级各一班共四班） | 103 | 16 | 3年 | 1944年8月 | 内六小大佛寺五号 |
| 私立正风女子高级职业学校 | 韩机业 | 家事科、女书科、会计科（一二年级各一班共六班） | 68 | 26 | 2年 | 1945年8月 | 内二关才胡同六十二号 |
| 私立惠童职业学校 | 黄节文 | 高级工艺科、高级家事科（一二年级各一班）；初级职业科（一二三年级各一班）；初级预备班；高中（一年级一班）；初中（一年级二班，二三年级各一班共计十三班） | 463 | 25 | 职业2年、高初中3年 | 复员 | 内一贯院西大街甲十三号 |

资料来源：教育部教育年鉴编纂委员会编：《第二次中国教育年鉴 第八编 职业教育》，商务印书馆1948年版，第1083页。

总体而言，北平市的职业教育在当时的北方地区来讲，办得算是最好的，因为经济繁荣、产业先进，而带动了职业教育的进步。但是，北平市的职业教育除了有全国职教的通病外，更主要的是它的发展水平与其产业的现代化程度很不相称，所能培养的技术人才，无论是数量和质量上，距离经济产业的发展要求还是有很大差距的。

## 三 河北省职业教育发展概况

### （一）河北省职教总体概况

河北省的职业学校，较早设立的当属天津公立商科职业学校，是天津商会总董王贤宾于光绪三十二年（1907）创立的，教授关于商业学科。至于工农两科职业教育，当时还并没有受到人们的重视，所以省内也没有此类职业学校。农业类较早的是直隶甲种农业学校，1914年以后该校改为甲种预科一年及甲种正科三年，分为色染和机织两科。1928年以后，改称为一职预科，将修业年限改为四年。1929年，为了接收初中毕业生起见，改为高中职业，初定为四二制，后来又改为三三制，包含制革、机工和染织三科。1930年以后，河北省第一职业学校开始增设化学科，该校在初办时期，仅有染织等科。下面是民初河北省的甲种实业学校，大体概况如表3-9所示：

表3-9　　　　　民初河北省甲种实业学校一览表

| 类别 | 校数 | 科别 | 班数 | 人数 | 费额（元） | 备考 |
| --- | --- | --- | --- | --- | --- | --- |
| 农业 | 1 | 高等农科 | 1 | 27 | 35904 | 该校原系高等农业，现改甲种。所有高等科毕业后，不再招生。咨部核准在案。 |
| | | 甲种农科 | 1 | 28 | | |
| | | 甲种蚕科 | 1 | 26 | | |
| | | 甲种林科 | 1 | 25 | | |
| | | 农学艺科 | 1 | 19 | | |
| | | 艺徒科 | 1 | 18 | | |
| 水产 | 1 | 制造科 | 1 | 23 | 20000 | |
| | | 渔捞科 | 1 | 32 | | |
| | | 本科 | 1 | 26 | | 制造渔捞之第一年 |
| | | 预科 | 1 | 16 | | |

续表

| 类别 | 校数 | 科别 | 班数 | 人数 | 费额（元） | 备考 |
|---|---|---|---|---|---|---|
| 工业 | 1 | 织科 | 3 | 84 | 30721 | |
| | | 染科 | 2 | | | |
| | | 预科 | 4 | 162 | | |
| 商业 | 2 | 本科 | 3 | 55 | 6379 | |
| | | 附科 | 2 | 61 | | |

资料来源：璩鑫圭、唐良炎编：《中国近代教育史资料汇编·实业教育师范教育》，上海教育出版社1991年版，第267页。

鉴于这几所甲种实业学校每届培养实业人才的数量实在太少，河北省要求这几类实业学校扩大办学规模。此后在具体的发展步骤上，农业学校计划在三年内添招农、蚕科各三班，林科二班，改修号舍，开设森林育苗圃一区。水产学校则计划在五年内招足养殖科、远洋渔业渔捞科第一二三年级各一个班，制造科第一二三年级各一个班，同时配备轮船机械养殖场等，但是校舍并不毗邻海岸，有不少的不便之处。经过教育厅和实业厅的主任前往大沽调查地址，等经费筹措齐备后，再行搬迁。工业学校则有两处，一个设在清苑，计划在两年内招足染织本科六个班，预科两个班。另一个设在天津，附设在高等工业学校当中，计划于两年内招染织六个班，预科一个班。商业学校，天津一校，高阳一校，两校均计划在二年内招四个班。

至于乙种学校，直隶省的办学情形是有乙种农业学校6所，学生共150人；乙种工业学校2所，学生人数为140人；商业学校有7所，有学生312人。当时直隶的初等职业教育还尚嫌幼稚。当年春季的全省小学会议议决要提倡实业教育，计划在每县至少须要设立一所乙种实业学校，并在普通教育内酌情增设农工商各科。同时，派农校毕业生赴日实习者二名，工业教员一名，自费留学生12名。计划在下一年派水产学员一到两名留学。在实业教育的师资储备上，除了农商两校增设了教员讲习科外，还要根据实际情形在各个高等或甲种实业学校内附设教员讲习科，以储备师资。之后，直隶地区随着实业教育的逐步发展，甲种及乙种实业学校在原有基础上又增加了不少，下面是民初直隶包括天津各类实业学校一览表：

表 3－10　　　　　　　　民初直隶各类实业学校一览表

| 类别 | 校名 | 地址 | 校长姓名 |
|---|---|---|---|
| 一、农业学校类 | 直隶公立农业专门学校附设甲种农业讲习所 | 直隶清苑关西外 | 郝元薄 |
| | 直隶省立甲种农业学校 | 保定西关灵雨寺 | |
| | 京兆甲种农业学校 | 京兆黄村 | |
| | 北京私立甲种农业学校 | 北京 | |
| | 直隶省立水产学校 | 天津河北种植园 | 孙凤藻 |
| | 顺义县立乙种农业学校 | 京兆顺义县杨各庄 | 李祖澈 |
| | 武清县立乙种农业学校 | 京兆武清县城 | |
| | 三河县立第一乙种农业学校 | 京兆三河县段甲岑 | |
| | 三河县立第二乙种农业学校 | 京兆三河县张各庄 | |
| | 蓟县县立乙种农业学校 | 京兆蓟县县城 | |
| | 高阳县县立乙种农业学校 | 直隶高阳县县城 | 张凌云 |
| | 宣化公立乙种农业学校 | 直隶宣化县县城 | |
| | 平山县县立乙种农业学校 | 直隶平山县县城 | |
| | 国立北京农业专门学校附设农业简易讲习科 | 北京阜成门外罗道庄 | |
| | 磁县县立乙种农业学校 | 直隶磁县县城 | 侯占斋 |
| | 易县县立乙种农业学校 | 直隶易县安河亭 | 张振铨 |
| 二、工业学校类 | 直隶公立甲种工业学校 | 直隶清苑城内北城根 | 安士良 |
| | 直隶公立工业专门学校附设染织学校 | 直隶天津黄纬路 | 杨育平 |

续表

| 类别 | 校名 | 地址 | 校长姓名 |
|---|---|---|---|
| 二、工业学校类 | 通县县立乙种工业学校 | 京兆通县县城潞河公园 | 杨万昌 |
| | 安国县立乙种实业学校 | 直隶安国县北王买村 | 王作霖 |
| | 口北道立乙种工业学校 | 直隶宣化县城内贡院街 | 龚晙熙 |
| | 获鹿县县立乙种工业学校 | 直隶获鹿县城 | |
| | 蔚县县立乙种工业学校 | 直隶蔚县县城 | 郝德明 |
| | 天津公立乙种工业学校 | 天津玉皇阁 | 邓庆澜 |
| | 天津民立第一艺徒学校 | 天津北阙下 | 高树南 |
| | 迁安县立乙种工业学校 | 迁安县四团堡 | 杨冠伦 |
| | 河间区立乙种工业学校 | 河间西区大渔翁庄文昌庙 | 左清 |
| | 芦台公立乙种工业学校 | 宁河县芦台镇盐母庙后院 | 刘钟璨 |
| | 易县县立乙种实业学校 | 易县湖塘镇 | 祖致祥 |
| | 定县县立乙种实业学校 | 定县县城 | |
| | 威县县立乙种工业学校 | 威县县城西街城隍庙 | 陈咏堪 |
| | 万全县县立乙种工业学校 | 万全县县城西街文庙后 | 马增基 |
| 三、商业类学校 | 直隶公立甲种商业学校 | 天津东门南马路 | 徐克达 |
| | 高阳私立甲种商业学校 | 直隶高阳南关 | 王纶 |
| | 尚志学会甲种商业学校 | 北京前门内化石桥 | 李师膺 |
| | 通县县立乙种商业学校 | 京兆通县县城 | |
| | 高阳甲种商业学校附设乙种商业讲习科 | 直隶高阳县城南关 | 王纶 |
| | 丰润县县立乙种商业学校 | 直隶丰润县 | 李如华 |
| | 邢台县商会公立乙种商业学校 | 直隶邢台县城南关靛市街 | 范守信 |
| | 天津民立第一乙种商业学校 | 天津东门外 | 尹凤歧 |
| | 天津体仁南善社附设乙种商业学校 | 天津南马路 | 杜宝贤 |

续表

| 类别 | 校名 | 地址 | 校长姓名 |
|---|---|---|---|
| 三、商业类学校 | 天津韦驮庙乙种商业学校 | 天津大伙庵 | 李维善 |
| | 乐亭县立乙种商业学校 | 直隶乐亭县内 | 刘锡三 |
| | 乐亭刘氏私立乙种商业学校 | 直隶乐亭县汀泳河刘各庄 | 王润霖 |
| | 昌黎县县立乙种商业学校 | 直隶昌黎县城 | 任佳根 |
| | 抚宁县县立乙种商业学校 | 直隶抚宁县城县立高等小学内 | 郭希仲 |
| 四、职业学校 | 北京高等师范附设职工科 | 北京琉璃厂厂甸 | 李建勋 |
| | 育德中学职业科 | 直隶保定西关 | 郝罗 |
| | 明德职业学校 | 直隶天津西马路后街北清真寺蔡家胡同 | 刘德正 |
| 五、补习学校 | 民立商业补习学校 | 直隶天津葛沽镇西街 | 胥士征 |
| 六、职业师范学校 | 国立北京高等师范附设职业教育专修科 | 北京琉璃厂厂甸 | 李建勋 |
| 七、女子职业教育类 | 易县女子蚕业传习所 | 易县城内女子高等小学校 | 吴贵彬 |
| | 补遗女子乙种工业学校 | 直隶天津城内户部街 | 王书云 |
| | 北京女子职业学校 | 北京宣外赶驴市 | 许频韵 |
| | 普育女子职业学校 | 天津城内鼓楼西 | 温世霖 |
| | 直隶私立第一女子职业学校 | 天津河东吉家胡同 | 李荣培 |

资料来源：璩鑫圭、唐良炎编：《中国近代教育史资料汇编·实业教育师范教育》，上海教育出版社1991年版，第300—328页。

由表3-10的内容可以看出，这一时期河北省的乙种实业学校还是非常多的，而且这些学校基本上都是县立的。究其原因，当时中央政府对于乙种实业学校的办学规格要求不是很严格，所以很多县创办乙种实业学校时尽管可能条件还不完全具备，但还是采取因陋就简的办法，把这些乙种实业学校都办起来了。后来这些乙种实业学校在学制改变后大多又变成了县立初级职业学校。

1922年"壬戌学制"改革后，实业学校改成职业学校，当时河北省有省立职业学校2所，县立职校18所，私立职业学校1所，共计21所。初级或高级中学附设的职业班共有4校。1925年，中华职业教育社对于全国的职业教育状况进行了摸底调查,关于当时直隶省的职教状况是这样记载的:"直隶省自张佐汉氏任教育厅长后,第一政策即推广职业教育。其计划各县须专款办职业学校,如初级小学较高年级设职业预备科,各县初级中未成立者,以其款办职业学校,已成立者照地方需要设职业科,省立各中学须附设职业班,原有之农工商水产等专门学校则加以扩充。此项计划据其最近所出《直隶省职业教育与地方产物》一书所载,已强半实行,则以直隶一省论,至少比往年增加一倍。"① 但是直到1934年国家下决心重点扶植职业教育以前,这12年当中河北省的职业教育并没有太大的进步。仅以河北省职业教育的经费为例,在1933年只占有全省中等教育经费的6.9%,与教育部核定的职业教育经费标准相差得特别远。这一年,"按本省之职教现况而论,诚其缺乏。省立第一工业学校不过二处,第一职校附设于本市之省立工业学院,第二职校设于保定,其他有商职二处,一在法商学院,一在省立一中,亦皆属附设性质。农职则尤不足道,除极少数县立者外,竟无例可举。因职业学校筹设困难,每一职校中如工职即须同时设一工厂,农职即须设一农场,创办颇不容易。设备及经常费用皆较普通学校浩繁。而学生之来源,亦不若普通学校之踊跃。本省除二处工职学校之学生,因毕业后可谋小规模之工厂,不致学无所用之外。譬如农职学校,理论上固为农业国家不可少之学校,但我国民众心理,向无农科学校之认识,咸以为读书之目的专求显达,务农业者亦绝无读书之必要,故农科学校甚难存在,商科则受我国徒弟制度之影响,除去少数都市化之大企业外,一般师徒相传之旧商店,绝不容工校之毕业者插进一足,故商科学生之出路问题,亦甚难解决,惟全国生产之衰落,苟非积极提倡职业教育不为功,自当努力打破种种难关"②。

但是1934年国家对于职教政策的转变促使河北省重视职业教育的发展。这一年河北省裁撤过量的师范班级,并将这部分资源移作职业学校使用,于是该省的职业教育逐渐有了发展的基础,在规划中,

---

① 中华职业教育社编:《中华民国十三年度调查全国职业教育报告》,《教育与职业专号之一》,中华职业教育社1926年版。
② 《造就生产人才发展职业教育》,《益世报》1933年11月9日。

预计到1937年，职业教育的经费可以占到全省中等教育经费的25%。当时河北省有"省立农业职业学校二所，省立工业职业学校二所，省立商业职业学校一所，省立商学院与天津中学附设之商业科五班，省立水产专科学校之水产职业科二班，以及正在筹备中之石门工业职业学校。此外天津市立师范科及县私立之染织商业蚕桑等科职业学校，为数亦复不少"①。仔细核查各个学校的创办情况，很多职业学校办得还是非常不错的，但是有些也存在不少的问题。表3-11是1934年河北省各类职业教育机构的一览表，基本上能反映出河北省20世纪30年代中期职业教育的概况：

表3-11　　1934年河北省立职业学校及附设职业班概况表

| 姓名 | 地址 | 校长姓名 | 科别 | 学级数 | 人数 | 经费数（元） | | 生源学历 | 修业年限 |
| --- | --- | --- | --- | --- | --- | --- | --- | --- | --- |
| | | | | | | 学费收入 | 省拨款 | | |
| 工业学院附设职业部 | 天津 | 魏元光 | 制革科 | 3 | 44 | 337 | 53600 | 初中 | 三年 |
| | | | 染织科 | 3 | 32 | | | | |
| | | | 机工科 | 3 | 71 | | | | |
| 保定高级工业职业学校 | 保定 | 杜守文 | 染织科 | 6 | 118 | 2664 | 63960 | 高小 | 五年 |
| | | | 机械科 | 4 | 140 | | | | |
| | | | 化学科 | 4 | 116 | | | | |
| 易县高级农业职业学校 | 易县 | 王国光 | 农艺科 | 2 | | 360 | 10800 | 高小 | 五年 |
| 黄村初级农业职业学校 | 黄村 | 吕其光 | 农艺科 | 2 | 48 | 654 | 20800 | 初中 | 三年 |
| | | | 农作科 | 1 | 34 | | | | |
| | | | 园艺科 | 1 | 35 | | | | |

---

① 天津市教育局刊行：《教育部视察各省市职业教育报告汇编》，《教育公报》1936年第162期。

续表

| 姓名 | 地址 | 校长姓名 | 科别 | 学级数 | 人数 | 经费数（元） | | 生源学历 | 修业年限 |
|---|---|---|---|---|---|---|---|---|---|
| | | | | | | 学费收入 | 省拨款 | | |
| 天津商业职业学校 | 天津 | 赵玉堂 | 高级初级会计科 | 1 | 37 | 2130 | 42400 | 初中 | 三年 |
| | | | 普通商业科 | 1 | 50 | | | | |
| 水产专科学校附设高级水产职业班 | 天津 | 张元第 | 渔捞科 | 1 | 16 | | | 高小 | |
| | | | 制造科 | 1 | 14 | | | | |

资料来源：据河北省教育厅编：《河北省教育概况》，1935年，铅印本，第78页。

根据表3-11所示，20世纪30年代河北的省立职业学校不但已经具备相当的基础和规模，就门类来看，工、农、商三大类也是齐备的，这表明它的发展基本上步入了正轨。表3-12可见职业班设置情况。

表3-12　1934年河北省县立职业学校及附设职业班概况表

| 校名 | 地点 | 校长姓名 | 科别 | 学级数 | 人数 | | 经费 |
|---|---|---|---|---|---|---|---|
| | | | | | 在校 | 毕业 | |
| 获鹿县立职业学校 | 获鹿县 | 解士俊 | 染织科 | 分加以二组 | 30 | 155 | 1151 |
| 平山县立职业学校 | 平山县 | 封清海 | 工农科 | 两科各一班 | 40 | 210 | 3000 |
| 唐县县立职业学校 | 唐县 | 凹银福 | 染织科 | 一班 | 50 | | 1100 |
| 井径县立职业学校 | 井径县 | 梁择中 | 染织科 | 一班 | 27 | 49 | 1830 |
| 安国县立职业学校 | 安国县 | | 染织科 | 二班 | 48 | 91 | 1050 |
| 清丰县立初级职业学校 | 清丰县 | 王西平 | 棉织科 | 一班 | 22 | 26 | 1560 |

续表

| 校名 | 地点 | 校长姓名 | 科别 | 学级数 | 人数 在校 | 人数 毕业 | 经费 |
|---|---|---|---|---|---|---|---|
| 迁安县南团汀初级职业学校 | 迁安县 | 吴荫芸 | 果树园艺科 | 一班 | 8 |  | 3500 |
| 迁安县四团堡职业学校 | 迁安县 | 杨正伦 | 染织科 | 三班 | 44 | 13 | 3637 |
| 迁安县小寨职业学校 | 迁安县 | 杨志纯 | 蚕桑科 | 二班 | 28 |  | 1200 |
| 威县县立初级职业学校 | 威县 | 张万青 | 染织科 | 一班 | 35 | 67 | 2157 |
| 濮阳县立女子完全小学附设初级职业班 | 濮阳县 | 王淑文 | 家庭工业科 | 一班 | 17 | 32 | 2000 |
| 丰润县初中附设职业工科 | 丰润县 | 王焕文 | 工科 | 二班 | 13 | 9 | 3000 |
| 宣庄完全小学附设职业商科 | 丰润县南西区 | 沈汇川 | 商科 | 一班 | 24 |  | 4499 |
| 清河县立蚕桑学校 | 清和县 | 庄和卿 | 蚕科 |  | 34 | 79 | 1700 |
| 磁县县立初中附设染织科职业班 | 磁县 | 薛起昌 | 织染科 | 二班 | 28 |  | 2376 |

资料来源：河北省教育厅编：《河北省教育概况》，1935年，铅印本，第81—82页。

  虽然县立的职业学校规模不是很大，但是基本能保持每个县有一所职业学校或附属性质的职业班那也是很了不起的了。而且根据当时的办学效果来看，这些县立的职业学校不可小觑，它们大部分发挥出了应有的效能，对所在区域产业的发展增添了不少的力量。

表 3-13　　1934 年河北省私立职业学校及附设职业班概况表

| 校名 | 地点 | 校长 | 科别 | 学级数 | 人数 | 经费 | 备考 |
|---|---|---|---|---|---|---|---|
| 高阳县私立职业学校 | 高阳县 | 杨维屏 | 染织科 | 三班 | 63 | 12600 | 本校有附设高小二班，经费系职业与高小合用。 |
| 临榆私立初级商科职业学校 | 临榆县 | 田耕蓝 | 商科 | 三班 | 72 | 1280 | |
| 邢台县商会设商科职业学校 | 邢台县 | 薛椿龄 | 商科 | 商科一班附高小一班初小四班 | 177 | 2760 | 经费系职业与小学班合计。 |

资料来源：河北省教育厅编：《河北省教育概况》，1935 年，铅印本，第 83 页。

由于河北省商业发展滞后，因此其社会团体数目较少，力量也十分薄弱，不可能像北京那样，有众多的社会团体出资来创办私立职业学校。因而总体上看，私立职校较薄弱。

总体来看，省立工业学院职业科的设备比较完善，保定工业职业学校办学成绩卓著，省立易县农业职业学校及市立师范职业科也正在努力的创办当中，高阳县私立染织科职业学校与工厂进行了合作，获鹿县立染织学校非常注重学生的实习与工作，上述学校都取得了不小的成绩。但是，大多数县的私立职业学校，设备极为简陋，办理得也不够完善，其教学内容与技能的培养和当地的实际需求也不相符。河北省的县立初级职业学校或者是职业班，一共有 23 处，除了高阳和获鹿两个县的职业学校稍好一点外，其他县的职业学校设施简陋，河北省教育厅因此拟定了改革办法，以保证这些学校的改进。

至于河北省职业教育师资的培训，该省计划一面由教育厅遴选大学或各科毕业的学生若干名，一面令各个职业学校，根据其实际的需要，保送原有的教师若干名，由河北省教育厅分别介绍到省内外各个工厂或实验机关进行一到两年的研究，以增进这些教师的专业技能，费用由河北省教育厅提供。同时在假期期间，对于教师传授关于教学管理的相关内容，利用一切时间和机会增进职业教师的专业素质。在经费方面看，河北省立职业学校收取少量的学费，这对于学校整体经费的提升，没有太大的作用，但是这个措施所产生的消极作用是非常大的，它会在接受职业教育未成风气之时，极大阻碍有志青年接受职业教育的热情。而经常费的标准，初级职业学校已经按照教育部的规定提高到标准程度，但是高级职业学校还做不到这一点，以至于这些学校的经费拮据，应该根据各个学校工农商各科的性质，酌予以增加。

在实习方面，河北省各个职业学校的实习时间虽然比之前要有所增加，但是因为教学时间的限制加上课堂学习内容的繁重，挤压了实习时间，以至于学生的专业技能都不是十分的熟练。所以，河北省教育厅通令规定各个职业学校具体的实习时间，要求各个职业学校务必遵照教育厅的规定办理。此外，还要制定暑假实习的具体办法，对于在这个时期实习的学生，还可以给予适当的经济补助。

（二）河北省各职业学校的情况

20世纪20年代初期，直隶省财政总长周学熙下野后，非常注重实业教育。在1920年的夏季创办了一所棉业学校，将河北元纬路私宅作为校址。该校办理尚属完备，分为植棉和纺织两科。在汉桥租地五十余亩，作为植棉科的实验地，收获非常可观。纺织科则在华新纺纱厂实习。学校备有各项机器，毕业生从事纺织事业，对于发展实业确实有很大的裨益。就具体的运行来看，"植棉科功课已于春假前授毕，以后由日本农科大学毕业之方希立先生率领往直隶省立农事试验场实习。方君学识经验丰富，将来成绩尤甚佳云。纺织科则以功课较多，必至暑假方能完毕。但在外各纱厂多以该校成绩优良，先已预聘甚多。唐山华新分厂所聘之陆伟、王士铭、周汉灼、关辅金、孙凤来等，已于前日收徒矣。植棉科学员，亦多被聘请。胡长准被山东省之棉业讲习所聘为主任教员，黄明农被湖南省之棉场聘为管理兼甲种农校教员。我国正感棉业人才缺乏，今该校热心培植，诚为棉业界之好现象也"[①]。

20世纪30年代初期及中期，中央多次对河北省的职业教育进行

---

① 天津市地方志编修委员会办公室，天津图书馆：《〈益世报〉天津资料点校汇编（一）》，天津社会科学出版社1999年版，第1001页。

了考察。在中央政府对于河北各地职教进行考察之后,1935年河北省政府也计划要进行一次详细的考察。当时的河北省教育厅为了"明瞭所属省县私立之各种职业学校,暨各院附设职业科实际情形起见,特拟详细予以调查,俾资改进,并于最近拟定调查办法十三项"①,以便河北省教育厅能够了解到所属区域内各个职业学校的详细情况。

根据中央专员的观察及河北省教育厅所掌握的情况,可以归纳出河北省各个职业学校的办学概况。河北省立工业学院的职业部办理非常得法,但是其制成品的复杂部分,还不都是出自学生之手,大部分都是由专业的工匠来完成。学生仅仅学习制作工业品的方法,具体的操作技术还不够娴熟,所以应该实行假期集中实习训练的方式,增强学生的专业技能。同时还可以依照学校原来的办法,每年都选择各个学校若干优秀的毕业生,留校继续研究专业学术,以便深造,培养更高层次的职业教育人才。该校职业部应用化学科的皮件制作,向来是由校外工人承办的,学生得到锻炼的机会少,同时还无法收回应有的成本。因此,应该参照机工科艺徒班的办法,招收艺徒,学习制革。该校的高职部计划在1935年开设染织班,"该院前与全国棉业统制委员会合作,拟组纺织班,招收高职科毕业生或工厂技师,以资深造,乃去岁因机械未到,未能开班,刻纺织机已于今春运到,工厂建筑亦已竣事,本年招生决定将高级职业部染织班延长一年,原定三年改为四年,学习关于纺织机械应用之学科,以期深造,刻已开始招生"②。

省立水产专科学校职业科第一年和第二年的实习时间太少,渔捞科第六期有一到两个月的船上实习与训练时间,其余均在校内的实验室工作,但是很多学生不能忍受工作的辛劳。应该利用假期的时间进行实习,养成吃苦耐劳的习惯。该校还为学生升学起见,延长了基础课目的教授时间,这也是应该予以削减的,同时应该遵照教育厅的命令尽快迁移校址。

省立女子师范学院家政系及专修科,办理得还算是有成绩,但是在课程分配上,过于偏重图画和音乐,对于儿童心理、卫生、看护、

---

① 《冀教厅聘教育专家视察各县教育》,《益世报》1935年1月26日。
② 《工学院高职部染织班》,《益世报》1935年7月5日。

家庭科学及食物化学等，还需要多加注意。教育行政一科，应该删除；对于各种经济能力不同的家庭，要注意进行研究，在进行个案探讨时，还应该多注意中下层家庭问题的解决以及如何改良。在家政实习上，应该多注意调查参观及实际家庭的见习，不可以仅仅进行校内的工作；同时还应该利用现有的设备添设高级家政职业科。必要时，可以教授师范科目，以便培养小学劳作科的教员。

高阳私立初级染织职业学校的规模不大，设备可供三个班学生的实习之用。高年级学生常住校外染织厂，以便获得第一线的实习经验。该校的毕业生较受社会欢迎的。但是该校每个月没有固定的经费收入，全都要依靠商会筹措，维持运行感到十分困难。为了增进办学力量，可以利用高小的年级，每周提供五六个小时的染织基本技能训练。获鹿县立染织学校与该校的办理情况较为相似，河北省教育厅也要给予类似的援助。

省立保定高级工业职业学校，历史悠久，设备非常齐备，美中不足的是大多设备都是老式的，应该尽快添置新式的机械。学生的专业实习技能，还不够娴熟，还需要在假期的时候进行实习训练。该校各科教学较为认真，所使用的讲义也是该校自身经过多次修订的，比较适合教学使用。其中较好的教材，可以出版，以供其他同类职业学校在授课当中使用。该校原来有女生班，但一年前停止招生。就当时整个河北省来讲，女子职业教育极为缺乏。而保定地区大多以染织为普通家庭的生产事业，所以该校停办的女子班应该恢复招生。该校当时有14个班的学生，但只能领到13个班的经费，因此办学较为困难。所以，应该依照班次发给经费，否则合并班级。

省立易县与黄村农业职业学校，成立的时间不久，办学成绩也一般。易县农业职业学校有两个农林场，面积较大，办学环境不错，发展起来很有希望。但是该校计划增加到十个班，实际上一年级学生人多，二三年级逐渐减少，四五年级的学生则更少。因此出于实际的需要，可以让该校挪出一部分教育经费，为农民实施补习教育，不一定非要招满十个班级。黄村的农业职业学校与易县相比，还有一定差距。该校"农场较小，设施困难，一切耕种及农产制造工具，均异常缺乏"，所以应该"将该校积存三千余元，全部充实内容，并仍注重假期实习，地理历史二科可删，实习时间应增添"①。相同的地方是，两个学校的校舍都不够使用，但是因为经费的限制，应该以建造简朴坚固的房舍为上策。

平山县的职业学校，20世纪20年代中期，由于经费的限制只设一个初级农科班，到1930年及1931年，经费才稍宽裕，因此极力扩充，在1930年夏天开设了中级职业班。在以后的发展过程中，该校"每任校长无不在可能范围中，急谋改进校中设备，购添各科实习工具，校务进展大有蒸蒸日上之势。各界人士对该校均抱极大希望，以为该校若能长此发展，则日后必能造出大批有为青年。岂料自去岁（1934）宣布废除苛杂后，该校经费即发生问题，因之该校校务即陷于停顿状态，虽经县内人士极力筹谋补救，终以款项无着，束手无策，最后乃决定今年前期习休学息，待议出彻底补救办法后，再继续开校"②。实事求是讲，这个学校办学还是非常注重实用的，它的初级农科授课"皆系灌输儿童以农事上实用之知识，并为使儿童能彻底应用计，对于这些课程每年都依时令而切实实习一次，三年毕业后，足可以做指导改良县中农事之领导者，又该科每年养蚕期产出生丝约数百两，此为该科成绩最著者"③。平山职业学校还设有初中工科，该科"学生都必切实学习，养成工人身手，本科每年所出布匹、毛巾、线毯等日用品，即销售于本县各地，其质料较之舶来货品有过无不及，且因售价低廉，颇受人民欢迎，至于该校所聘教职员亦均系对于职业教育素富于经验与学识者，此外还特聘数位技师帮助教师，指导学生工作"④。

除了政府创办职业学校外，当时河北省的一些民间组织也有开展职业教育活动的，例如青年会在1935年就计划筹办一所职业学校。该会鉴于"我国政府积极提倡职业教育，故国内各地学校亦多响应。本市东马路青年会，向以服务社会、提倡民众教育体育为宗旨。近鉴于市内多数之贫苦青年，均感职业学校出路艰难，故该会为培养勤苦

---

① 教育部编：《教育部视察各省市职业教育报告汇编》，教育部编印1935年版，第51页。
② 《平山职业学校概况》，《益世报》1935年2月7日。
③ 同上。
④ 同上。

耐劳、心力并用之职业人材起见，将在该会内设立'青年会职业学校'。俾一般青年于卒业时，能有服务社会，自求生活之能力。该校分本班三年，预备班二年，高小毕业者可直接考入预备班，共计五年毕业，卒业后可抵中学之六年资格。盖该校拟缩短寒暑假期，或星期六下午亦照常上课，择其成绩优良者，代为介绍至各公司或洋行或商店内任事"①。青年会将以市内各大商店公司洋行的经理作为校董，这样一方面职业学校毕业的人才可以直接到这些地方就职，另一方面这些公司商店洋行等也可以得到合适的人才。

根据上面的情况来看，20世纪30年代河北省的职业教育总体上搞得还是不错的，尤其能够注意结合当地的经济产业实际，来开设科目。另外，还能够注意加强同各行各业之间的联系，这也是非常可贵的。但是在发展过程中也有不少问题，最主要的两个问题。一是办学经费缺乏，并且是全省的普遍状况，甚至缺乏办学经费已经成为职教发展过程中的一种常态化现象，县一级职业学校经费情况就更糟糕了，甚至危及职业学校能否维系下去的问题。1930年丰润县县立职业学校就是例子，该校前身是乙种商业学校，几次更换校长，学校也几经动荡，"及民十八年……校款已存无几，殊不足支付，经马（校长）竭力筹划，方得苟延喘息，但对校务仍难进行，于是校内各教职员，为学校前途计，俱义不支薪，校内一切事务，皆大改革，现校务之进行，大有一日千里之势"。该校的校款，本来是由"丰润县内之募捐，年只万余元，及马校长到任后，并将工科改为中学课程，机械等亦添置不少，商科亦设有消费合作社，需款甚巨，区区万余元，何能敷用，但今年亦差投标，结果仅五千余元，与原数相差悬殊，故已宣布无效，俟下次再投，如仍不顺利，则丰润县硕果仅存之职业学校，将亦危矣"②。二是有的职业学校因为经费无法维系，直接关闭。北平市法源寺的广安职业中学校，是"东北事变后在平东北人主办学校之一，专收容东北失学青年，并经该校校长佟瑞庭及东北名流之经营协助，成绩尚佳。惟近因经费困难及佟任职东大，无暇兼顾，遂经

---

① 《青年会筹办职业学校》，《益世报》1935年3月2日。
② 《职业学校》，《益世报》1930年6月20日。

该校董事会议决将该校停办,至所有学生二百余人已由该校当局商妥由立远中学、北方中学收容,计男生转立远,女生转北方"①,这不得不说是非常可惜的一件事情。另一个问题是在教学过程中,实践实习所占比重太少,导致学生的操作技能不够熟练,也影响了其整体办学效果。

(三)河北省教育厅对职业学校的整顿

鉴于上面的问题,加上河北省教育厅"前曾派员视察各县县立职业学校,其中设备完善,整理优良者固属不少;其设备不周,因陋就简成绩欠佳者,亦所在多有,该厅为切实整顿职业教育,以谋改进计,所有各县设备缺失、办理不佳之职业学校,均将一律令饬照章改为职业补习学校"②。但是仅仅发布整顿命令还不行,因为在视察之后发现"现有职校设备办理尚未臻于完善,亟待先行改革再谋扩充,特拟定整顿各县职业教育办法,分别筹集经费订定存废标准,重定设施方针,即照前次视察结果,分别查核各县职校成绩,依法切实整顿,以建树本省职校之基础"③,下面是具体的整顿办法:

1. 厘定名称:凡招高小毕业生或有相当程度者,以三年毕业为原则,称县立初级某科(或某业)职业学校;凡招十二足岁以上组织文字工商学徒、青年失业者,一律称县立某科或某业职业补习学校,旧有之名称一律废止。

2. 筹集经费:(1)有县立职业学校或职业班,同时有县立中学县份,如中学毕业生升学成绩不佳,即应停办,经费并入职业学校。(2)有两处以上职业学校县份,还有必要时,得设法将其归并,(3)一县职业教育经费不足,独办一校时,得联合临县共同设立之。

3. 订定存废标准,合乎以下条件之一者,维持其学校存在,并谋其改良发展。(1)毕业生出路良好者。(2)能指导地方实业者。(3)有相当经费设备,且地方有此种学校需要者,不合以上条件者,

---

① 《广安职业中学停办》,《益世报》1936年11月25日。
② 《整顿职校其成绩欠佳者》,《益世报》1935年3月2日。
③ 《冀整顿各县职教》,《益世报》1935年3月9日。

应令改组或停办。

4. 确定观察制度：（1）各县职业学校之存废由本厅派主管职业教育人员，或聘专家视察后决定之；本厅主管职业教育人员，或聘专家视察后决定之。（2）本厅主管职业教育人员，须一年出发视察一次，如不能出发时，由厅聘专家视察之。

5. 重定设施方针：（1）县立工农业职业学校，以设初级职业学校为原则，县立商业职业学校，以设职业补习学校为原则。（2）无论初级职业学校或职业补习学校，均以收受曾经就业者为原则。（3）便于就业者就学起见，教学时间，应力求与以便利。（4）初级工农业职业学校，应恪遵以作为学之原则，其教材应以改良本地土产及技术为中心。（5）县政府应规定办法，使职业学校得利用县建设机关，或职业团体之设备与人才。①

只有拟定具体的办法，才能够从各方面整顿各县的职业学校，之后，河北省教育厅下令根据"该厅拟就视察结果，考核所有办理欠佳之职校，均将勒令改为职业补习学校，其成绩优良者即将分别予以补助费以资鼓励，而使其发展"②。只有将办得好的留下并给予支持使其继续发展，办得不好的职校直接降级、淘汰或裁并，节省教育经费，这样各个职业学校的办学才能名副其实。

河北省教育厅为了整顿该省各县职业学校，以谋发展起见，根据之前派员视察各校的成绩报告，已经拟定了整顿的办法。这样各个职业学校的名称均重新厘定，而在中小学校内附设的职业班有发展希望的，也要改为独立的职业学校，办理成绩不好的就近合并，这样就能集中教育经费。至于不合格的校长及教员，则予以撤换，并提出了五项指示设施方针：

1. 各校均应扩充学额；
2. 各校均应加重实习，工业学校应增多实习材料费，注重营业，

---

① 《冀整顿各县职教》，《益世报》1935年3月9日。
② 《冀整顿职校》，《益世报》1935年3月18日。

并将盈余津贴学生饭费；

3. 各校均应多招年长就业学生，商业学校并应改定授课时间，以谋就业者方便；

4. 各校均应注意推广事业，工业学校尤须与毕业生保持密切联络，以便随时指导；

5. 染指科学校均应派员到获鹿职业学校参观，以资借鉴。[①]

河北省教育厅为奖励成绩优良的县立及私立职业学校，还制定了补助办法，对各个学校考核后根据成绩予以补助。其中获鹿县立及高阳私立两所职业学校成绩卓著，理应受到奖励，因此自1935年起河北省教育厅给两校予以经费补助。之后，对于各个职业学校，河北省教育厅提出了整顿意见。意见内容包括以下内容。

获鹿县立职业学校应该改名为获鹿县立染织科职业补习学校，并由教育厅给予补助，因为该校办理的情况很切合补习学校精神，此外该校还应该扩充设备并指导地方的染织业。高阳私立职业学校应改名为高阳初级染织科职业学校，教育厅特给予补助，该校颇具有研究精神，曾经试验阴丹凡士林染法取得成功，对地方的贡献很大，此外该校也要扩充设备并辅导地方的染织业。平山县立职业学校应该改名为平山县立初级染织科职业学校，农科应该改称为附设普通农作科职业补习班，并派员到获鹿参观，此外该校还要进行假期实习，加大实习比重，再筹款添置设备。唐县县立职业学校应改名为唐县县立染织科职业补习学校，它还须筹款增购材料及添置设备。井陉县立初级染织科职业学校应改名为井陉县立染织科职业补习学校，该校要注意出品的经济价值和推广事业，对于毕业生的就业要加以指导，校长的资格不合应该聘任合格人选。安国县立职业学校校长及教员资格均不合，县政府应该委任合格者，该校还应该扩充学额并改名为安国县立染织科职业补习学校。清丰县立初级职业学校应改名为清丰县立染织科职业补习学校，并注意推广事业。丰润县立初中附设职业工科及清河县桑蚕学校应该由教育厅派员调查该地区是否需要此科，并制定改革办

---

① 《冀教厅对职校分别整理补助》，《益世报》1935年3月19日。

法。邢台县商会设立商科职业学校应改名为邢台私立普通商业科职业补习学校，校长教员应改聘合格人选，并扩充班次。丰润县西南区区立宜庄完全小学附设的职业商科应改名为丰润县西南区宜庄完全小学附设普通商科职业补习班，扩充班次并添聘合格教员。临榆私立初级商科职业学校应改名为临榆私立普通商业科职业补习学校，该校需多招商店学徒为学生。迁安县四关堡职业学校、迁安县小寨职业学校及迁安县南园汀初级职业学校三校合并，改称为迁安县立初级职业学校，县长应详细制订合并计划。磁县县立初中附设初级染织科职业班，该班需独立并改称为磁县县立初级染织科职业学校。新河县立乡村师范附设的职业班，应指令聘请合格的商业教师，改办补习班，如果没有特定的经费，可以直接取消该职业班。宁河芦台职业学校毕业生出路不佳，应该派员详细视察该地区需要哪种科目，以便改设。

对于各个职业学校提出整改建议后，河北省教育厅还出台了职业学校补助办法：

第一条 本办法系为奖进优良县立私立职业学校，依据部颁职业学校规程第二十一条及职业补习学校规程第十八条制定之。

第二条 凡经本省教育厅核准立案之县立私立职业学校，具备下列各条者，得由省款酌给补助金。

　甲　地方上确有该科目需要者。

　乙　校长资格合于部颁规定者。

　丙　学校进行推广及其他一切重要计划，呈经教育厅核准者。

　丁　辅导地方实业或推广事业，或实业出品确有成绩者。

第三条 补助金数目，补习学校以每班月给二十元，初级职业某学校以每班月给五十元，高级职业学校以每班月给七十元为最高额；其招收高小毕业生之高级职业学校，前三年按初职办理，后二年或三年按高职办理。

第四条 补助金之用途，以供给指定之职业设备，及职业学科教员俸给为限。

第五条 核给补助金之程序，由教育厅视察合格，列入下年度预算，呈省政府核准后，分月发给。

第六条 给予补助金期间,以一年为限,但经教育厅考察,认为成绩优良者,得继续给予。

第七条 本办法自呈准公布之日施行。①

这个奖励办法颁布以后,对于办得较好的职业学校有非常大的激励作用,对于那些办理成绩不佳的职业学校则给予极大的鞭策。当时职业学校发展当中可以说经费是首要的问题,通过省政府予以补助,必然会极大缓解当时职教办学经费紧缺的局势。

(四)抗战胜利后河北省的职教概况

日本发动全面侵华战争以后,河北"全省沦陷,职业教育遂告停顿,二十七年七月,省政府重返河北,曾在邢台路罗川成立职业训练所一处,内分造纸、修械、护士三班,有学生百余名,后因省府被共军袭击,退出河北,该所随之解散,三十年一月,省府在河南新安县石市镇筹设职业学校一所,办有纺织科,学生二百余人,三十三年洛阳失陷,移设陕西鳌座,三十五年共军困扰陕南,复迁西安办理"②。抗战胜利后,接收了敌伪的职业学校,经过调整与合并,共有省立和私立职业学校十一所,如下表:

表3-14　　　　　抗战后河北省职业院校一览表

| 校名 | 设科 | 校长姓名 | 校址 |
| --- | --- | --- | --- |
| 省立黄村农业职业学校 | 农艺园艺二科 | 张德霖 | 平津铁路黄村车站 |
| 省立昌黎农业职业学校 | 同上 | 徐宝玫 | 昌黎南关 |
| 省立保定农业职业学校 | 同上 | 王国光 | 保定西关 |
| 省立沧县农业职业学校 | 同上 | 马志超 | 沧县南关 |

---

① 《冀教厅对职校分别整理补助》,《益世报》1935年3月19日。
② 教育部教育年鉴编纂委员会:《第二次中国教育年鉴 第八编 职业教育》,商务印书馆1948年版,第1070页。

续表

| 校名 | 设科 | 校长姓名 | 校址 |
|---|---|---|---|
| 省立保定高级工业职业学校 | 纺织色染二科 | 姚鸣山 | 天津新开河西 |
| 省立北平女子职业学校 | 缝绣商业两科 | 马润民 | 北平地外西城隍根 |
| 省立石门商业职业学校 | 普通科商科银行会计等科 | 李丕让 | 石门新市区 |
| 省立医学院附设高级助产职业学校 | 助产科 | 齐清心 | 保定西关 |
| 省立医学院附设高级护士职业学校 | 护士科 | 陈琦 | 保定西关 |
| 私立开滦高级护士职业学校 | 护士科 | 林斯馨 | 唐山市 |
| 省里工学院附设高级工业职业学校 | 机工土木工程化学工艺机然电机等五科 | 陆荫圣 | 天津黄纬路 |

资料来源：教育部教育年鉴编纂委员会编：《第二次中国教育年鉴 第八编 职业教育》，商务印书馆1948年版，第1070—1071页。

全面抗战期间，天津的职业教育也遭受严重挫折，抗战胜利后，天津的职业教育也仅能惨淡经营，与之前民国"黄金十年"时期的职业教育无法同日而语。这是1946年天津职业教育的大体概况，如表3-15所示：

表3-15　　　　1946年天津市职业学校一览表

| 校名 | 设科 | 班级数 | 学生数 | 教职员数 | 校长姓名 | 校址 |
|---|---|---|---|---|---|---|
| 市立商科职业学校 | 初级普商科、高级会计科 | 14 | 567 | 36 | 邵钱汉 | 第三区月纬路十五号 |

续表

| 校名 | 设科 | 班级数 | 学生数 | 教职员数 | 校长姓名 | 校址 |
| --- | --- | --- | --- | --- | --- | --- |
| 市立第一医院附设高级护士职业学校 | 护士科 | 3 | 44 | 8 | 余愠珠 | 第二区三马路八十四号 |
| 市立高级助产职业学校 | 助产科 | 2 | 15 | 3 | 柯应夔 | 第一区陕西路 |
| 私立立人初级工科职业学校 | 化学工艺科 | 1 | 54 | 6 | 杨文卿 | 第八区玉泉阁十号 |
| 私立众成商业职业学校 | 普商科 | 5 | 127 | 21 | 丁鸿勋 | 第一区吉林路十二号 |
| 私立育才高级商科职业学校 | 普商科 | 17 | 1099 | 49 | 徐克远 | 第七区东马路一五七号 |
| 私立济华高级护士职业学校 | 护士科 | 3 | 38 | 15 | 李明贞 | 第一区大沽路八十一号 |
| 私立志生高级助产职业学校 | 产科 | 3 | 59 | 16 | 邓志恩 | 第一区河北路 |
| 私立丽云高级助产职业学校 | 产科 | 1 | 2 | 8 | 丁淞英 | 第八区水阁大街二十四号 |
| 私立益进高级护士学校 | 护士科 | | | | 诸葛文屏 | 第七区南关大街 |

资料来源：教育部教育年鉴编纂委员会编：《第二次中国教育年鉴 第八编 职业教育》，商务印书馆1948年版，第1083页。

总之，民国时期尤其是1927—1937年这十年的时间，由于社会的稳定，经济繁荣，工业化水平的迅速提升以及对教育的重视等因素聚合到一起，使得这个阶段的职业教育取得了长足的发展。河北地区作为中国北方地区的中心区域，其职业教育的创办既找到了适合自己的定位点，同时又办出了特色。尽管还存在着一些通病，但是确实为以后的发展开了个好头。不幸的是，日本全面侵华战争首先冲击和摧残的就是河北地区，这使得这个区域的现代化进程被无情地打断，连带着职业教育的早期现代化事业也遭到了毁灭性的打击，致使之后河北地区的职业教育发展前景十分暗淡。

# 第四章

# 民国河北地区职业教育的核心要素

职业学校的创办及发展壮大,最基本的条件是各要素要齐备。从职业教育的角度来看,其要素主要包含教育者、受教育及教育影响,其中的教育影响还可以细化为教育目的、教育内容、教育手段、教育组织形式、教育环境等。而从职业学校的角度来看,其要素则可以具体为教师、学生、经费、专业、课程、授课方式及管理制度等。在这些要素当中,经费、师资和生源处于核心的地位,因此本章计划从职教经费的筹措、师资的储备及学生的培养三个方面来展开论述。至于职业教育的目的、专业设置、课程建设等要素,在前面的章节中均已有较为详细的说明,这里不再赘述。

## 第一节 职业教育的经费筹措

### 一 政府的经费投入

教育经费的独立性对于教育事业的发展来讲尤为重要,"教育经费如无独立的来源,教育事业的前途十分的危险。教育事业本身具有种种特征,未可与其他社会事业平衡分配所需的费用"[①]。职业院校本身作为非营利性事业单位,经费来源较少,缺乏从社会上吸取资金的渠道,可以说政府拨款是职业教育办学经费的主要来源,"中央方

---

① 夏承枫:《地方教育行政》,正中书局1946年版,第105页。

面对于职业教育之计划与提倡。可谓无微不至,因之近年来的职业教育特别的兴盛。且比较的能为合理的发展"①。而且"实业学校开办及经常等费,均比普通各校为巨,是以各地设立此项学校,均苦于设备不能完全,非予以补助不足以策进行"②。更具体点讲,"职业学校教学实习设施之健全与否,对于教学效率之高下,实有最重大之关系,惟是此项设备,种类繁多,需费浩大"③,各级政府对于所辖区域职业教育的经费投入多少,对当地的职业教育发展影响甚大。

对于职业教育经费,国家本有明文规定,1935年6月28日,教育部公布的《修正职业学校规程》要求在经费的划拨上,省立和直辖市立职业学校的开办费、经常费和临时费,由省和直辖市划拨;市立、县立以及联合创办职业学校的经费由所在市县政府划拨;私立职业学校的经费则由校董事会筹划。职业学校的开办费,必须能够保证职校有必要的教学建筑及设备为原则;每年的经常费,可以参照当地省立中学的经常费,是其1.5倍为原则。职业学校每年扩充设备所需要的费用,至少要占经常费的20%。县立职业学校和私立职业学校,如果办学经费实在拮据,省市政府可以根据其办理的成绩和效果,适当发给补助费,这个补助费必须要高于对中学的补助。职业学校每年还要有实习材料费,具体数额根据职业学校的科目设定,但是如果学校自身有营业收入,需要减去实习材料费的一部分或全部。职业学校学生实习或者是营业所得的利润,要列入预算当中。

从国家层面来看,民国政府"中央教育预算自民元以来,从未超过总预算的3.27%,民国二十二年度占2.81%。二十三年度占2.77%,英日俄等十国的中央教育预算平均起来占总预算的10.3%,二十年度中国各省市教育预算,占总预算的百分比,中数不过10.7%。英日德等五国,则占18%—37.6%"④。而且实际执行起来,

---

① 江恒源、沈光烈编:《职业教育》,正中书局1940年版,第16页。
② 舒新城编:《中国近代教育史资料(上册)》,人民教育出版社1985年版,第266页。
③ 教育部中等教育司编:《中等教育制度与设施》,教育部编印1941年版,第128页。
④ 陈友松:《中国教育财政改造》,《教育与职业》1935年总第163期。

款项到位十分不易，以至于地方经常到中央去催款。1930年北京及天津各个院校6月份的经费，"教育部屡催财政部拨款，财政部允先拨四月份经费35万元，虽连日筹划，截至昨晚，仍未拨到，李石曾、谢瀛洲虽在京沪催款，实因种种困难，一时亦无办法"①。具体到各省，1928年河北省职业学校经费为112683元，1929年为140520元，1930年是197440元。其中的来源是"省立及县立者系由省库或县府收入项下支领，私立者则多恃政府津贴及学杂费等收入，不足之数则由校董会自行筹措"②。由此可见，职业教育的主要经费来源是所属区域的各级政府。表4-1是河北省1929年8月份各个学校经费一览表：

表4-1　河北省教育厅公布1929年8月份各学校经费一览表　　单位：元

| 机关名称 | 金额 | 现洋 | 晋钞 |
| --- | --- | --- | --- |
| 河北大学 | 21511.980 | 17209.980 | 4302.000 |
| 法商学院 | 6638.000 | 5310.000 | 1328.000 |
| 工业学院 | 10394.340 | 8316.340 | 2078.000 |
| 女子师范学院 | 5000.000 | 4000.000 | 1000.000 |
| 水产专门学校 | 2580.000 | 2064.000 | 516.000 |
| 第一职业学校 | 2700.000 | 2160.000 | 540.000 |
| 第二职业学校 | 2700.000 | 2160.000 | 540.000 |
| 职业教员养成所 | 440.000 | 352.000 | 88.000 |
| 第一师范学校 | 7133.330 | 5707.330 | 1426.000 |
| 第二师范学校 | 5716.660 | 4572.660 | 1144.000 |
| 第十师范学校 | 3758.330 | 3006.330 | 752.000 |
| 第一女子师范学校 | 8808.330 | 7046.330 | 1762.000 |
| 第二女子师范学校 | 4758.330 | 3806.330 | 952.000 |
| 第六女子师范学校 | 3758.330 | 3006.330 | 752.000 |

---

① 《平津教款仍无办法》，《益世报》1930年6月24日。
② 王世杰编：《第一次中国教育年鉴 丙篇 教育概况》，开明书店1934年版，第411页。

续表

| 机关名称 | 金额 | 现洋 | 晋钞 |
| --- | --- | --- | --- |
| 第一中学校 | 3825.000 | 3061.000 | 764.000 |
| 第六中学校 | 3000.000 | 2400.000 | 600.000 |
| 第十七中学校 | 2450.000 | 1960.000 | 490.000 |
| 第十八中学校 | 1000.000 | 800.000 | 200.000 |
| 第十九中学校 | 528.000 | 661.000 | 164.000 |
| 第二十中学 | 528.000 | 661.000 | 164.000 |
| 第一女子中学校 | 1725.000 | 1381.000 | 344.000 |
| 第一模范小学校 | 958.330 | 766.330 | 192.000 |
| 第二模范小学校 | 791.660 | 633.330 | 158.000 |
| 第三模范小学校 | 1375.000 | 1099.000 | 276.000 |
| 第一图书馆 | 280.000 | 224.000 | 56.000 |
| 第二图书馆 | 180.000 | 144.000 | 36.000 |
| 第一通俗图书馆 | 285.000 | 227.000 | 58.000 |
| 第二通俗图书馆 | 285.000 | 227.000 | 58.000 |
| 省教育总会 | 400.000 | 320.000 | 80.000 |
| 天津公立商科职业学校 | 431.470 | 345.470 | 86.000 |
| 天津南开中学校 | 2250.800 | 1800.800 | 450.000 |
| 天津觉民中学校 | 666.660 | 532.660 | 134.000 |
| 天津竞存女学校 | 100.000 | 80.000 | 20.000 |
| 天津私立第一小学校 | 70.000 | 56.000 | 14.000 |
| 天津普育女学校 | 200.000 | 160.000 | 40.000 |
| 保定育德中学校 | 2050.000 | 1640.000 | 410.000 |
| 北平聋哑学校 | 100.000 | 80.000 | 20.000 |
| 黄村职业学校 | 29.000 | 23.000 | 6.000 |
| 合计 | 110000.000 | 88000.550 | 22000.000 |

资料来源：河北省教育厅编印：《河北省教育厅公布转发十八年八月份各学校经费一览表》，《河北省教育公报》1929年第7期。

根据表格当中所显示的，河北省第一和第二职业学校的经费投入两者之间是一致的，但是与其他类型的学校相比，差距就比较大了。第一师范学校的经费投入大约是职业学校的2.5倍，而河北大学的经费投入大概是其8倍，这样的经费投入差距是很不合理的。河北省对于职业学校的经费投入与普通中学大体相当，过多的经费投入到师范院校当中，这种状况必然会抑制该省职业教育的发展。直白点讲，办"教育需钱，好的教育需钱尤多"①。就一个国家和地区来讲，职业教育的经费投入至少与师范教育要相当，甚至根据产业的发展要求需超过对师范教育的经费投入，只有这样才能为职教的充分发展打下基本的经济基础。中等教育经费的支配，本就应该根据实际需要来定，如果"一个国家之中等学校毕业生，就业多而升学少，以后之中等教育经费，当然要大部分支配到职业方面之设施；如果中等学校毕业生，就业少而升学多，则中等教育经费要多支配到升学方面的用途，即重在普通中学经费之支配"②。根据1930年全国中等教育统计，全国中学的毕业生里男生有74108人，女生有15280人，总共是89388人。其中升学到专科以上的学生总数为44130人，占总数的近一半，因此走入社会的学生也有一半。这些人需要接受职业教育，以得到社会的认可和接收，因此中等阶段教育经费的支配趋重于职业教育方面，无可厚非。事实也是如此，到了20世纪30年代，职业教育的状况逐渐好转，政府对其投入的经费也逐年提升，表4-2是1934—1937年河北省中等学校经费的比例表：

表4-2　　　　1934—1937年河北省中等学校经费比例表

| 年度 | 类别 | 经费数额 | 百分比 |
| --- | --- | --- | --- |
| 1934年 | 师范 | 705700 | 42.706 |
| | 中学 | 747000 | 45.204 |
| | 职业 | 199800 | 12.090 |
| | 总数 | 1652500 | 100 |
| 1935年 | 师范 | 632600 | 37.853 |
| | 中学 | 741600 | 44.375 |
| | 职业 | 297000 | 17.772 |
| | 总数 | 1671200 | 100 |

---

① ［美］N. A. Hans：《教育政策原理》，陈汝衡译，商务印书馆1943年版，第114页。
② 金禄庄：《我对支配职业教育经费之意见》，《教育与职业》1935年总第164期。

续表

| 年度 | 类别 | 经费数额 | 百分比 |
|---|---|---|---|
| 1936年 | 师范 | 612000 | 36.876 |
| | 中学 | 680400 | 40.998 |
| | 职业 | 367200 | 22.126 |
| | 总数 | 1659600 | 100 |
| 1937年 | 师范 | 600800 | 35.014 |
| | 中学 | 680400 | 39.633 |
| | 职业 | 434700 | 25.333 |
| | 总数 | 1715900 | 100 |

资料来源：河北省教育厅编印：《中等学校自廿三年度至廿六年度逐年经费支配百分比例表》，《河北省教育公报》1934年第28期。

根据该表中的数据可以看出，从1934—1937年这四年当中，职业教育的经费占中等教育经费的比重分别是12.09%、17.772%、22.126%及25.333%，这四年职业教育的经费投入是逐年递增的，而且增幅还是非常明显的，这代表了河北省政府对于职业教育的重视。比重上升的另外一个原因是1936年国家重点扶植职业教育，教育部于"三日晨续开职校补助费审查会议，据悉已最后审核完毕，并对此项补助费总额约在40万元之支配数目已决定，即经审查合格，得受补助职校有五十余校，送部长最后核定"①。在职教经费比重增加的同时，另外两种教育即师范和中学的经费比重在逐年下降，自"周厅长接任后，对提倡职业教育异常注意，现在正研讨方案，早日实现。但师范职业在校多所不便，又提倡职教令接到后，单独增设是有未能，爱拟利用停办前期师范班之款项图发展之，此事实之真相，详细计划，最近期内即可拟出"②。此后，河北省教育厅"关于本省中等教育设备及经费分配，现已规定办法。所有各师范学校之前期师范班，已奉部令停班，及简易师范班，均自本年度起不再招生，逐年减少结束。所有逐年余出之经费，悉数移作发展职业教育之用"③。

---

① 《职校补助费审核竣事》，《益世报》1936年9月4日。
② 《教育厅筹拟方案提倡职业教育》，《益世报》1934年6月22日。
③ 《教厅发展职业教育》，《益世报》1934年7月6日。

这也说明这一时期河北省的教育结构更趋于合理化和常规化。更具体点讲，这一年河北省极大调整了该省各个教育类型的经费百分比，河北省教育厅决定"对支配教费之标准重加规订，俾符合教育方针之改变，盖本省向于师范教育特别重视，其经费约占全部教款五分之二强，自本年度起厅方决注意职业教育之推展，并对普通中学教育从事整顿，刻经订定教费支配百分比率，计普通中学教育占40%，职业教育占35%，师范教育占25%，同时更将学校本身开支订定标准，准备通饬遵行。计教职员薪金占70%，设备费占20%，行政费占10%，关于通盘细则，现正由厅方机密妥拨中，将来尚须提出省府例会研讨，所定教费支配标准，预计于四年内可与实数尽符"①。经过这次调整后，河北省政府对于职业教育经费的投入增加了，那么表现在实际当中，各个职业院校自然要在原有的基础上，添设新的班级，扩大招生数额，购买教学实习设备，增强其办学实力以推动河北省职业教育的普及。

表4-3是1934—1937年河北省各个职业院校经常费预算表及使用说明：

表4-3　　1934—1937年河北省各个职业学校经常费预算表　　单位：元

| 科目 | 年份 | 本年度概算数 | 上年度概算数 | 较上年增加 | 说明 |
|---|---|---|---|---|---|
| 易县高级农业职业学校经费 | 1934 | 10800 |  | 10800 | 本年度拟招职业班二班，共计经费如上数 |
| | 1935 | 21600 | 10800 | 10800 | 本年度应续招职业班二班，计增经费如上数 |
| | 1936 | 32400 | 21600 | 10800 | 本年度应再续招学生二班，计增经费如上数 |
| | 1937 | 48600 | 32400 | 16200 | 本年度应继续招学生二班，又二十三年度招入二班，本年至第四年度拟按高级经费发给计，增如上数二十七年度为64800，双轨完成 |

---

① 《冀省政府教育方针改变》，《益世报》1934年7月25日。

续表

| 科目 | 年份 | 本年度概算数 | 上年度概算数 | 较上年增加 | 说明 |
|---|---|---|---|---|---|
| 黄村初级农业职业学校经费 | 1934 | 21600 | | 21600 | 本年度拟招职业二班，并将原职业二班经费及补助费移来并补足二十一年度一班经费八五折，计共增加经费如上数 |
| | 1935 | 27000 | 21600 | 5400 | 本年度应续招职业班二班，该校原有职业班毕业一班，实增一班，经费如上数 |
| | 1936 | 32400 | 27000 | 5400 | 本年度应再续招学生二班，完成双轨制。该校原有职业班毕业一班，计增一班，经费如上数 |
| | 1937 | 32400 | 32400 | | |
| 工业学院附设职业部经费 | 1934 | 48600 | 48600 | | |
| | 1935 | 72900 | 48600 | 34300 | 本年度高级经费，按照每班8100计算，计增如上数 |
| | 1936 | 72900 | 72900 | | |
| | 1937 | 72900 | 72900 | | |
| 保定高级工业职业学校经费 | 1934 | 70200 | 63990 | 6210 | 该校应添招机械科一班，完成轨道并补足二十一年度一班经费八五折，计增如上数 |
| | 1935 | 70200 | 70200 | | |
| | 1936 | 64800 | 70200 | -3400 | 本年度织染科女子班一班毕业，核减如上数 |
| | 1937 | 72900 | 64800 | 8100 | 自本年度起，高级三班经费按8100计算，共增如上数 |
| 天津商业职业学校经费 | 1934 | 37800 | | 37800 | 该校拟将天津中学附设商业班二班与法商学院附设之商业班五班合并为五班并再招新生，高初级各一班共计七班，每班经费5400元，共计如上数 |
| | 1935 | 54000 | 37800 | 16200 | 本年度高初级改两轨，应续招二班，共计经费如上数 |
| | 1936 | 67500 | 54000 | 13500 | 本年度应再续招高初级学生各一班，计增经费如上数 |
| | 1937 | 81000 | 67500 | 13500 | 本年度仍应续招学生二班，完成高初级双轨计，增经费如上数 |

续表

| 科目 | 年份 | 本年度概算数 | 上年度概算数 | 较上年增加 | 说明 |
|---|---|---|---|---|---|
| 邯郸高级农业职业学校经费 | 1934 | | | | |
| | 1935 | 10800 | | 10800 | 本年度新设，招高小毕业生，五年毕业，初级三年，高级二年 |
| | 1936 | 21600 | 10800 | 10800 | 本年度应续招学生二班，计增经费如上数 |
| | 1937 | 32400 | 21600 | 10800 | 本年度应再续招生二班，计增经费如上数，至二十八年度经费为64800，双轨完成 |
| 沧县高级农业职业学校经费 | 1934 | | | | |
| | 1935 | | | | |
| | 1936 | 10800 | | 10800 | 本年度新设，拟招高小毕业生二班，计增经费如上数 |
| | 1937 | 10800 | 10800 | | 本年度应再续招生二班，计增费如上数，至二十九年度经费为64800，双轨制完成 |
| 石家庄高级工业职业学校经费 | 1934 | 10800 | | 10800 | 本年度拟设立石家庄高级工业职业学校招土木工金工各一班，每班经费按5400计算如上数 |
| | 1935 | 40500 | 10800 | 29700 | 本年度除招金工土木工两班外，拟再添织染科一班，计增经费如上数 |
| | 1936 | 64800 | 40500 | 24300 | 本年度应续招学生三班，计增经费如上数，金工土木工完成双轨制 |
| | 1937 | 72900 | 64800 | 8100 | 本年度再招生三班，完成三轨制。计增经费如上数 |

资料来源：河北省教育厅编印：《二十三、二十四、二十五及二十六年度职业学校经常费预计》，《河北省教育公报》1934年第34期。

由这个表格可以看出，只要每年的经费有所增加，那么河北省的各个职业学校自然会计划添设新的班级，很快就能将经费投入到实际的应用当中。这也反映出民初河北省职业教育不振的一个重要原因就是经费普遍不足，只要经费有了着落，问题就解决了一大半。

表4-4是1939年河北地区中等教育经费数的比较，它反映了20世纪40年代初期三地中学、师范及职业教育经费投入的大体概况：

表4-4　　　　　1939年河北地区中等教育经费数比较表　　　　单位：元

| 省市别 | 中学 | | 师范 | | 职业 | | 总计 | |
| --- | --- | --- | --- | --- | --- | --- | --- | --- |
| | 数目 | 百分比 | 数目 | 百分比 | 数目 | 百分比 | 数目 | 百分比 |
| 河北省 | 497009.00 | 14.60 | 402212.00 | 59.70 | 111885.00 | 20.13 | 1001106.00 | 20.34 |
| 北京市 | 1639325.24 | 48.19 | 164402.00 | 16.25 | 239279.20 | 43.04 | 2043006.44 | 41.10 |
| 天津市 | 734835.00 | 21.50 | 108883.20 | 10.75 | 62925.00 | 11.32 | 906643.20 | 18.22 |

资料来源：《各省市中等教育每年经费数比较表》，《华北教育统计》，(伪)教育总署总务局统计科编，1939年，铅印本，第79页。

从这个表格可以看出，职业教育经费投入状况最好的是北京，天津次之，最差的就是河北省。与中学必然无法相比，但是职业教育与师范教育本应该大体上是持平的。而河北省的职业教育经费数目仅仅是师范教育经费的四分之一多一点，相差太过悬殊了。拿出这么多的经费办理师范教育，这样的教育结构太过失衡。天津职教经费的总数是师范教育的二分之一多一点，还是需要调整。北京的职教经费超过了师范教育，这样的经费投入还是较为合理的。教师固然重要，但是教师仅仅是一个行业，社会上根本不需要那么多的教师，而真正能培养各行各业从业者的职业教育，却大受冷落，这也是河北省职业教育难以勃兴的一个重要因素。职业教育经费的投入与使用，除了要独立外，还需要公开透明，因为"教育是取之于人民，倘能尽量公开，使用得当，收支适合，账目清楚，能得人民之了解，则人民乐于输捐"①，这样职业教育的经费来源也就大大拓宽了。职教本身带有公益性，它"收益无排他性地为国家大多数甚至全体公民无偿享有，而自身没有获得相应补偿、需要公共资源予以补偿，具有公共产品的性质"②。从另一个方面看，"教育公平是实现社会公平的重要基础，职

---

① 曾毅夫：《地方教育行政》，商务印书馆1935年版，第137页。
② 和震编：《职业教育政策研究》，高等教育出版社2012年版，第150页。

业教育公平则是实现教育公平的重要途径。强化职业教育的公益性，维护职业教育的公平与均等，加大职业教育的投入"①，才能根本上拓宽职教发展的源流。

## 二 政府的经济性帮扶

民国时期，尤其是20世纪30年代，全国出现了兴办职业教育的热潮，全社会以极大的热情去推广职业教育，其中涌现出了像中华职业教育社这样的社会团体，他们不遗余力地推行职业教育，办出了成绩和特色。但是，职业教育的"普遍推行，当然要靠教育部以及各省市教育厅局的力量"②，保证职业教育推行的主导力量还是地方的各级政府，政府政策的倾斜度和经费投入的多寡，直接影响了该地区职业教育的发展进程。可以说，20世纪30年代尤其是中期由于"政府的积极提倡，学者的努力鼓吹，职业学校……如初春之笋，继续不断地萌发出来。这当然是适应时代潮流的表现，值得拥护，而无可厚非的。不过吾们要求得真正之效果，绝不是仅靠数量的发展，同时更要注意到质的方面。以过去几年吾国职业教育的发展，虽然不敢肯定的说没有效果，但以毫无准备，漫无目标的推广，当然含有多少危险性在里边……所以个人的主张职业教育的推广，应该统制化"③。这里的统制化，就是指政府当局对于职业教育要统筹盘画，调解整合，对职业教育的发展起主导作用。此后，职业教育行政化逐渐加强，政府甚至管理职教的各个方面，以至于确实是政府在主导着职业教育的发展。

在行政组织上，国家方面总的是由教育部管理全国的职业教育，计划"创立全国职业教育局，总事务所附设于教育学院——创立全国职业教育局以计划、调查、指导全国职业教育事宜而求其进步与扩充。局中须请本国职业教育专家主持，并须请外国职业教育专家帮

---

① 教育部教育规划与战略研究理事会秘书处编：《建设中国特色、世界水平的现代职业教育体系》，教育科学出版社2014年版，第399页。
② 陈果夫：《中国教育改革之途径》，正中书局1945年版，第178页。
③ 杨卫玉：《职业教育的统制化》，《教育与职业》1935年总第166期。

助"①，以开展对全国职业教育事业的管理。就河北省来讲，职业教育归属于河北省厅长下辖的第二科进行管理。具体的行政管理单位是职业教育委员会。1931年12月河北省公布了《河北省职业教育委员会规程》，该委员会以河北省的职业教育发展为宗旨，组织机构由教育厅长、教育厅秘书、教育厅主管科长、督学、河北省的职业学校校长以及对于职业教育富有研究和经验的人组成。该委员会的任务包括：

1. 规划全省职业教育实施方案；
2. 规划全省各级职业学校之设立变更及废止；
3. 规划全省省立各级职业学校班次及增减；
4. 规划全省省立各级职业学校之农场工厂营业部等附设之设置扩充及废止；
5. 筹划全省职业教育经费之增加；
6. 审议省立职业教育经费之概算；
7. 规划职业教育与社会之联络；
8. 审议各级职业学校课程及毕业年限；
9. 审议各级职业学校所订之重要规程；
10. 筹议中等以下学校加授职业科目事项；
11. 筹议其他关于职业教育事项。②

该会每年由教育厅定期召开一次常会，委员会设在教育厅内。政府的教育行政部门对职业教育进行全方位的管理，从计划实施方案到职校设立、班次增减、校址选择、经费投入及概算等等，可以说事无巨细，全都掌控，可见政府在职教发展过程中的主导作用是不容忽视的。

为确保职业教育发展具有坚实的基础，各级政府必须从经济和非

---

① 周太玄等：《庚子赔款与教育》，商务印书馆1925年版，第59页。
② 河北省教育厅编印：《天津特别市私立各种职业教育处所立案暂行办法》，《河北省教育公报》1931年第34期。

## 第四章 民国河北地区职业教育的核心要素

经济两方面对职业教育加以扶植。经济方面则是在经过严谨的审核及科学的评估基础上，地方政府要增加对所属区域职业技术院校的教育经费投入，而且还要建立部门专管和专款专用的行政机制，做到有专门的行政部门对本地区的职业教育负有专责，并且职业教育的经费款项要独立出来，不能与其他教育类型的款项混为一谈，对其经费的投入必须落到实处。充裕的经费对职业教育的发展至关重要，许多教学环节若没经济支撑根本没法完成。不同于其他教育类型，职业教育极为侧重实践操作，没有必备的实习厂房、机械、设备等，学生还怎么进行实际操作训练呢？如果教学过程中不能突出职业性和技术性，职业教育的创办也就偏离了其宗旨。非经济方面则是政府要专门出台职业教育的法令和政策，加大对职教政策的倾斜力度。

除了直接的经费投入，河北地区各级地方政府对于职教的倾斜政策对于本地职业教育的发展也尤为重要。政府可以通过政策形式，"一面划定经常税收，一面调查各地旧有之学田实情，收归各校"①，这样扩大了职教经费来源，当然政府也会通过其他的政策来扶植职业教育。早在1916年，天津市甲种工业学校曾请准该校校长带领本科毕业学生到日本工厂去见习，熟悉各染织科生产程序和机器构造与操作等。见习期为一年，期满后学生可以充当该校的工师，因此请求直隶省政府能够拨给留日旅费以资游学。这项要求得到了直隶财政厅的批准，由节存学费项下核拨。

1930年1月6日天津特别市教育局局长邓庆澜向天津市市长提请了《呈为市立第一职业补习学校经常费三百四十元拟自十八年十二月份起由教育专款项下照案继续动支仰祈鉴核文（第2号）》的公文，文中指出：

> 呈为市立第一职业补习学校拟自十八年十二月份起由教育专款项下继续动支仰祈鉴核令遵事案，查继续成立市立第一职业补习学校业经呈禀，钧府核准在案，资查该校经常费旧案每月三百四十元，拟自十八年十二月份起由教育专款项下照案继续动支，除候该校筹备就

---

① 舒新城：《中国教育建设方针》，中华书局1931年版，第60—61页。

绪，再行呈报外，理合具文呈请。①

天津市教育局局长的这个请求，得到了天津市政府的允准，其后教育局长邓庆澜还向市长呈递了《呈为市立第一职业补习学校修缮费购置费复由教育专款项下动支请鉴核遵文（第440号）》的公文：

为市立第一职业补习学校修缮费购置费复由教育专款项下动支仰祈鉴核令遵案，查借用市立第十一小学校校产续办市立第一职业补习学校业经呈请，钧府核准在案，兹据该校先后呈称以该校校舍原系普通住宅，不合学校应用，拟择要修缮，且校具教具之一部分业被救济院收回，亦拟就其需要者，购置并附送清册说明书，请鉴核等情。据此当经派员勘查详核，均属相符并皆需要。计核校临时修缮费八百四十四元，设备费八百三十一元，共计一千六百七十五元。拟由教育专款项下动支，是否可行，局未敢擅专利，理合连同修缮说明书及设备购置清册各一份具文呈请。②

该呈文也得到了天津市政府的批准，修缮费及设备费数额不菲，但是为了支持第一职业补习学校的发展，还是同意由教育专款项下支出经费。

在1930年的2月4日，河北省立第一职业学校向（由校长转呈）政府提交了《一职卒业生去苏杭考察纺织业请县政府拨款协助》的呈文，文中指出：

河北省立第一职业学校四年级学生，行将卒业，本学期内学生曹元楫等……在校肄业，行将四载，卒业之期，即在目前，本级组有考察团，以备学期内赴青岛、南通、苏杭等纺织染业发达之地考察工业，以增学生之知识。总计此项费用约四百元上下，惟生家境贫寒，

---

① 天津市教育局刊行：《呈为市立第一职业补习学校经常费三百四十元拟自十八年十二月份起由教育专款项下照案继续动支仰祈鉴核文》，《教育公报》1930年第20期。
② 天津市教育局刊行：《呈为市立第一职业补习学校修缮费购置费复由教育专款项下动支请鉴核遵文》，《教育公报》1930年第22期。

碍难完全担负，且中央亦有帮助工业学生之明令，因此请校长转达敝县教育局设法补助此项费用洋二百元上下，庶可减轻生之负担。①

这个呈文也得到了县教育局的批准，学生考察所需的钱虽然不多，但可见政府对于职业教育的态度，还是较为积极的。

上面的呈文都得到了主管政府的批准，并且由教育专款支出经费，这里透漏出两个事实，首先是职业学校事事要听命于上级主管政府，行政化的问题较为严重，缺少足够的自主权。由于职业院校基本上都隶属于地方行政部门，因此对地方政府依赖性过大，反过来地方政府对于学校事务插手过多，有些地方甚至出现政校不分、管办不分的严重现象。一些地方政府强行限定所属职业院校的生源区域，职业院校的经费也不能完全独立支配，专业设置必须经过上级主管部门的行政审批，学校领导也要由上级直接任命，教学运行以及效果评价等都不得不听从于地方政府的"计划"。但从另一个方面来看，这个要求得到允准，也表明河北省及天津市政府对于该区域职业教育事业的发展，还是全力去扶植的，政府以行政力量推动职业教育发展，成为民国河北地区推广职教的一种常态化行为。

## 第二节　职业教育的师资储备

职业学校若要发展得顺利，除了必须有合格的硬件基础外，师资力量作为重要软件之一是至关重要的，学校的良否、优劣，"与教师有连紧的关系。如果教师受过严格的训练，学问渊博，道德高尚，而又循循善诱，对于校务热心，自然学生得益得多，技术方面易于长进，对于所学职业能引起兴趣，将来就业，也容易得到社会一般人士的信仰。否则，纵然设备方面完全，也决不能得到完善的效果"②。钟道赞也曾强调职业教育"校数班级之增加，教学实习之改进，在在

---

① 《一职卒业生去苏杭考察纺织业请县政府拨款协助》，《益世报》1930年2月4日。
② 李澍声：《职业学校之师资问题》，《教育与职业》1935年总第165期。

均赖于健全师资之养成"①,可见教师对于职教发展的重要作用。但是直到今天,职业教育最突出的问题就是"师资不足、质量不高、培训渠道不畅、缺少骨干教师和专业带头人"②。这个问题在民国时期更为严峻,师资缺乏一直是民国职业教育发展过程中难以解决的问题,甚至"若干地方师资数量缺乏过巨,依照规定师资标准培养,则短期内不可完成,为切应数量需要起见,或不得不斟酌情形,降低师资品质之标准"③,这种无奈的做法必然会降低职业教育的整体质量,因此选拔及培养职教师资是民国时期河北地区职业教育发展战略当中的重要一环。

## 一　国民政府对职教师资的资格要求

对于职业教育师资的要求,1935年的《修正职业学校规程》拿出了最大的篇幅对于职业学校的教职员进行了规定,一共有23条规则,由此可见国家对于职业学校师资的重视。而就当时的情况来看,师资紧缺严重影响了职教的办学效果。不可否认,当时也缺少经费,但是只要经费到位了,硬件设施就可以快速建设起来,但是师资紧缺的问题,需要长时间的努力才能够有所缓解。该规程规定职业学校设一名校长,总理学校的事务,同时还要担任教学工作,其教学时间不能少于专任教师教学时间的二分之一,而且还不能另行支取薪酬。职校的教师,由校长开具合格人员的详细履历表,呈请上级主管教育部门核准后,由学校聘任。职业学校的教员原则上是专任,但有特殊情况,经过主管机构的批准,也可以聘任兼任的教员,但是兼任教员不能超过专任教员的四分之一。兼任教员有责任对学生进行训育,并且原则上是住校的。初级职业学校的专任教员,每周的教学时数为22—26小时,但是担任实习学科的教师,其教学时数为26—30小时。高级职业学校的专任教员,每周的教学时数为20—24小时,担任实习学科教学的,每周教学时数为24—28小时。兼任主任或者是

---

① 中国教育学会理事会编辑:《中国教育学会年报》,中华书局1948年版,第69页。
② 陈祝林、徐朔、王建初编:《职教师资培养的国际比较》,同济大学出版社2004年版,第92页。
③ 教育部编:《各省市国民教育会议报告》,教育部编印1940年版,第80页。

训育员，教学时间可以减为最低额度的三分之二，但不能另行开支。职业学校设一名教导主任，学级较多的学校还需要分设教务处主任一人，分担教导主任的工作。专任教师每日在校需七小时以上。职校还要设一名实习主任和事务主任，这些主任职务均由专任教员兼任。职业学校还需要设一名校医，如果学校的事务较为繁忙，还要设事务员及书记若干名，但其人数不能超过教员的四分之一。省市立职业学校的会计，由主管教育部门指派专人充当。职业学校的会议包括：

1. 校务会议，以校长全体教员、校医及会计组织之，校长为主席，讨论全校一切兴革事项，每学期开会一次或二次；

2. 教务会议，以校长及全体教员组织之，校长为主席，校长缺席时，教导主任或教务主任为主席，讨论一切教学实习及图书设备购置事项，每月开会一次；

3. 训育会议，以校长各主任及校医组织之，校长为主席，校长缺席时，教导主任或训育主任为主席，讨论一切训育及管理事项，每月开会一次或二次；

4. 事务会议，以校长各主任全体教员组织之，校长为主席，校长缺席时，事务主任为主席，讨论一切事务进行事项，每月开会一次。[①]

通过这四种会议，部署了职业学校的发展计划，并且在开办过程中遇到的问题尽量在第一时间得到解决。同时职业学校还要设置三种委员会，首先是训育指导委员会，该委员会由校长、主任、专任教员及校医组成，主席由校长担任，负一切指导学生的责任，每个月开一到两次会议；其次是职业指导推广委员会，由校长、主任及实习学科的教师组成，校长担任主席，负责指导毕业生及推广职业知能之实，每个学期开一到两次会议；最后是经费稽核委员会，就原任教员中公推三个人或五个人组成，由委员轮流充当主席，负责审核收支项目及

---

[①] 中国第二历史档案馆编：《中华民国史档案资料汇编·第五辑·第一编·教育（一）》，江苏古籍出版社1994年版，第470页。

实习出品销售的情况，每个月开会一次。

初级职业学校的校长，必须品格健全，对于所在学校的某个学科，要有专长，同时还必须是职业师资训练机关毕业后，从事职业教育一年以上且有成绩者；也可以是国内外大学毕业后，从事职业教育一年以上有成绩者；或者是国内外专科学校专门学校或者高等师范专修科毕业后，从事职业教育两年以上有成绩者；具有专门技能或者热心职业教育并曾任教育机关职务两年以上的人也可以担任初级职业学校的校长。

高级职业学校的校长需要曾经担任公私立专科以上学校教员二年以上者；或者是曾经担任规模较大职业机关的高级职务两年以上并有成绩者；曾任初级职业学校校长三年以上以及高级职业学校教员四年以上的人，都可以担任高级职业学校的校长。高级职业学校的教员必须符合下列条件之一才能任教：一是职业师资训练机构毕业后，有一年以上的职业经验者；二是国内外大学专科学校专门学校或者是高等师范专修科毕业后，有两年以上的职业经验者；三是有专门的职业技能，曾经担任职业机关相当职务四年以上并且有成绩的人，以上三种人都有资格到高等职业学校任教。而具有高级职业学校教员规定资格的人，国内外大学专科学校专门学校或者是高等师范专修科毕业后有一年以上的职业经验者以及高级职业学校或者与高级职业学校程度相当学校毕业后，有二年以上的职业经验者，都可以担任初级职业学校的教员。但是如果曾经犯过罪、成绩不良、旷废业务、身体有疾病、行为不检者都不能充当职业学校的校长和教员。此外，各省市的教育行政机构，要随时派遣职业学校的教员到全国各地职业教育机关参观或学习，以便提升职业学校教员的专业素质。由此可见，该《规程》对于职业学校的校长和师资都有非常严格的要求，也体现了当时中央政府对于职业教育师资的重视。有了这样的明确规定，各个地方在执行过程中，必然会减少职教师资滥竽充数的现象。

## 二 职教师资的选拔

民国时期职业教育不发达的原因之一就是缺少可以教授职业课程的师资，"缺乏师资……故今后对于全国职业学校之师资调查登记，或另行训练，必须具有完善之计划，则推进较易矣"①。

当时河北省的职业教育师资也是极其缺乏的，为此河北省教育厅委员在交流与讨论过程中首先提出了《储备职业教育师资》的提案。因为职业学校的设立原本是要培养各种技术人才，以便发展生产事业。但各个职业学校的学生在毕业后，大多不能够就其所学的专业寻找到合适的工作。为了设立能够造就生利人才的机关，首先要做的就是必须使职业教育具备充足且高质量的师资。职业教育最为重视实习的环节，因此各个职业学校的教员不但在授课当中要讲清学理，还必须有能力带领学生进行实际操作，指导学生实地练习。这样，职业学校的学生毕业后其所学技能才有实际应用的价值。鉴于职业学校的层次多，种类也很烦琐，因此对于职业学校的老师来说，应该分科进行培养和训练。如此，师资有了保障，职业教育的发展才能够有希望。如何才能保证充足的职业教育师资储备呢？河北省教育厅指示：

第一条 指定省立师范学校一处或二处举办职业教员养成班，储备高小职业班及同等程度职业学校之师资；

第二条 指定省立工学院职业部及第二职业学校兼办职业教员养成班，储备高小初中职业补习班及同等程度职业学校之师资；

第三条 指定农学院及法商学院兼办职业教员养成班，储备高小初中及同等程度职业学校之师资；

第四条 指定女子师范学院兼办女子职业教员养成班，储备女子职业学校师资。②

至于具体由哪些学校附设职业教员养成班，均由河北省教育厅决定。可以看出，为了能够培养出足够的职业教育师资，河北省尽可能利用现有的高等级学校，通过开设对口的职业教员补习班，以缓解当时职教师资极其匮乏的局面。

在1934年，河北省根据国家的法规，形成了筹设职教师资训练

---

① 徐良裘：《今后中国教育的展望》，《国民政府教育部教育公报》1940年第2期。
② 河北省教育厅编印：《储备职业教育师资》，《河北省教育公报》1932年第17期。

班的计划，河北省教育厅"以提倡生产发展职业学校实为目前刻不容缓之事，惟职业教育之师资因向少储备，至感缺乏，其学有专门技术者多无教育专长，决现训练师资，以为扩充职教之准备，拟设职业师资训练班，招收农工商业专门以上学校毕业生，授以师范之教育课程，以应急需。刻教厅正在拟具办法，以期早日成立，至此次训练班单独设立抑或附设其他学校亦在考虑中"①，此后决定"先在天津工业学院内，及北平师范大学内附设职教师资训练班两处，经费预算在拟编中"②。

职业教育师资不足的问题引起了民国时期河北省教育厅的高度重视，为此在1934年的教育计划当中，将培训职业教育师资作为重点对象。之前河北省教育厅已经制订了训练职业学科师资的计划，但是并未能如期完成。职业教育师资不足，素质不够，对职业教育的影响甚大，因此训练职业学校的师资，刻不容缓。河北省教育厅"拟先召集现任省县私立职校职业学科教师及登记合格之职业师资分别施以相当训练，或择优派往国内外各地职业机关及工厂商店实习，增进其技术及教学方法"③。当然，职业教师的培养要"避免盲目性，必须根据学校的专业设置和教师的实际，确定培养教师的数量和类型"，培养之前要对"专业需求教师的数量、质量以及专业在学校中的地位及发展趋势等进行分析，简单地说就是分析专业现在及将来对教师量和质的需求情况"④，摸清情况后再制定培养方案。

1935年3月8日河北省教育厅公布了《河北省职业学校职业科师资登记规程》，该规程是依据教育部所颁发的各省市职业学校职业学科师资登记检定及训练办法大纲制定的。规程规定凡是现任或志愿从事职业教育教师工作的，必须要履行登记手续。在资格要求上，高级职业学校的教师必须是："1. 国内外专科以上学校毕业后具有二年以上职业经

---

① 《冀发展职业教育筹设师资训练班》，《益世报》1934年12月9日。
② 《冀教厅推行职教决设师资班两处》，《益世报》1934年12月11日。
③ 河北省教育厅编印：《二十三年度河北省教育计划书》，《河北省教育公报》1936年17期。
④ 张长谦主编：《中国职业教育名校/名校长创新管理评析·师资建设卷》，西南师范大学出版社2012年版，第20页。

验者或有二年以上高级职业学校职业学科教学经验成绩卓著者；2. 职业界之高等技术人员继续任职四年以上者。"① 根据两项要求来看，河北省对于高级职业学校的师资任职资格要求还是很高的，既有一定的学历要求，更注重职业教育的教学经验。相比之下，初级职业学校以及职业补习机构的教员，其任职资格就低一些："1. 高级职业学校甲种实业学校，或高级中学农工商科毕业后具有二年以上职业经验者或有二年以上初级职业（职业补习）学校职业学科教学经验，成绩卓著者。2. 职业界中级技术人员继续任职四年以上者。"② 从这两条来看，初级职业学校的教员选取范围就更广泛些。呈请登记的人员，必须呈递申请书，连同证书、证件、两张四寸半身照片以及填具好的履历表呈请河北省教育厅核办。河北省教育厅收到完备的手续文件后，再交给职业师资资格审查委员会审查其中的合格者，通过者发给职业师资合格登记证，这样才能有资格担任职业教育教师。

为了增强河北省职业教育师资的实际操作能力，河北省教育厅还选派教师到国外进行实习，实习以赴日本为原则，具体的办法是：

1. 实习生名额暂定为十名，由省立职业学校各保送二名；

2. 实习时间以二年为原则，遇特殊情形，经本厅核准得缩短或延长之，但缩短或延长均不得过一年；

3. 实习生之资格须籍隶河北，曾在国内外专科以上学校毕业，并现任省立职业学校专任教员二年以上者，前项实习生实习科目，须经本厅核准；

4. 被选送实习生由本厅发给川资及治装费，其额数暂定出国回国川资各国帑一百元，治装费国帑一百元；

5. 实习生在实习期间，每人每月由厅津贴国帑六十元，其实习场所另订之；

6. 实习生在实习期间，薪俸停支，所遗职务，由原校就任厅登

---

① 河北省教育厅编印：《河北省职业学校职业科师资登记规程》，《河北省教育公报》1935 年第 7 期。

② 同上。

记合格人员中聘员代理，并照支其薪俸；

7. 实习生于实习期满回国两个月，须向本省教育厅报到，仍回原校服务三年，中途改业者，其原领津贴，及往返各费加倍追缴。①

从上面的各种教师选拔条例及培养计划可以看出，全国乃至河北地区都把职教师资的储备当成一件大事来对待。因为只有具备了充足和高质量的师资，职业教育的日常教学才能顺利展开。

### 三 职教师资的概况

经过一系列的努力，河北地区的职业教育师资开始逐渐充盈。以1935年为例，在《河北省职业学校职业科师资登记规程》颁布后，主动登记者十分踊跃，总计"前后呈请登记者290名，经审查委员会将所送证件详加审核，计高级商业师资合格者31名，初级商业师资合格者9名，高级农业师资合格者24名，初级农业师资合格者16名，高级工业师资合格者67名，初级工业师资合格者98名，高级水产业师资合格者253名，已将审查经过情形，暨合格人员名单，呈报教育部核准，闻其他各市，亦已分别举行，以促进职业教育之推进"②。表4-5是1939年河北地区中等教育师资数目的对照表，基本能反映出40年代京津冀三地职业教师的大致状况：

表4-5　　　　　1939年河北地区中等教育教师数比较表

| 省市别 | 中学 | | 师范 | | 职业 | | 总计 | |
|---|---|---|---|---|---|---|---|---|
| | 人数 | 百分比 | 人数 | 百分比 | 人数 | 百分比 | 人数 | 百分比 |
| 河北省 | 464 | 13.89 | 449 | 58.29 | 102 | 21.79 | 1015 | 22.17 |
| 北京市 | 1719 | 51.46 | 99 | 12.84 | 236 | 50.45 | 2054 | 44.86 |
| 天津市 | 545 | 16.32 | 60 | 7.78 | 66 | 14.10 | 671 | 14.65 |

资料来源：（伪）教育总署总务局华北教育统计科编：《华北教育统计》，1939年，铅印本，第40页。

---

① 《冀省职业师资赴日实习》，《益世报》1936年6月7日。
② 《冀省职校师资》，《益世报》1935年12月31日。

从表中可以看出，虽然天津市的职业教师数量最少，但问题最大的还是河北省。这一时期河北省有师范教师449人，但职业教育的教师仅有102人，两者数额相差太大。河北省太过重视师范教育，反过来影响了职业教育的发展。天津市的职业教育与师范教育基本上是在同一发展水平上的，北京市的职业教育发展最好，职教的师资超过了河北省，而且比本市的师范教师多出了一倍有余，可见其职业教育也是很有声色的。以河北省立北平女子职业学校为例，该校在"抗日战争前为女子职业传习所，由河北省实业厅创办"①，规模并不是很大。战后经过恢复，无论是经费、师资还是学生数量上都有非常大的起色，因此升格为职业学校。表4-6是1947年河北省立北平女子职业学校第一学期的教职员一览：

表4-6 河北省立北平女子职业学校1947年度第一学期教职员一览表

| 姓名 | 年龄 | 性别 | 籍贯 | 学历 | 经历 | 职务 | 担任学科 |
| --- | --- | --- | --- | --- | --- | --- | --- |
| 马润民 | 37 | 女 | 河北唐县 | 国立北平师大国文系毕业 | 河北省立女子职业教育讲习所所长，教育部特设师大第八分班考核股长 | 校长 | |
| 李之荣 | 39 | 男 | 河北河间 | 国立北平师大体育系毕业 | 河北省立河间中学校教员，私立燕冀中学教务主任 | 教务主任 | 童训体育 |
| 郭益珠 | 25 | 女 | 北平市 | 河北省立专科学校体育音乐科毕业 | 河北省立沧县师范体育音乐教员，省立保定女中训育主任，保定夏令营教官 | 体育主任 | 体育 |
| 冀淑芳 | 33 | 女 | 河北河间 | 国立北平师大化学系毕业 | 蒙藏学校及中大附中教员，北平市立女职教务主任兼教员 | 训育主任 | 数学、化学 |

---

① 河北省地方志编纂委员会编：《河北省志 第76卷 教育志》，中华书局1995年版，第491页。

续表

| 姓名 | 年龄 | 性别 | 籍贯 | 学历 | 经历 | 职务 | 担任学科 |
|---|---|---|---|---|---|---|---|
| 李秀坤 | 40 | 女 | 河北任县 | 河北省立女师学院国文系毕业 | 河北省立河间中学女生部训育主任，北平市立女职训育部主任兼教员 | 实习主任 | 公民、家政学 |
| 马彦修 | 32 | 男 | 北平市 | 北平私立民国大学经济系毕业 | 河北省女子职业教育讲习所会计，东明县政府庶务主任，河南区货物税局税务员 | 事务主任 | 教学法、珠算 |
| 马宝珍 | 43 | 男 | 河北行唐 | 国立北京大学经济系毕业 | 北平市立三中，河北省立八中、六师四中等校教员 | 教员 | 商学、商法、财政、银行、会计、公司银行参观调查 |
| 萧士班 | 27 | 女 | 河北涿县 | 国立北京十大经济系毕业 | 郭定荣会计师事务所助理 | 同上 | 统计、会计、家庭簿记合作 |
| 曹疏颖 | 36 | 女 | 北平市 | 国立北平师大国文系毕业 | 甘肃省立兰州中学教员，兰州西北师院助教 | 同上 | 国文、公民 |
| 丁珊 | 30 | 女 | 安徽含山 | 国立北京师大经济系毕业 | 北京市立女职专任教员及训育员 | 同上 | 商业簿记、货币银行、审计经济、工商组织及管理 |
| 麻鲤 | 29 | 女 | 河北邯郸 | 国立北大生物学系毕业 | 北大助教、本校训育员兼教员 | 同上 | 军事看护 |
| 高雍民 | 40 | 男 | 河北井陉 | 国立北平师大英语系毕业 | 河北省立商职及北平平中教员 | 同上 | 英文 |
| 吴英贤 | 35 | 女 | 河北良乡 | 河北省立女师学院家政系毕业 | 天津第一女师及特一中学美术教员 | 同上 | 刺绣、缝纫 |

续表

| 姓名 | 年龄 | 性别 | 籍贯 | 学历 | 经历 | 职务 | 担任学科 |
|---|---|---|---|---|---|---|---|
| 程国珍 | 39 | 男 | 河北博野 | 国立北平师大数学系毕业 | 北平平中教员,河北省立杨村师范训育主任 | 同上 | 数学 |
| 麻可淼 | 35 | 男 | 河北邯郸 | 国立北平师大工艺系毕业 | 河北省立邯郸师范教员、邯郸县立师范校长 | 同上 | 工艺、漆色、洗染法 |
| 刘文嫒 | 45 | 女 | 河北望都 | 河北省立第二女师 | 定县县立妇女工厂主任,河北省女子职业教育讲习所缝纫主任 | 同上 | 缝纫 |
| 刘淑兰 | 31 | 女 | 河北宛平 | 国立北平师大家政系毕业 |  | 同上 | 编织、刺绣 |
| 张树岩 | 23 | 女 | 河北东鹿 | 国立北平师大音乐系毕业 | 北平市立女三中音乐教员 | 同上 | 音乐 |
| 范冀华 | 36 | 女 | 北平市 | 国立北平师大外国文学系毕业 | 上海世界学校燕冀女中英语教员 | 同上 | 英文 |
| 滕子严 | 36 | 女 | 湖南邵阳 | 国立北平师大国文系毕业 | 国立北平师大助教华光女中教员 | 同上 | 国文、书法 |
| 李梦白 | 38 | 女 | 山东掖县 | 哈尔滨俄立女子职业学校毕业 | 山东女师及哈尔滨女中教员 | 同上 | 缝纫 |
| 李实芬 | 32 | 女 | 河北天津 | 北平市立第一职业补习学校毕业 | 河北省立女子职业教育案讲习所教员 | 同上 | 工艺 |
| 张凤池 | 37 | 女 | 甘肃临夏 | 兰州中山大学史地系毕业 | 甘肃省立第一女师范史地及劳作教员 | 同上 | 刺绣 |
| 周国淑 | 31 | 女 | 南京市 | 国立北平艺专图案系毕业 | 国立北平临大第七分班讲师,河北省田粮处办事员 | 同上 | 图案 |

续表

| 姓名 | 年龄 | 性别 | 籍贯 | 学历 | 经历 | 职务 | 担任学科 |
|---|---|---|---|---|---|---|---|
| 田子年 | 38 | 男 | 河北肃宁 | 河北省立第一师范艺术科毕业 | 肃宁县简易师范及北平燕冀中学教员 | 同上 | 国文、公民、书法 |
| 钟质夫 | 34 | 男 | 北平市 | 北平湖社画会毕业 | 北平古学院艺术组研究员 | 同上 | 图画 |
| 宋毅人 | 34 | 女 | 北平市 | 河北省立女师学院家政系毕业 | 上海女中家政学教员，国立北平师大助教 | 同上 | 缝纫 |
| 樊景贤 | 40 | 女 | 河北清苑 | 国立北平师大史学系毕业 | 河北省立大名女师天津女中温泉女中教员 | 同上 | 史地 |
| 王岭梅 | 32 | 女 | 浙江嘉兴 | 北平声声打字学校及国立北大哲学系毕业 | 北平声声打字学校中英文打字助理 | 同上 | 打字、珠算 |
| 林森然 | 24 | 女 | 山东烟台 | 国立北平师大家政系毕业 |  | 同上 | 烹饪、服装学、家庭管理 |
| 周明之 | 42 | 男 | 河北高阳 | 国立北大物理系毕业 | 温泉女中汉口法汉中学江西临川中学教员 | 同上 | 数学 |
| 赵兰梦 | 45 | 女 | 河北安国 | 私立郁文大学教育系毕业 | 宁河县立女职教导主任 | 同上 | 国文 |
| 李万成 | 32 | 男 | 北平市 | 国立北平艺专毕业 | 大华艺术科职业学校研究部主任导师 | 同上 | 配色法 |
| 褚善甫 | 50 | 男 | 浙江杭县 | 浙江法政学校政经科毕业 | 河北省立北京女职教员 | 教务员 |  |

续表

| 姓名 | 年龄 | 性别 | 籍贯 | 学历 | 经历 | 职务 | 担任学科 |
|------|------|------|------|------|------|------|----------|
| 马瑞芝 | 30 | 女 | 河北高阳 | 国立北平师大史地系毕业 | 私立育华女中史地教员 | 教务助理员 | 公民 |
| 王名学 | 24 | 女 | 河北醴润 | 国立北大经济系毕业 | | 训育员 | |
| 王鸣琴 | 31 | 女 | 河北博野 | 河北省立女师学院史地系毕业 | 北平惠中女中，河北省立第二师范，保定女中教员 | 训育助理员 | |
| 崔守白 | 36 | 男 | 河北霸县 | 霸县乡村师范毕业 | 霸县县立完全小学教员，女子完全小学校长 | 文牍员 | |
| 贺菱年 | 31 | 女 | 河北武强 | 私立志成中学高中毕业 | 武强县立简易师范训育员，本校训育助理员 | 人事管理员 | |
| 李学慧 | 25 | 女 | 河北香河 | 国立外国语专门学校商科及省训团毕业 | 私立育青女青教员 | 会计主任 | |
| 耿浆波 | 39 | 男 | 河北唐县 | 河北省立六中毕业 | 唐县财政局会计唐县县政府科员 | 会计员 | |
| 沙实田 | 32 | 男 | 河北天津 | 山东省立齐鲁大学医学院毕业 | 香山医院及鼓楼医院医师 | 出纳员 | 医学常识、生理卫生、家庭卫生 |
| 李其清 | 39 | 男 | 河北饶阳 | 私立志成中学毕业 | 大中中学教务员 | 事务助理员 | |
| 王佩芝 | 25 | 女 | 河北定县 | 北京市立女四中毕业 | | 同上 | |
| 韩鸿磐 | 36 | 男 | 河南武安 | 河南省立第二高级中学毕业 | 小学教员北平临大第八分班及国立北平艺专职员 | 书记 | |

续表

| 姓名 | 年龄 | 性别 | 籍贯 | 学历 | 经历 | 职务 | 担任学科 |
|------|------|------|------|------|------|------|----------|
| 胡校长 | 42 | 男 | 河北东鹿 | 河北省立冀县中学毕业 | 东鹿县视学主任、河北印花烟酒税局课员 | 同上 | |

资料来源:《北平女职1947年第一学期员生各种表册及教育厅对此的指令》,1947年,河北省档案馆藏,资料号:617—2—528。

从这个表格可以看出,河北省立北平女子职业学校的教员配置还是比较完备的,承担授课工作的教员大多是从大学毕业的,而且大部分也都是科班出身,这样可以保证授课的质量。表4-7是该校教职员的资格统计:

表4-7　河北省立北平女子职业学校1947年教员资格统计表

| 资格类别 | 男 | 女 | 计 |
|----------|-----|-----|-----|
| 1. 受中学师范教员检定合格者 | — | — | — |
| 2. 国内外师范大学或大学教育学院科系毕业者 | 3 | 13 | 16 |
| 3. 国内外大学本科高等师范或专修科毕业者 | 4 | 8 | 12 |
| 4. 国内外专科学校或专门学校本科毕业者 | 2 | 3 | 5 |
| 5. 中等学校毕业者 | 7 | 3 | 10 |
| 6. 其他 | 1 | 1 | 2 |
| 总计 | 17 | 28 | 45 |

资料来源:《北平女职1947年第一学期员生各种表册及教育厅对此的指令》,1947年,河北省档案馆藏,资料号:617—2—528。

在这个表中可以看出在国内外师范大学或大学教育学院科系毕业的人占有绝大多数,这对于当时职业教育效能的输出确实非常有力。但是也有个问题值得注意,那就是高层次学校毕业的老师大部分是教授普通课程的,而讲授专业课的教师大多是专科学校或更低层次的学校毕业的,这也表明了专业的职教师资还是十分紧缺的。

## 第三节　职业教育的学生培养

职业界本身有两种人才，分别是自动的和机械的人才，自动的人才"具有远大的眼光，进取的精神，事事图改良，著著求进步，人未敢行者，我独敢行之，人未及知者，吾独察先机而知之"，而机械的人才则"具一技之长，精一部分之事，人先提倡我能随之"，两者的关系好比"自动的人才，犹良将也；其机械的人才，犹精兵也。有良将有精兵，则百战百胜，有良将少精兵，则战或胜而消耗必巨"①。那么"精兵"来自哪里？答案是职业教育，职业教育的宗旨就是培养专业的技术人才，同时保证学生的就业和生存。但是如果培养的学生无法为社会、经济、产业、工厂及企业所接纳，那么职业教育也就失去了其宗质。因此，职业教育与产业有效对接，并保证学生的就业才是其根本所在。早在1906年，清廷学部奏请宣誓教育宗旨折中就强调技能人才培养与产业发展的重要关联，指出"方今环球各国，实利竞尚；尤以求实业为要政，必人人有可农可工可商之才，斯下益民，上裨国计，此尤富强之要图，而教育中最有实益者也"②。清末教育宗旨当中所提及的"实利""实业"及"实益"必须要有"可农可工可商之才"才能实现，但是这样的人才培养任务主要还是由职业教育来承担。

### 一　职教生源的招收

职业教育要培养技术人才，首要的是在招生上要有所保证，但是当时主动报考职业院校的生源并不是很充裕，为了吸引寒苦子弟踊跃报考职校，以保证充足的生源，河北省教育厅提出了《优待职业学校学生以促进职业教育案》，要求省立职业学校及中学职业班自1932年起，一律免收学费；职业学校的工厂、农场或商店有多余的利润时，由学校发奖金给成绩优良的学生，以示鼓励。这个提案附录了三个子提案。

---

① 蒋梦麟：《职业教育与自动主义》，《教育与职业》1918年总第8期。
② 舒新城编：《中国近代教育史资料（上册）》，人民教育出版社1985年版，第221页。

第一个子提案是第二职校校长杜守文提出的《职业学校学生应免收学费案》，因为当时正值国难，全国抵制日货，力图振兴民族产业来对抗帝国主义的殖民产业，因此河北省非常急切地希望通过提倡职业教育来培养职业人才，为民族产业振兴注入活力。因此应对职业学校的学生还予以鼓励，根据水产及师范学校的惯例，免收学生的学费，以示优待。鉴于职业学校学生大多是无力升学的贫苦学生，每次征收学费都十分困难，甚至有许多人因无法承担学费而中途辍学，因此既然想要提倡职业教育，那么免收学费是很有必要的。而仅有两处省立职业学校征收学费，这点学费对于河北省的整体收入是微乎其微的，因此学费也是可以免除的。在报考人数上，师范学校每次多达千余人报考，十分踊跃，但是职业学校报考的人比较少。其中一个重要原因就是收费问题。如果职业学校能够免收学费，那么报考者一定能够成倍增长，这样生源质量也就提高了。有鉴于此，河北省先试行省立职业学校的学生自1932年起免收学费，私立学校根据自身的实际情况也可以免收学费。

第二个子提案是河北省第八中学校长王国光的《优待职业学校学生以促进职业教育案》。尽管民国时期的人们意识到了职业教育的重要性，但学生们却非常鄙视农艺及苗圃等工作，对于劳动工作和生产事业也多有畏惧，而导致职业教育不够发达。因此学生都争先恐后地报考普通教育，对于职业教育唯恐避之不及。即使被迫被职业学校录取，对于职业培训也不够上心，如此下去职业教育的发展很难有所改观。因此要振兴职业教育，必须特别照顾职业学校的学生。为此河北省教育厅提议凡是到职业学校就读的学生，较普通中学少收三分之一到三分之二的学费。校办工厂或农场的部分利润可以用来奖励职业学校工作成绩优良的学生。

第三个子提案是第十八中学校长吕士熊的《改良职业学校（班）学生待遇及学校收入办法案》，提出为扩充职业教育，在中等教育的层次内，加设职业班或专校，以此循序渐进。因为职业教育的发展程度，较之于普通教育，还相差甚远，而不能按照普通教育的方法去进行。报考职业学校的学生，大多是因为家庭经济状况窘迫，负担子女学费的能力很差。而就当时的职业学校尚属于萌芽状态，而国内的产业，由于资本不足，出现了凋零的态势。接受职业教育的学生，往往更加害怕失业。中产阶级的家庭,大多不愿意将子弟送到职业学校就读。因为有传统观念的影响,人们往往愿意报考普通中学。而想接受职业教育的人则因为无法负担学费,而裹足不前。再有,职业学校的数目很少,专业设置也很有限,因此它的招生区域及学生的选择范围,和普通教育相比是非常受限制的。加上学校路途遥远,而且学费还高于普通教育,这些问题进一步拉大了职业教育与普通教育之间的距离,这种情况必须尽快得到改善。成立职业班次或专门学校,必须要有一定的教学设备基础。且民国时期的青年,经常有损害公物的行为,这种不良风气,必须用教导和制裁两种不同的方法加以矫正。关于职业学校学生的实习,工厂的制造及农场的收获,带来的盈利可以作为学校的收入。这样既可以增加生产力,还能表明职业教育的实效性。在采取的措施上,首先是职业学校学生免交学费、住宿费及杂费,以减经济压力。其次是多让职业学校的学生从事一些生产劳动,减少雇用校工的数量,以节约开支。各个学校的工厂制造及苗圃收获也归为职校收入,扩充职业学校的经费基础。

就当时整个中国的社会及教育状况来看,职业学校"在中等教育上不占重要地位,此因三十万中等学校学生,入职业学校者,为数仅在二万二千人与二万五千人之间。较之专门学校,经费常极耗费,故应尽量利用固有之职业学校、试验场与工厂,以节经费。然有令余等惊奇者,即余等每见此种学校,学生人数,并未招足,至对于设备,教师及容纳学生之位置,欲求有效之利用,以期增加学额,更谈不到,余等询其何以至此,据说某一农业学校举行入学考试,投考者计六百人,及格者仅五十人。此种入学试验问题,关于实际训练方面尤为困难,余等提议应彻底研究此问题,庶几对于此种入学考试是否过于严格,甚至完全无考试之必要,方可明了也。"[①] 仔细推敲,职业教育在招生上之所以存在这么大的困难,原因之一就是成为"人上人"的传统价值取向决定了人们对于教育类型的权重与取舍,导致"今之学生,大都以升学为荣,虽中学毕业后,其财力之所限,或不

---

① 国际联盟教育考察团编:《国际联盟教育考察团报告书》,载沈云龙《近代中国史料丛刊 三编 第十一辑》,文海出版社1984年版,第142—143页。

能不就业。而当学校予以准备升学或谋生两途使自抉择时，绝不甘舍升学而就谋生"①。职业教育作为培养社会专业技术劳动者的教育类型普遍受到歧视和排斥，无论是政府还是民众，都普遍认为它是"次品教育"，学习技术是下层人民所为，只有考上大学才能飞黄腾达。

试想，中国继承了数千年来的封建思想，"国人还多迷信于'正途出身'的传统观念，谬认读书以外无学问，作官以外无事业，只知学校为仕进的阶梯，而不明瞭教育为人生的养料。各望其子弟显亲扬名，荣宗耀祖做大官，发大财。就是号称现代化的人，也希望子弟学成问世，可做公务人员，不肯轻易令其学做'辛苦而不大赚钱'的职业，或从事于劳作生产工作。至于一般商店工厂墨守成规，不求改良，又宁愿维持其旧式的徒弟制度，绝不重视新式的职业教育，以为在学校里去学簿记，学打铁，学种田，千学万学，学点'三不像'的小手艺，倒是不如学徒出身来得熟练而实用。因此职业学校招生远不及普通学校的数目，即报名投考的学生，也多缺乏职业教育的认识"②，学生到职业学校接受教育大多是考不上大学的无奈之举，这种被动性的招生现状直接影响职业教育的生源质量。

再有当时许多办职业教育的人，"为了吸引学生，往往用津贴等方法为饼饵。凡肯入学的，表示欢迎还恐不足，焉敢加以挑剔……职业学校为维持局面，不得不将录取标准降低。因此职业学校学生的程度，比别种学校的低，所造就出来的人才，当然不能优良"③。这种饮鸩止渴的做法是十分危险的，因为学生即使来到职业院校就读后，也不会全身心地投入到专业技能的学习当中。毕业之后首要目标是找到"薪多劳少"的工作，而其岗位是否与所学专业相对口，则无足轻重。劣等生源到职业院校"混"文凭的行为会形成恶性循环，因为学生的技术水平低，达不到产业的要求，导致当时职业教育整体就业率低的局面，这反过来会使全社会丧失对职教发展的信心与热情，被打入"冷宫"的职业教育还怎么能引起世人的关注和重视呢？相

---

① 黄炎培：《与李石曾君谈职业教育》，《教育与职业》1919 年总第 12 期。
② 欧元怀：《中国职业教育的出路》，《教育与职业》1935 年总第 162 期。
③ 何清儒：《职业学校学生的选择》，《教育与职业》1935 年总第 170 期。

比之下,"日本职校学生,志愿来学者甚多,专业训练久,实习时期长。故虽至劳至苦之农工各业,无一不以为终身职业"[①],仅就这一点可见中日职业教育差距之大。

其实职业教育招收学生还具有促进社会公平的效果,尽管"处于低社会阶层的人……都存在着教育选择上的局限,他们一般都被放置在职业教育领域,有的人甚至连接受职业教育的机会都没有,就是有幸接受了职业教育,也会因为他们所受教育内容的局限,使得他们在进入劳动世界后的发展机会受到限制。一个人接受正规教育的类型对他一生起着非常重要的作用。那些接受职业教育的人,他们在进入劳动世界后,接受继续教育的机会和能力都非常有限。"[②] 这确实是一个社会实际问题,但对待这个问题不能绝对化,即认为只要是接受职业教育就没有前途,这种观点既传统又很悲观。我们应该客观、理性地认识到,穷苦的弱势群体,接受了职业教育,获得了谋生的技能,就很可能找到适合自己的工作,更可能以工作岗位为跳板而向上升迁甚至是飞黄腾达。因此,职业教育是打通社会阶层上下流动的重要工具之一。

再从培养学生的数量来看,1930年,河北省与初级中学程度相当的职业学校学生,全省共有1038人,与高级中学程度相当的职业学校学生有317人,共计1355人。这个学生人数与中等学校学生相比,能够占到9%,与师范学校学生比,能占到13%。这个比例与同期欧美资本主义国家职教学生与中等学校及师范学校学生的比例,相差甚远。好在学生毕业后"服务于河北省各大工厂或自办实业者约占60%。从事教育者约占20%,升学者约占7%,赋闲者及不详者约占13%。"[③] 由此可见,这一时期培养出的毕业生大部分都能够学为所用。这一年北平市市立职业学校当时有学生146人,商业学校有154名学生,合计300名。表4-8是1939年河北地区中等教育学生数目

---

① 潘文安编:《日本之职业教育》,商务印书馆1934年版,第141页。
② 刘明、尹凡、张玉霞:《法治社会下的职业教育公平机制研究》,吉林人民出版社2014年版,第76页。
③ 王世杰编:《第一次中国教育年鉴 丙篇 教育概况》,开明书店1934年版,第411页。

的对照表：

表4-8　　　1939年河北地区中等教育学生数比较表

| 省市别 | 中学 | | 师范 | | 职业 | | 总计 | |
|---|---|---|---|---|---|---|---|---|
| | 人数 | 百分比 | 人数 | 百分比 | 人数 | 百分比 | 人数 | 百分比 |
| 河北省 | 5534 | 13.88 | 4037 | 59.27 | 582 | 17.72 | 10153 | 20.32 |
| 北京市 | 18850 | 47.29 | 722 | 10.60 | 804 | 24.47 | 20376 | 40.78 |
| 天津市 | 7229 | 18.13 | 406 | 5.96 | 1296 | 59.45 | 8931 | 17.88 |

资料来源：（伪）教育总署总务局华北教育统计科编：《华北教育统计》，1939年，铅印本，第41页。

如表4-8所示，这一年河北省所能培养出的职业学校学生仅为582人，无论是横向比还是纵向比，都有很大的问题。与天津和北京相比，它培养出的技术人才数量最少，还达不到天津市的一半；从另一个方面来看，河北省中学学生数为5534人，是职教学生的近10倍，师范学生为4037人，将近职教学生的7倍。这样的人才比例与河北省极不相称，河北省各种产业在发展过程中，所需要的技术人才不仅仅就是这582人，说明职业技术人才供给和产业需求之间有非常大的裂隙。

再把观察视角聚焦到河北省的各个县，更能反映出这个问题。以河北省定县为例，下面是1928年8月到1929年9月定县各类学校学生数的一览表：

表4-9　　1928年8月—1929年9月定县各校毕业男女学生数

| 学校种类 | 毕业学生数 | | |
|---|---|---|---|
| | 男 | 女 | 共计 |
| 幼儿园 | 10 | 22 | 32 |
| 初级小学 | 1421 | 128 | 1549 |
| 高级小学 | 31 | 20 | 51 |
| 初高两级小学 | 412 | 50 | 462 |
| 初级中学 | 55 | — | 55 |

续表

| 学校种类 | 毕业学生数 | | |
|---|---|---|---|
| | 男 | 女 | 共计 |
| 师范学校 | 40 | 19 | 59 |
| 职业学校 | 20 | — | 20 |
| 总计 | 1989 | 239 | 2228 |
| 百分比 | 89.3 | 10.7 | 100.00 |

资料来源：李景汉：《定县社会概况调查》，上海人民出版社2005年版，第199页。

该县所能培养出职业学校的毕业生实在是太少了，而且多是男生，忽略了女子职业教育的发展。推究历史，我国"向不注重专门，故专门人才遂不多观。殊不知学业之途径至繁赜，各种有各种之专门"①。相比之下，同时期日本的"普通中学与职业学校相较，无论学校数或学生数都以职业学校方面为多，即普通中学方面近年来之趋势亦以培养职业知识与生活技能为目标，故凡五年制之普通中学从三年或四年级起便分为升学与就业两组，就业组之课程固与职业学校无异，即升学组亦设有作业之课程，以期养成其勤劳习惯与生产知能也"②，这样自然会培养出充足的技术人才。

除了观念因素外，报考职业学校的学生大多是贫寒子弟，职业学校如果收取学费，这对本要报考的学生来说是非常大的经济负担，很多学生迫于经济压力，就放弃了报考，这也导致职业学校生源不足。为此，减免学费也是职业学校吸引生源的重要方法。关于职业学校的学生，规定以不收学费为原则。1941年教育部更通令"公立职业学校除一律免收学费外，应设置公费名额，至少30%。私立职业学校征收学费应依照规定，并亦应酌设公费名额。"③ 1944年行政院训令核准职业教育学校各科学生享受公费名额的比例，农工医专业的学生

---

① 赵靖编：《穆藕初文集》，北京大学出版社1995年版，第93页。
② 河北省教育厅编印：《考察日本职业教育报告》，《河北省教育公报》1933年第12期。
③ 教育部教育年鉴编纂委员会编：《第二次中国教育年鉴 第八编 职业教育》，商务印书馆1948年版，第1033页。

必须有80%的公费名额,商科的学生有40%的公费名额。这一年,河北省的职业学校"学生膳费,改按实物计算发给待遇,已较上年提高,唯尚未达到比照军官学校学生待遇"①。这些做法直接改善了职业学校学生的待遇,能够鼓励青年参加技术训练,加强职业技能素养。到了抗战胜利后,河北省的职业教育稍有回复,职业学校招生规模逐渐扩大,表4-10是1947年河北省立北平女子职业学校各级学生的统计表:

表4-10 1947年度第一学期河北省立北平女子职业学校各级学生统计表

| 部科与年级 | 高级 | | 部科与年级 | 初级 | |
|---|---|---|---|---|---|
| | 班级数 | 学生数 | | 班级数 | 学生数 |
| 商业科一年级 | 1 | 55 | 缝纫科一年级 | 2 | 112 |
| 商业科二年级 | 2 | 50 | 缝纫科二年级 | 2 | 85 |
| 商业科三年级 | 1 | 31 | 缝纫科三年级 | 2 | 60 |
| 缝纫科一年级 | 1 | 40 | | | |
| 缝纫科二年级 | 1 | 23 | | | |
| 缝纫科三年级 | 1 | 12 | | | |
| 总计 | 7 | 211 | 总计 | 6 | 257 |

资料来源:《北平女职1947年第一学期员生各种表册及教育厅对此的指令》,1947年,河北省档案馆藏,资料号:617—2—528。

从上表中可以看出,河北省立北平女子职业学校每个班的学生容量尽管幅度较小,但是这个学校的学生数还是不少的,一共有468人,这对于一所普通职业学校的规格来说,还是较为相符的。

## 二 日常的教学及管理

职业教育的教学部分占有非常重要的地位,因为"中国实业或职业教育的失败,最大的原因固在于整个社会机构的僵化及资本帝国主

---

① 教育部编:《二十三年度各省市教育工作总检讨汇刊》,教育部编印1944年,第146页。

义的侵略，但实业或职业学校教学法的欠缺，亦是无毋庸讳言的事"①，而教学运行当中最重要的一环就是课程安排，民国河北地区职业学校的课程安排，基本上是专业课与文化课并重，之所以这么做，是因为办理"职业教育，对于学生，自应于授以职业知能之外，教以文化学科，于职业陶冶之外，更注重一般陶冶，双方兼顾藉以造成适于社会生活之完人"②。表4-11展示了天津市公立商科职业学校的课程安排：

表4-11 天津公立商科职业学校课程及每周教学时数一览表

| 科目 | 第一学年 | 第二学年 | 第三学年 | 第四学年 | 第五学年 |
| --- | --- | --- | --- | --- | --- |
| 公民 | 2 | 2 | 商业道德1 | | |
| 体育 | 2 | 2 | 2 | 2 | 2 |
| 童子军 | 1 | 1 | 1 | | |
| 军事训练 | | | | 1 | 1 |
| 国文 | 9 | 9 | 6 | 2 | 2 |
| 英文 | 9 | 8 | 6 | 6 | 6 |
| 英习字 | 1 | | | | |
| 汉习字 | 1 | 1 | | 1 | 1 |
| 数学 | 代数4 | 几何4 | 三角2 | 商业算数2 | |
| 地理 | 本国地理2 | 本国地理2 | 商业地理2 | | |
| 历史 | 本国历史2 | 本国历史2 | 商业历史2 | | |
| 博物 | 2 | | | | |
| 生理 | 2 | | | | |
| 物理 | | 2 | | | |
| 化学 | | 2 | | | |
| 图书 | | 2 | | | |
| 商业通论 | | | 3 | | |
| 英文通信 | | | 社交通信2 | 商业通信2 | |
| 经济原理 | | | 3 | | |

---

① 周予同：《中国现代教育史》，福建教育出版社2007年版，第304页。
② 祁伯文：《教育与文化》，《北平教育》1933年第2期。

续表

| 科目 | 第一学年 | 第二学年 | 第三学年 | 第四学年 | 第五学年 |
|---|---|---|---|---|---|
| 簿记 | | | 商业簿记4 | 银行簿记4 | |
| 法学 | | | 法学通论2 | 民法3 | 特种民事法3 |
| 货币银行 | | | | 3 | |
| 广告 | | | | 2 | |
| 售货术 | | | | 2 | |
| 商品学 | | | | 2 | |
| 商业常识 | | | | 2 | |
| 仓库 | | | | | 2 |
| 运输 | | | | | 2 |
| 会计学 | | | | | 3 |
| 统计学 | | | | | 2 |
| 国际贸易 | | | | | 2 |
| 汇兑论 | | | | | 2 |
| 保险学 | | | | | 2 |
| 公司财政 | | | | | 2 |
| 商业组织及管理 | | | | | 2 |
| 珠算 | 1 | 1 | 1 | 2 | 2 |
| 实习打字 | | | 10 | 12 | 12 |
| 总计 | 38 | 38 | 48 | 48 | 48 |

资料来源：《天津公立商科职业学校校则》，天津市档案馆藏，资料号：401206800—J0110—1—000063—001。

从表4-11可以看出，天津市公立商科职业学校在第一和第二学年安排的基本上都是基础课和文化课，这样做能够打牢学生的文化基础。到了第三学年，才开始逐渐开设专业课，以培养学生的专业技术知识。这样培养出的学生，技能与文化素质兼备，才算是一名合格的职业学校毕业生。

国民政府教育部对于职业学校的课程、教材及设备非常重视，在20世纪30年代初期组织编印职校各科课程表教材大纲及设备概要，"委托专家暨著有成绩之学校分别编订，陆续送教育部在案。惟以职业学校种类特繁,且生产技术日有进展,殊不易订一永久适合之标准。本部有鉴于此,故此次所颁职业学校各科课程表教材大纲及设备概要,系就征集所得分别整理,悉照原稿付印,其目的在供各省市实施之参考,至各科内容互有出入之处,可依照地方情形及经济能力酌量采择"①,可见教育部要求全国职校整齐划一的同时也允许各个学校根据自身情况进行自主选择,以便灵活教学。在教材方面,国民政府教育部因"职业学校科别繁多,各科课程标准不易确定,前经函约国内各优良职业学校及各科专家,拟定各科课程表教材大纲,汇印四册,分发各校参考。兹查各职业学校对于各科教材之选择,每多自行编辑讲义,惟其内容详略不一,互有短长,亟应加以改善,特为征集国内办理较久或具有成绩之公私立职业学校所自编之讲义,加以审核,俾供各校互相采用以资改进"②。在征集的学校当中属于河北地区的有省立工业学院附设高级工业职业学校、省立保定高级工业职业学校、北平市立高级工业职业学校和天津市立师范职业师范科。

  在日常的管理上,自入学开始,学校对学生的行为就有非常严格的要求,河北省立保定工业职业学校规定在学年开始之时,新生需要到学校注册,不能够让别人代办,注册包括的事项有填写各项表格、缴纳各项费用、领取学生证及办理寄宿手续。如果上课一周之后还没有到学校注册,如果已经请假,需要休学一年。学生不能上课时,如果已经请假并得到核准,算作缺课,如果没有请假或者请假没有得到学校的批准,作为旷课处理。如果"学生因不得已事故缺席时,须先由家长或保证人具函叙明理由,签字盖章,向训育课请假。倘因急事预先不及请假,得事后补假,但补具证明不得逾三日,逾期以旷课论。其请病假者须具有医师诊断书证明书或家长证明函件"③。其实以当时的形势来看,加强管理还是很有必要的,因为当时全国各个学校均搞风潮,职业学校也受到了波及,影响了正常的教学运行。河北

---

① 《职业学校教材大纲及设备概要教部昨令各省市遵照》,《益世报》1934年7月9日。
② 《教部改善职校教材》,《益世报》1935年11月22日。
③ 《河北省立保定工业职业学校学则》,河北省档案馆藏,资料号:617—2—318。

省立第二职业学校曾经发生过驱逐校长的风潮，1930年11月份该校的教务处贴出了告示："学生贾温钧等八名，秘密会议，鼓动风潮，殊属目无法纪，应即开除该生学籍，以儆效尤等语，且该校校长并函请保市公安局派武装警察十余名到校弹压，以防反锄，但现被开除之学生，仍在校内居住，其余学生，亦按时上课"①。

在成绩考核方面，当时的职业教育也是十分严格的，以河北省立北平女子职业学校为例，该校的学生成绩分为学业成绩、操行成绩及体育成绩三项，其各项成绩考查之结果则分为甲乙丙丁四等，80—100分为甲等，70—79分为乙等，60—69分为丙等，59分以下者为丁等。②学业成绩的考查分为日常考查、临时测验、学期考试和毕业考试四种。其中日常考查的方式依照各科的性质分为口头问答、演习、练习、实验、实习、读书报告、作文测验、调查、采集报告、其他工作报告及劳动作业等，可以根据实习的需要选择考核的方式。临时考试由各科教员在教学时，随时举行，不能事先通知学生，每一学期每科至少有两次临时测验。学期考试是在学期结束，各科教学完毕时，就本学期所学的课程进行考试。毕业考试是在修业期满后，就所学习的课程考试。各科的日常考查成绩与临时测验的成绩合并计算，为各科的平时成绩，日常考查的成绩占平时成绩三分之二，临时测验成绩占三分之一。各科的平时成绩与学期考试成绩合并计算，为各科学期成绩，平时成绩在学期成绩内占三分之二，学期考试成绩占三分之一，修业期限内最后一学期，得免除学期考试，而以各科平时成绩作为学期成绩。每个学生各科学期成绩的平均分数为该学生的学期成绩，每个学生第一和第二两个学期成绩的平均，为该学生的学年成绩。高级和初级学生各学年的平均成绩与其毕业考试成绩合为该学生的毕业成绩，各学年的平均成绩在毕业成绩内占三分之二，毕业考试成绩占三分之一。学生的操作成绩或体育成绩不及格的，不能升级或毕业。每个学期各科旷课时数达到该科教学总学时的三分之一以上时，学生不能参与这门学科的学期考试。没有学期成绩的学科或成绩

---

① 《保定职业学校风潮一波未平一波又起》，《益世报》1930年11月29日。
② 《河北省立北平女子职业学校组织规程》，河北省档案馆藏，编号：617—2—318。

不及格的学科在三科以上，或者两个主要科目不及格或没成绩的学生，不能升学，跟下一级的学生重新学习。如果学校没有相当的学级则给该生发给转学证书。如果"无学期成绩之学科或成绩不及格之学科，仅有一科之学生或虽有二科无学期成绩或不及格，但其科目不属于主要科之学生，应令其于次学期仍随原学级复读。一面设法补习各该科目，经补习学期考试成绩及格后，准予正式进级。如仍不及格，应于次学年仍留原学级肄业。但此项补考及留级均以一次为限。如果仍不能进级，发给修业证书，令其退学"[①]。在毕业考试当中，如果有三科以上或两个主要科目不及格的学生，需要留级一年，但是只能留级一次。如果还是不能毕业，发给修业证书，勒令学生退学。毕业考试成绩当中有一个不及格或两个非主要科目不及格的学生，需要进行补考，如果补考不能通过，则要留级。

根据对河北及天津相关职业学校学则的分析来看，从学生入学到毕业，校方都有非常明确的规定，而且在执行当中都是极为严格的。职业学校招收的学生本来就不是升学者当中的上层群体，而且很多进入职业学校学习的也并非是真实意愿。在这样的背景之下，职业学校必须通过系统、严厉的学则对学生加以约束，以矫正他们散漫、懒惰及放荡的不良习气，防止他们学习期间仅仅是在混日子的心态下虚度了年华。传授专业技术这对职业学校来说责无旁贷，但是培养学生应有的职业道德和情操也是职校的分内之事，必须让学生职业技术和风貌兼备，方能在能走出校园后较为顺利地融入到社会当中。

### 三 职教学生的实习与就业

（一）实习一瞥

从实习与实践的环节来看，"职业教育以培植中级技术人才为目的，既非造就技术专家，又非实施一般的所谓人文教育，目标既显著而又单纯。过去之职业教育失之目标含混，职业教育不教职业，职业学校，太似普通学校，所有学制规定，课程编制，以及教学方法等多半脱胎于中等学校的整套模型，而把职业学校束缚于呆板的典范之

---

[①] 《河北省立北平女子职业学校组织规程》，河北省档案馆藏，编号：617—2—318。

中，结果，学生毕业后，竟无一技之长，被迫的走上升学之路"①。这种老旧的职业教育模式导致了"农学生只知道读讲义，未曾种一亩地给农民看，工学生只知道在讲堂上画图，未曾在机械上、应用化学上供给实业界的需要，学矿物的记了许多外国名词，见了本地的动植物茫然不解"②的可悲局面。如此的状况，比清末时期"实业学校以教授工商业必需之学识技能"③的宗旨没有太大的进步，因此加强实习比重是当时职业教育的重点内容。

然而，明白了实习重要性的同时，更要知道开展实习之不易，其中有三个至关重要的环节有所保证，实习才能顺利展开并收到实效，这三点分别是管理、设备及出品。

从管理的方面来看，民国时期职业学校的"附属实习机关，在农有农场、在工有工场、在商则有商店或实践室、在女子职业学校则有假设家庭或缝纫、刺绣工场等。要之工场、农场、商店等，皆当有管理，而管理之方法决非若学校教室之简单者。彼为有规则而静止的、此则完全属于活动的也。工场，农场，商店，管理之方法未必尽同，其共同紧要之点，则经济与系统是。此经济包含时间金钱劳动力地位各方面而言。今之职业学校办理工场农场商店等实习之成绩不著，或竟至失败者，大半属于管理之不得法也。今人每以科学方法管理各种事业为可贵者，亦维取其有系统能经济也。不论工场农场等等，苟管理之组织有系统、则条理清楚、纲举目张、物无虚糜、事无不举，能如是则管理之困难必减去不少。盖工场等之组织本极活动而复杂，若漫无系统则真一盘散沙，无从收拾矣。所谓组织有系统者，即相度实际情形，用人行政以分功专责为标准。系统既明，乃注意于经济。职业教育机关之附设工场农场等，一方面为便于实习，一方面亦可借此试验实习之成绩。而所谓实习成绩，不仅之作品一项，要包含推销设计种种，虽不必以营利为目

---

① 中国教育学会理事会编辑：《中国教育学会年报》，中华书局1948年版，第63—64页。
② 陈独秀：《陈独秀文章选编 中册》，三联书店1984年版，第74页。
③ 南京临时政府编：《临时教育会议议决案审查报告》，教育杂志社1912年，第17页。

的，要必使其减少消耗，增进效率。此所谓经济是也。今之学校附设实习机关，往往费时久用力多消耗巨，卒至得不偿失，为社会所诟病，甚至因以停止实习影响及于本身"①，效果很不理想。因此实习之初必须做好组织工作，既要能够保证高效率，还必须能够节省资金以确保实习工作持续进行下去。

实习还要有必要的硬件设施，职业学校的开办，必须"先有种种设备，以应所教各业之需求，然后师生乃能从事于生利。否则虽有良师贤弟子，奈无米不炊。何故？无农器不可以教农，无工器不可以教工，医家之教必赖刀圭，画家之教必赖丹青。易言之，有生利之设备，方可以教职业，无生利之设备，则不可以教职业"②。以北京市为例，当时提倡用新式方法给孕妇接生，并救护贫苦的产妇，但"产科人才缺少，虽以普通提倡、惠及乡镇，乃积极筹备助产学校，以造就专才，普及农村。惟此种学校较普通高级中学不同，最要设备必须有相当实习产院，而医疗设备及普通内外各科亦必须齐全，方可成立"③。其实从考量的角度来看，评判一所职业学校就要看"学校全部是否整洁适用，对于工厂及农场卫生是否注意"。再有就是"实习场所容量，或农场林场面积与学生人数之比例，是否足敷实习之用"④，这是保证学生充分实习的最基本条件。

实习总的原则是由职业学校自己建设农场、工厂及商店等可供学生实习的场所，当然职业学校也可以与性质相同的农场、工厂、商店等合作，为学生提供实习的机会。如果"学校中人终身不出学校，未尝与实业相接触，而欲其造成之学生与实业，不如方枘纳于圆凿"⑤，很难收到应有的效果。此外，"职业学校尚须具备实习场所、营业及

---

① 中华职业教育社编：《中华民国十三年度调查全国职业教育报告》，《教育与职业专号之一》，中华职业教育社1926年版。
② 陶行知：《生利主义之职业教育》，《教育与职业》1918年总第3期。
③ 吴廷燮等编：《北京市志稿·文教志》（中），北京燕山出版社1998年版，第150页。
④ 天津市教育局刊行：《考查职业学校办理成绩应注意要项》，《教育公报》1936年第5期。
⑤ 任鸿隽：《我国之实业教育问题》，《教育与职业》1917年总第1期。

推广部、货样室"①。职业学校也可以自己指定宽广的场所，学生自行组织、经营、耕种或进行其他的实习。学生每次的实习时间，以连续三四个小时为限度。在教学侧重上，要先侧重实习，之后才是讲授。实习才能体现出职业教育的实用性，"盖其教育之效果乃在应用，苟为无用，与不教同"②。在具体的实习过程中，要看"实习方式及教材，是否切实有效，有无系统与组织，一切作品是否适于实用，不偏于练习；学生在工厂及农场实习对于时间及原料等，是否采取经济原则，是否完全自做，不假助于助教，技匠及工徒，制作技能是否熟练；各科实习，有无利用校外生产建设机关，学校教员如何指导考核学生之校外实习"③，只有在实习过程中能够把上述的各个部分做好，这样实习环节才能算是达标的。

　　职业学校学生的实习工作，当时的河北省搞得还是很有特色的。该省认为："实业教育最重实用，学校所设宜适合社会之需要，从前实业界每与学校隔离，是以学校不能致用，而实业亦无由改良。欲祛此弊，除督令认真实习外，拟令各学校常谋与农工商各界所以联络之法，如展览成绩、开会、讲演、请富有经验之实业家到校批评，既可采其议论，藉资改良，更可输以新知识，俾传知社会，增学校之信用。近据甲种农业奏报，拟培养种苗树苗，与农家交换，并令二三年级学生每逢星期日轮次到附近农村与农人作农事谈话，以交换新旧知识。水产学校拟遵章设水产讲习会。天津设有工商研究所，前由教育科介绍商业专门之教员，讲习商业各项（如商标、广告、簿记等类，由该所选题），冀收联络改良之效。盖实业教育校内学习与校外作业当并重也。"④

　　参观其实也是实习的重要一环，尤其是学生在即将毕业时，学校大多都会安排参观的环节，通过参观工厂、农场及商店，学生可以直

---

① 教育部中等教育司编辑：《中等教育概况》，民生印书馆1949年版，第148页。
② 任鸿隽：《我国之实业教育问题》，《教育与职业》1917年总第1期。
③ 天津市教育局刊行：《考查职业学校办理成绩应注意要项》，《教育公报》1936年第5期。
④ 璩鑫圭、唐良炎编：《中国近代教育史资料汇编 实业教育师范教育》，上海教育出版社1991年版，第267—268页。

观了解到这些单位的工作流程。河北省省立第二职业学校曾到天津进行参观,因"本届毕业生三十余名,由教员张仙舟君率领,于昨日由平来津参观本市各大工厂,现寓河北工业学院,约至星期三(十九日)即可参观完毕返保云"①。与河北省立第二职业学校相类似,北京市立职业学校也频繁组织师生到工厂、公司及相关单位进行了实地参观,兹对北平市立职业学校1931—1937年间的参观单位进行了汇总,汇总如表4-12所示:

表4-12　北平市市立职业学校1931—1937年参观单位汇总表

| 学生专业与年级 | 地点 | 时间 | 参观机构 |
| --- | --- | --- | --- |
| 机械科三四年级 | 北平 | 1931年4月7日 | 欧亚航空公司 |
| 四年级学生 | 天津 | 1931年6月18日 | 丹华火柴公司、恒源纺纱厂 |
| | | 1931年6月19日 | 河北工业学院、津浦路修车厂 |
| | | 1931年6月20日 | 明星汽水公司、明星罐头公司 |
| | 塘沽 | 1931年6月21日 | 永利制碱厂、久大精盐公司、黄海化学工业社 |
| | 唐山 | 1931年6月22日 | 北宁路修车厂、启新洋灰公司、启新制造瓷厂 |
| 机械科学生 | 北平 | 1931年10月31日 | 北平电车公司修造车厂 |
| 机械科第七班 | 北平 | 1932年4月9日 | 贻来牟和记公司机器制造铁工厂 |
| 机械科第七班 | 北平 | 1932年5月16日 | 兴业制造机械工厂 |
| 机械科第四年级 | 唐山 | 1932年6月20日 | 北宁路修车厂 |
| | | 1932年6月21日 | 启新洋灰公司、启新瓷厂、开滦矿务局、唐山国货展览会 |
| | 塘沽 | 1932年6月22日 | 永利制瓷厂 |
| | 天津 | 1932年6月23日 | 丹华火柴公司、恒源纺纱厂、明星罐头公司 |
| | | 1932年6月24日 | 大公报馆、河北省立工业学院 |

① 《保定二职校昨来津参观》,《益世报》1929年6月17日。

续表

| 学生专业与年级 | 地点 | 时间 | 参观机构 |
|---|---|---|---|
| 化学科第十班 | 北平 | 1933年4月 | 实业制胰厂、中华日新制胰厂、兴业香皂制造厂 |
| 机械科第八班 | 长辛店 | 1933年6月14日 | 平汉路长辛店车厂 |
| 机械科第九、十班 | 北平 | 1933年10月14日 | 香山慈幼院制革厂 |
| 机械科第九、十班 | 北平 | 1933年12月2日 | 燕京造纸工厂 |
| 化学科第十班 | 北平 | 1934年3月 | 振北制革厂、财政部印刷局 |
| 机械科四年级 | 天津 | 1934年5月20日 | 华北制革厂、大仁铁工厂、德利兴铁工厂、东方油漆工厂、明星罐头公司 |
| 机械科四年级 | 天津 | 1934年5月21日 | 河北省立工业学院、津浦路修车厂、河北省工业试验所、河北省农具制造所 |
| 机械科四年级 | 天津 | 1934年5月22日 | 大公报馆、东方铁厂、中国油漆工厂、电话南局 |
| 机械科四年级 | 天津 | 1934年5月23日 | 丹华火柴公司、天津造胰厂、宏中酱油公司、寿丰面粉公司、明星汽水公司、天津自来水公司 |
| 机械科四年级 | 塘沽 | 1934年5月24日 | 塘沽水利制轮厂、久大精盐公司、黄海化学工业研究社 |
| 机械科四年级 | 唐山 | 1934年5月25日 | 唐山北宁路修车厂、开滦矿务局 |
| 机械科四年级 | 唐山 | 1934年5月26日 | 启新洋灰公司、启新炼钢厂、启新碳厂 |
| 机械科孟德麟等 | 北平 | 1934年10月14日 | 北平自来水公司东直门水厂 |
| 化学科 | 北平 | 1934年11月 | 兴业香皂工厂、利华制革工厂 |
| 机械科 | 北平 | 1934年12月 | 慈型工厂、贻来牟工厂 |
| 化学科 | 北平 | 1934年12月 | 慈平工厂 |
| 机械科四年级 | 北平 | 1935年1月 | 北平永增铁厂 |
| 机械科四年级 | 北平 | 1935年3月26日 | 北平电车公司修理厂 |

续表

| 学生专业与年级 | 地点 | 时间 | 参观机构 |
|---|---|---|---|
| 机械科、化学科四年级 | 天津 | 1935年4月7日 | 永明油漆工厂、华北制革厂、德利兴铁工厂、明星罐头厂、明星汽水公司、东亚毛织工厂 |
| | | 1935年4月8日 | 津浦路修车厂、河北省立农具制造所、河北省立工业试验所 |
| | | 1935年4月9日 | 东方铁厂、电话南局、大公报馆、利中硫酸工厂、河北省立工业学院 |
| | | 1935年4月10日 | 丹华火柴公司、天津造胰公司、安中酱油公司、寿星面粉公司、天津自来水公司 |
| | 塘沽 | 1935年4月11日 | 久大精盐公司、黄海化学研究社、永利化学工业制造公司、 |
| | 唐山 | 1935年4月12日 | 北宁铁路修车厂、开滦矿务局、启新磁厂 |
| | | 1935年4月13日 | 启新洋灰公司、启新修机厂 |
| 化学科 | 北平 | 1935年11月 | 天津兴业造胰公司北平厂 |
| 化学科陈伟瑨、孟昭省等 | 北平 | 1935年12月 | 平津硝皮厂 |
| 化学科陈伟瑨、孟昭省等 | 北平 | 1936年3月 | 北平料器工厂 |
| 化学科黄纬同等 | 北平 | 1936年4月 | 振北制革厂 |
| 初级化学科黄伟同、高宗崑等 | 唐山 | 1936年5月 | 唐山德盛瓷窑 |
| 陈传瑨等 | 保定 | 1936年10月20日 | 河北省立高级职业学校 |
| 孟昭省等 | 青岛 | 1937年1月 | 青岛华北啤酒厂、青岛福字胶皮厂 |
| 张铁生等 | 北平 | 1937年5月 | 双合盛啤酒公司 |

资料来源：根据北平市市立职业学校所编第1—51期《职业月报》所刊资料汇总而成。

这些工厂及公司堪称当时河北地区龙头产业的代表，其技术水平是相当高的，学生能到这里参观，学到的是与书本理论完全不同的实际知识，必然对于其操作技术的提升有非常大的作用。此外，河北省"各学校均设有工厂，以资实习。省立职校有织染、机织等工厂，织工厂内有织机、文雕机、整理机、提花机、铁梳机、器力打轴机、器力打夹机、打夹车、打轴车、落线车、袜子机、套帽机。染工厂内有印染机、干燥机、轧花机等。机械工厂有锅炉发动机，车床等。各工厂订有实习规则。厂内备有实习日志。各科学生每日按照实习时间入厂实习，由厂监技师等随时指导"①。除了走出去参观，河北地区的职业学校还请外来工厂、企业及公司的精英来校做技术演讲，北平市市立职业学校于1933年5月间请来了永利制碱厂的宋逸林先生来校讲解了碱的产生缘起、化学公式及制作方法等专业知识，通过这次讲演增进了化学科学生们的专业技术知识。

中华教育改进社参观过直隶甲种工业学校，并对其实习的场面有较为生动的描述：

我们到这个学校的时候，适值工课已完。由校长安士良先生引导至学生实习工厂，参观学生实习状况。先到染织工厂，学生有织布的，有打花样的，皆很忙碌。他们用丝织成的曹锟的戎装肖像，惟妙惟肖，每块有一明信片大。又有丝织的同样大小的风景，都卖两角大洋一块。又参观铁工机械二工厂，其所出品，也有很多适用者。②

虽然这仅仅是一瞥，但是却可见民国时期河北省职业院校学生实习之一斑。职业教育区别于其他教育类型最显著的地方就是实习环节，实习搞得好，学生才能具有真才实学。表4-13是北京市市立职业学校的机械工厂的实习成果：

---

① 王世杰编：《第一次中国教育年鉴 丙篇 教育概况》，开明书店1934年版，第411页。

② 王卓然编纂：《中国教育一瞥录》，商务印书馆1923年版，第39页。

表 4-13　1933 年 12 月份北京市市立职业学校机械工厂实习报告表

| 部别＼年级 | 第四年级 | 第三年级 | 第二年级 | 第一年级 |
|---|---|---|---|---|
| 机工部 | 洗螺旋轮二件；洗刀一件；旋齿轮二件；修理故宫印刷所机一件 | 旋刨床齿轮三件；刀杆三件；洗刀一件；夹板螺丝十二件 | | |
| 完成部 | 咬丝钳子两件；裹口钳子两件 | 咬丝钳子四件；印刷机零件八件；烧煤架夹子六件 | 斧子五件；试管夹子八件；漏斗螺板十二套 | 锉方铁八块 |
| 木工部 | 闷子底座木型一件；抽水机气室木型一件 | 刨床身木型一件；闷子腿木型一件 | 漏斗架十五件；小试管架十件 | 大试管架八件，未完成者三件 |
| 翻砂部 | 刨床齿轮四件；抽水机二件；尾针架两件；轴承二件 | 大炉门四件；太炉门三件；小炉门三件；炉托四件；轴承二件 | 洋炉零件二十件；炉条十五根 | 洋炉零件十六件 |
| 锻冶部 | 打洗刀二件；斧子四件 | 斧子四件；漏斗架用螺丝五十件 | 裹外口钳子十六件 | 罗盘针十六件 |
| 板金部 | | 喷雾气筒六件 | 大水壶十个；小水壶十个；带尾水壶十个 | 掸子筒三十个 |

资料来源：北平市市立职业学校月刊社编：《机械工厂学生实习报告表》，《职业月刊》1932 年 12 月 10 日第 4 版。

根据上表 4-13 的成果可以看出，一个月的时间能够生产出这么多的产品，以当时这个学校的规模来看，着实不易。在这个过程中，学生既锻炼了自己的制作能力，又生产出产品可以销售，是一举两得的事情。

1930 年第二次全国教育会议曾强调职业学校要"附设工厂、商店、农场者，每日规定实习时间；无工厂、商店、农场者应将学生分组轮流派往附近之工厂商店农场实习；实习除注习作外，并重组织、管理、经营"①，这更说明了民国政府对于职业教育实习环节的重视。实习是职业教育极为重要的一环，为了便于学生实习甚至可以将职业学校"设在工厂里面，学生和教员混为一起，在工场上实地里去做，实地里去学，实地里去教的办法"②，使得学生时刻在工厂的环境中边学习边操作，增强学生的专业技能。实习的作用还不仅于此，除了"直接训练职业的技能，并且在无形中，培养许多职业的精神"③，使他们能够爱岗敬业。

（二）就业管窥

从就业方面看，最开始职业教育毕业生就业效果很不好，虽然"职业教育的呼声很高，职业学校的数量也有增加；但是职业学校毕业的学生，却感觉没出路的困难，关键便在于不合社会需要"④。这是由于"在这百业凋敝的时期，各界需要的人才总是有限的，职校的数量既是一天天的增加，职校的毕业生亦是源源不断的一天天多起来，而职业界各种企业的发展却是非常缓滞而极多波折。在不久的将来，职校学生的出路，还是要成问题"⑤。职业学校的学生之所以很难就业，系统归纳起来，大致有以下三点原因：

1. 社会不喜用学生。现当新旧迁嬗之交，在社会有信用之人，每多牢守旧习惯，在学校初出问世之人，往往抱进取革新之志，两方观念不同，当然难于合作，此犹从积极方面言之也。若从消极方面言，则今之学养未足，志高气昂，缺乏服从勤俭等种种美德，致不为社会所喜。此两种原因俱有，尤以后者为多。孔子曰"不患无位，患所以立，不患莫已知求为可知也"，故吾人对于毕业生之出路，不能独责望于社会，仍当于本身下功夫。换言之，职业学校欲学生之见信于社会，当于

---

① 汪懋祖等：《第二次全国教育会议始末记 第三编》，江东书局1930年版，第35页。
② 谭荣显：《中国教育出路问题的研究》，广州大学文科学院印制1933年版，第18页。
③ 何清儒：《职业教育学》，商务印书馆1941年版，第45页。
④ 吴俊升、王西徵编：《教育概论》，正中书局1946年版，第145页。
⑤ 章益：《我国职业教育的出路》，《教育与职业》1935年总第162期。

训练上特别注意也。今之学生有最大病之二，侈言爱国，而本身缺乏公德，批评社会，而自己偏染恶习。言论既乖乎世道，举动复习于下流。此所以使社会见而却步也。吾人既知职业教育，决不能离社会而独立，应本社会之原理，人情之趋向，以定训练方针，严密实行，使社会知学校学生不独富于新知识，且能保守旧道德，则方将欢迎之不暇，讵再有厌弃之心哉。此即孔子所谓求为可知之道也。

2. 现代社会不用介绍制度。现在社会各种职业界之雇用或延请人员，非由豪强请托、即为亲友推荐，并不用招考手续，亦不委托正式机关介绍。因之职业学校之毕业生，非有亲友汲引、即须赖学校校长为之多方设法。然一校之毕业生甚多，校长之交情有限，于是发生出路拥塞问题矣……而学校本身仍与有责也。盖现在社会制度组织未完全，各机关介绍之方法与信用尚未臻圆满之境，中国之职业竞争，亦不至如各国之剧烈，尽可以随便用人，假如再经数年十年以后，社会之制度，渐趋于有组织之途径，职业界之竞争亦渐剧烈，则社会自然觉得用人之不能不当其才，不能为人择事，于是不得不信用介绍制度矣，此时间问题之说也。然现社会亦有一部分新事业试用学生矣，而舆论未必尽表同情者何也，大都以学生旨趣不定，或所用非所学，或学而不切实用，此则学校自身之责，除于训练教育注意之外，更能致力于职业指导，庶青年之志愿性格与其所学相合，决无旨趣不定之病矣。

3. 事业不发达。近年以来国事紊乱、百业消沉，新事业之不能发展，无可如何者也。然谋事之人并不少，于是有人浮于事之叹矣。故今之办职业教育者，又当鼓励学生坚毅勇敢自立之精神，不特造成可用之人才，且造成用人之人才，申言之不独尽忠于职务，且有创造之能力。如是则有力者可以自谋事业之开拓，无力者亦可用合作之精神方法，以自营事业。能如此，不特职业教育机关毕业生之出路能疏通，全社会之气象，亦可因此革新矣。此固不能奢望于一般学校、一般学生，要亦非绝对不可能，吾人应加以注意者也。①

---

① 中华职业教育社编：《中华民国十三年度调查全国职业教育报告》，《教育与职业专号之一》，中华职业教育社1926年版。

1935年钟道赞对全国职业教育视察之后，得出了职教学生就业的大体状况："三十省市二十八高初级职校之毕业生，初级农职学生就业者最少占21%，最多占93%，平均为72%；高级农职学生就业者，最少占20%，最多占92%，平均为77%；初级工职就业者，最少占11%，最多占100%，平均为80%；初级商职就业者，最少占20%，最多占100%，平均为57%；高级商职就业者，最少占70%，最多占88%，平均为78%，各项学校总平均数为74%，此74%，未必均与所学有关，至少有一部分是用其所学。"①

就河北地区来讲，各级职业教育努力以社会产业实际为定位点，有的放矢的培养学生，因此该区域内职业学校的学生基本上能够做到学为所用。表4-14所示为北平市立职业学校1935年机械及化学两科部分毕业生服务社会状况：

表4-14　1935年北平市市立职业学校部分应届毕业生服务社会一览表

| 科别 | 学生姓名 | 服务单位 |
| --- | --- | --- |
| 机械科 | 孟德麟 | 北平世界日报馆练习 |
| | 王郡山 | 青岛山东大学工学院机厂助理员 |
| | 杜生芝 | 军政部清河绒呢厂职工 |
| | 张志宏 | 军政部清河绒呢厂职工 |
| | 周邦泰 | 军政部清河绒呢厂职工 |
| | 李学周 | 军政部清河绒呢厂职工 |
| | □兰 | 军政部清河绒呢厂职工 |
| | 张俭 | 北平慈型工厂练习 |
| | 胡燕翔 | 升学 |
| | 吴□□ | 升学 |
| | 罗志锐 | 山东济南邮局职员 |
| | 卢鼎新 | 石家庄大兴纺纱厂职员 |
| | 杨培林 | 市立第一工厂 |

① 《教部督学钟道赞谈全国职教最近状况》，《益世报》，1935年11月19日。

续表

| 科别 | 学生姓名 | 服务单位 |
|---|---|---|
| 化学科 | 陈有助 | 汉沽□海化学工业社监工员 |
| | 许莘 | 刊入本校高级化学科 |
| | □庆□ | 升学 |
| | 王英敏 | 升学 |
| | 黄铎 | 华光通讯社 |

资料来源：北平市市立职业学校月刊社编：《本届毕业生服务社会状况》，《职业月刊》1935年10月10日第3版。

从表4-14可以看出，机械科的学生大部分去了工厂工作，从事与机械相关的职业，而化学科的学生除了升学外，也基本进入化学相关单位，从事化学类的行业。再以1940年天津市私立职业教育的学生出路为例，亦可见表4-15：

表4-15　　1940年天津市私立职业学校学生出路一览表

| 类别 | 总计 | 留学 | 升学 | 就业 | | | | | | | | |
|---|---|---|---|---|---|---|---|---|---|---|---|---|
| | | | | 合计 | 工业 | 商业 | 农业 | 交通界 | 公务员 | 自由职业 | 军警界 | 家庭服务 | 其他 |
| 私立商科 | 105 | | 15 | 90 | | 70 | | 14 | | | | | 6 |
| 私立农科 | 8 | | 4 | 4 | 2 | | 2 | | | | | | |

资料来源：天津市特别教育局编：《中华民国二十八年度天津市特别教育统计》，1940年第10期。

如表4-15所示，私立商科的学生当年共计有105人，毕业能够从事商业的有70人，占到总数的67%，这样的比例还是很高的。学为所用，这至关重要，职业学校不仅要知道毕业生"有多少就业的，并且要研究就业的人是否有用其所学的机会，假若职校的毕业生各个就业，在量度上有十成的出路；但若学工的就商，学商的就农，所受的教育可说毫无效果，在质度上可认为有零度的出路"[①]。此外，民

---

① 何清儒：《职业学校毕业生出路调查》，《教育与职业》1935年总第168期。

国时期的社会"也并不是完全不需要职业学校学生,如在通商大埠,银行商店,也往往招收中等商业学校的毕业生,各工厂也往往招收中等机械科的毕业生。不过这一种学校,这一种毕业生,信用要好一些,比较能使工商界信任。还有现在各处筑公路,各机关改用新式簿记及打字,需要中等土木工科及商业学生,也不少啊,总还要看自家学校所训练的学生,技能怎样,品行怎样,这一层也很要紧"[①]。总之,办理职业教育就必须注意学生的出路,这也成为公认的道理,学生的出路可以体现出职业教育的效能与价值。就职业教育办学效果的衡量标准来看,"出路问题更为重要;因为职业教育目的重在实用,所得的结果亦以用学生的出路作计量最为方便。从事职业教育的一切努力设施,都无非是希望学生出校后,有适当的工作,有优良的成绩。假若所培养的人才均不能应用,所有的努力设施均成枉然"[②]。

---

[①] 江问渔:《在目前中国社会需要上认明职业教育的前途》,《教育与职业》1935年总第166期。

[②] 何清儒:《职业学校毕业生出路调查》,《教育与职业》1935年总第168期。

# 第五章

# 民国河北地区职业教育的效能输出

职业教育的"目的,就在增加全部生产"①,因此职业教育办得好坏,最后要看它释放效能的多少,给产业发展供给多少的助推力。更详细点说,它能够培养多少实用的技能型人才,其培养出的毕业生能否有较高的就业率,其专业设置与当地经济产业之间是否有较高的匹配度。同时职业学校自身也有生产各类产业制成品的能力,它们可以制造本校的产品,向社会销售。此外,职业教育更重要的输出效能在于向社会提供技术,并且将这种技术直接转化为生产力。本章计划从职业教育如何增加学生就业、提高产品评价及将技术转化为生产力三个方面来展开论述。

## 第一节 职业教育加强学生就业的手段

### 一 职业指导

职业指导是伴随着工业革命、机械化大生产及职业分工细化而产生的一种旨在使"人人得恰当事,事事得恰当人"的事业。在世界上最早实施职业指导的国家是美国,其标志是 1905 年波士顿大学的弗兰克·帕森斯(Frank Parsons)提出了"职业指导"一词并对之进行了概念界定,而后他又创设了波士顿职业局,这是世界上第一个职

---

① [英] Bertrand Russell:《教育与群治》,赵演译,商务印书馆 1934 年版,第 194 页。

业指导机构，为求职者介绍业界的信息并指导他们择业。这样职业指导就诞生了，并且迅速在西方欧美资本主义国家推广开来，它极大地促进了美、英、德等国家人力资源的有效利用及产业发展，产生了非常大的社会影响，这引起了当时在这些国家留学的中国留学生的注意。而当时中国教育与社会产业脱节严重，学生普遍毕业就失业，以当时的局面来看中国"需要职业指导之急切，几乎为国人所公认，自行政当局以及教育界实业界，凡感到人才之需要与失业青年之日多者，莫不积极提倡"①，因此许多留学生率先将这些资本主义国家的职业指导理论及经验介绍到中国，探寻教育与产业有效对接的法门。他们在译介外国职业指导著作的同时，还积极开创符合中国实际的职业指导理论，并通过建立中华职业教育社等机构实施职业指导，积累了宝贵的经验。

（一）职业指导的定义与内容

职业指导既然来自国外，那么在引入中国以后，它就需要与中国的土壤结合进而衍生出新的职业指导理论，因此民国许多教育家例如陈选善、黄炎培、江恒源、刘湛恩、潘文安、邹恩润、庄泽宣及顾树森等均根据自身的认知与实践对职业指导给出了不同的界定。

将众多教育家对于职业指导的定义归结起来，可以分为狭义和广义两个层次。狭义的职业指导侧重个人职业的选择与发展。比较有代表性的是黄炎培的定义，他根据青年的成长规律指出"大多数青年不论男女，到了十四岁或十五岁，天然的会想到将来生活的寄托，就是择业问题。教育在这个时候，就应该用种种方法明示或暗示各种职业的意义价值和从业的准备等等，使得每个青年不要走向和他天性或天才不相近的道路。这就是职业指导"②。这里黄炎培从个人发展的角度对职业指导进行了界定，基于每个青年人在毕业之后须择业的事实，强调要在他们择业前，通过职业指导，让他们对社会经济产业有一定的了解，并且根据自身的兴趣和专长去选择适合自己的职业，这

---

① 上海职业指导所编：《职业指导实施概览》，中华职业教育社1929年版，第1页。
② 中华职业教育社编：《黄炎培教育文集 第四卷》，中国文史出版社1994年版，第110页。

样才能实现"使无业者有业，使有业者乐业"的最终目标。以此为出发点，黄炎培认为整个职业教育系统应该由职业陶冶—职业指导—职业训练—职业补习、再补习这样的连贯体系组成，其中他尤为注重在实施职业指导之前就应该先培养学生的职业伦理，增强他们的职业道德及素养。让"无业者有业"这只能说是职业指导的直接目的，而其最终的目的当是让"有业者乐业"，这样才能彻底释放出人力资源的潜能，将人才经济效益最大化。从广义的角度看，职业指导"不仅包括职业指导，还包括就业指导、改业指导、服务指导以及以职业为导向升学过程中选科、择校的指导"①。也就是说职业指导是一个非常系统、全面的工作，不仅仅是指导学生择业了事，而是择业后的工作以及升学指导均包含在职业指导之中。邹恩润认为职业指导是指种种办法，借以助人选择职业、预备职业、加入职业，并且怎样能在所做的职业上求进步②。职业指导贵乎学生从业之后，通过对其继续进行指导，而使其在工作岗位上能够不断增进自身的能力和素养，以利于职业指导效能最大化，单纯的指导学生择业或给他们介绍职业无法体现出职业指导的全貌。职业指导"帮助青年学生发挥个人的特长，使之能够在社会上找到更理想的、能够发挥自己潜能的职业领域；同时，职业指导也是向学生传递社会所需各种人才的信息，使学生能理解社会对人才的需求，并内化为自觉的要求，按照一定的目标不懈努力，使自己成为社会的有用人才。这两方面是统一的，不可偏废"③。

对于职业指导内容的概括，比较有代表性的是江恒源，他认为职业指导的具体内容应包括职业调查、职业询问、职业演讲、升学指导、择业指导、职业介绍、改进职业、职业测验、服务访问和职业训练。这里面的内容可以分为三个阶段，第一个阶段是前两个部分即职业调查和职业询问，均属于研究性工作，也是准备的阶段。在为学生选择职业之前，必须将研究性工作做好，即摸清职业界的实情和学生

---

① 金兵：《近代中国职业指导思想研究》，《教育评论》2010年第4期。
② 邹恩润：《美国的职业指导运动》，《新教育》1922年第4期。
③ 汪刘生、施兰芳主编：《职业教育学》，立信会计出版社1998年版，第273页。

个人的志趣与能力，这是职业指导的基本工作。之后的职业演讲、升学指导和择业指导是职业指导的实施阶段，它也是职业指导工作的核心部分，这部分的工作基本上是在学校内完成，通过邀请职业界的精英到学校进行演讲，让学生对当下的产业职业有所了解，并激发学生的从业热情；学生临近毕业，在他们面对升学和就业的人生抉择时，给予适时的指导，让有条件的学生升学，不能升学的学生也能找到适合自己的职业。当然职业指导的工作至此还没有结束，还有后续阶段，即改进职业、职业测验、服务访问和职业训练，学生在从业以后，还需要了解学生到底是否愿意或者适合从事该职业，他所从事职业的发展前景如何，学生在工作的过程中还需要通过哪些训练才能继续提升自己的职业素质等，这些都是职业指导应该承担的责任。只有保证这三个阶段内容的完整实施，学生在职业发展的道路上才能走得更稳更远。当然，职业指导发展到今天，它的内容应该更加丰富，至少要包括职业伦理培养、职业准备、择业与创业训练、职业信息搜集、职业心理分析、职业介绍、职业咨询、规划职业生涯等方面。也就是说要从心理学的角度分析学生的个性及能力，运用大数据为工具搜集产业和职业界信息，指导学生升学、择业的同时，还要传授他们创业的方法，并对他们将来的职业生涯有长远的规划，这样才能适应当今时代和社会的要求。

（二）实施职业指导的必要性

之所以要实施职业指导，民国时期的邹恩润给出了较有代表性的说明，即第一能够为学生及青年的个人发展给予科学的指导；第二通过职业指导，可以使学校加强与职业界的联系，并且在这个过程中根据产业职业的需求，不断调整自己，促进教育的自我更新；第三是职业指导可以使人才经济收益最大化，促进社会经济产业的发展。随着"生产力水平的不断提高，经济发展速度加快，社会分工越来越细，职业的种类和数量越来越多。对于大量的劳动者而言，仅凭个人的经验选择合适的职业越来越困难；对于雇主而言，采用传统的招收雇员的方法也难以获得满意的人才。由此，顺应劳动力市场双向选择的需求，以谋求人与职业的合理匹配为核心的职业指导便得以快速发展，并成为沟通求职者与用人单位的桥梁"①。

首先,从个人发展的角度来看,学生做事必须有主动、努力、奋斗的素养,通过对他们进行职业指导,可以让他们对自己的前途提前思考和衡量,绷紧寻业、择业、就业的神经,祛除在学习当中浑浑噩噩、萎靡不振的不良习惯,同时也会减少教育当中存在的人浮于事、混文凭的恶劣习气。如果学生在求学过程中确立了具体的奋斗方向,他们就会安心学习,不会出现"今日学工,明日学农,今日进师范学校,明日进工业学校"②的不稳定心态。经过职业指导,学生的心里就有了稳定恒久的目标,他就会一直朝着这个目标去拼搏,这样在学习过程中自然精神振奋,刻苦为学,注重自己实际能力的锻炼。如遇到有实际锻炼的机会,必然会踊跃参加,并尽职尽责,既锻炼了自身能力又可以提升职业道德。此外每个人都有自己的长处与不足,接受职业指导后学生则可以依照其专长而选择适合自己的职业,这样方可事半功倍,在从业的道路上也容易做出成绩。反之,若学生所学习的专业并非是其天赋所长,而且从事的职业也不合其志趣,会极大浪费人力资源。要防止这类问题的发生,那就需在指导过程中,随时注意观察学生的性格、兴趣及专长,充分了解的基础上再进行择业才不至于误入歧途。再有,青年学生大多还没有走向社会,处世不深,看法较为幼稚,对于社会及产业的认知极为贫乏。即使了解自己适合从事某种职业,但是因为没有信息可资参考,所以最后很难找到适合自己的职业。而通过职业指导,提供实际调查的报告,帮学生掌握了社会经济产业的实际信息,加上学生对自己能力和兴趣有清醒的认识,因此在择业过程中胸有成竹,不至于盲目尊重他人的意见。还有就是青年在求学和求职的过程中,必须依靠职业指导给予适当的安排和规划,因为青年学生"常因境遇之不同而需改其途径以进。若不量经济能力而预为通盘筹算,则所用求进之方法非宜,届时进则未能,退又无用,进退维谷,困难实甚。有职业指导,则预计何时必须辍学就职者,当预为之谋其求进之方法,与所特别注意之知能,与力能继续升

---

① 刘春生、徐长发主编:《职业教育学》,教育科学出版社2002年版,第318页。
② 陈选善:《职业教育之理论与实践》,中华教育社1933年版,第11页。

学而毫无所虞者，必非一致同归既未雨绸缪，必不致临渴掘井矣"①。可见，在学生面临升学和求职的十字路口上，职业指导已经为其做出更好的选择打下了良好的铺垫和基础。

其次，传统的教育理念认为学校的责任就是给学生讲授课程，学生各科成绩合格毕业之后，学校对学生就没有责任和义务了，至于培养出的学生是否能够找到合适的职业以及学生从业以后的具体情况等，学校较少关心这些事情。这样的认识误区在民国时期得到了纠正，邹恩润指出："学校之职务不仅在授予知能而已，尚须注意其所授之知能能否使学生措诸实用，而确能借此自效以贡献于社会。寻常学校之习惯，以为其唯一之职务乃在教学。学生毕业出校，学校遂可不闻不问，不知其天职尚未完备也。既有职业指导，则学校可因此常受刺激，知其全部职务之所在。"② 学校是为社会培养和造就人才的机关单位，它为学生传授知识和技能，最根本的目的是要使学生适合社会的需要。想要实现这个目的，学校自身要与社会之间有紧密的联络和沟通，换句话说学校所传授的知识技能必须是社会产业职业所需求的。社会需要何种知识和技能，学校在了解情况后必须及时调整自身的专业设置和课程安排，只有这样，它才能真正地为社会发展培养有用之才。但是就当时的情况来看，学校与社会往往脱节严重，有很大的隔阂，缺少相互合作的积极性和机制，以至于两者无法相互适应，更谈不上有效的配合。这样衍生出的问题是学校培养出的毕业生越多，而社会经济产业急需的人才却愈发紧缺，同时社会上充斥了越多的高等闲散游民、流氓，形成了极为讽刺的局面。但是施行职业指导，这样可督促学校一方面要时刻关注社会职业的构成与需要，另一方面学校还要关注学生的能力是否符合社会产业的要求，只要学校"注意到毕业生的出路，及在社会上适应的状况，就可以得到这些问题的答案，就可以从事改进学校的设施"③，也正好借助这个机会，学校根据社会的需要，主动调整自己的专业设置和课程安排，实现自

---

① 邹恩润：《职业教育》，商务印书馆1936年版，第3页。
② 同上书，第4页。
③ 何清儒编：《职业指导论文集》，中华书局1935年版，第9页。

我更新。

最后，职业指导通过为青年择业做准备，这样青年在就业时可选择到适宜的职业，进而青年能够更好地为社会提供服务，而社会也得到了适合的人才，在这个双向满足的过程中，职业指导带来的个人发展和社会经济繁荣是不言而喻的。学校与社会之所以缺少联络，最主要的原因是在两者之间缺少一种合作机制，这导致社会上的用人单位对于学校当中青年学生的能力缺少了解，很难寻找到适合自己单位要求的人才，至于学生们具有哪种能力，只有学校老师有最深刻的了解。通过职业指导，使得学校与社会相互通气，社会就较为容易在学校中寻找适合各个单位具体要求的人才。黄炎培在1925年倡导"大职业教育主义"时就曾强调"社会是整个的。不和别部分联络，这部分休想办好；别部分没有办好，这部分很难办的……办职业学校的，须同时和一切教育界、职业界努力地沟通和联络；提倡职业教育的，同时须分一部分精神，参加全社会的运动"[①]。相反，学生不能很好就业，各个单位找不到合适人才，将会导致"人材不经济，则社会事业必大受其影响，诚以凡百事业，其成功之最大要素在适宜之人材。人材苟能各用其当，则种种事业皆能因此增其效率，日益精进"[②]。其中职业指导就是要引导青年各尽其职其能，为社会做出最大的贡献，这应该成为求职者的志向。社会事业的兴衰，直接影响着青年人的利益和前途，两者是不可割裂的。

（三）民国政府出台的职业指导政令

职业指导是职业教育的重要组成部分，民国时期国民中央政府非常重视学生的职业指导。职业指导由国外引进而来，我国的职业指导起步较晚，"在过去十年中职业指导已成为全世界所注重的问题。在欧洲尤得到彼邦人士的注意。在欧战之时许多青年士兵自离开学校之后，即加入军队，没有受职业训练的机会，及欧战结束，回到社会又缺乏职业的技能，服务的习惯。还有受伤的士兵，固有的职业已不相

---

① 中华职业教育社编：《黄炎培教育文集 第二卷》，中国文史出版社1994年版，第53页。

② 邹恩润：《职业教育》，商务印书馆1936年版，第5页。

宜，又须另谋适应。还有在欧战时，女子已发现自己职业的能力，欧战后乃力谋在职业界占一相当地位。这些都是职业指导的问题。在英、法、德、比、瑞士、西班牙、捷克斯洛伐克、日本诸国，都有职业指导所的设立，德国一国已有数百个指导所"①。

而以我国当时的状况来看，"社会上失业的人很多，其原因是很多的。最大原因，就是因为政治不安定，实业不能发达，打起仗来自相残杀，各种实业自然不能发达。实业不发达，需要人才自然很少。现时中学、大学毕业生，能得到一个职业，已经算很好，哪里还问这个职业对于自己适合不适合。在这样情况之下谈职业指导，是很难的"②。

为此，民国政府教育部于1933年7月4日出台了第6617号训令，颁布了《教育部颁发各省市县教育行政机关，暨中小学校实行升学及职业指导办法大纲》的文件。训令要求为了增进中小学各级教育效能，指导学生的升学与就业起见，各省市县的教育行政机关有义务督促所属中小学实施升学与就业指导。之所以要在中学实行职业指导，因为青年们"选择终身职业，大都在中学时代。那时他们对于社会上工商业情况，还没有什么经验或观察"③。加上青春期"实为意志人格再造的时期，在教育上最适于人格陶冶和个性发展，此时期感应容易，行动自然，易受暗示之指使……依其性之所好所近，与力之所长所宜，与其职业之兴味相配。故吾人不注重职业教育则已，不提高职业教育之程度则已，否则要习职业，须有准备指导。要习高深职业，初级中学是最适宜于指导准备的一个机关，假使没有初级中学的准备指导，后三年的职业科和将来的高专科都失基础"④。

在实施时间上，小学自五年级，初中和高中自二年级起，就应该实行升学与职业指导。指导工作的实施，要以学校为主，主管教育行

---

① [美] Harry D. Kitson：《职业指导的趋势》，陈选善译，《教育与职业》1930年总第112期。
② 陈选善：《职业指导》，《教育与职业》1930年总第118期。
③ [美] R. L. Sackett：《工程师的教育和工作》，陈章译，商务印书馆1934年版，第1页。
④ 杨鄂联：《初级中学与职业教育》，《教育与职业》1922年总第33期。

政机关要监督学校切实推行升学与职业指导工作。根据教育部颁布的大纲，各省市教育行政机关还要拟定具体的指导实施方案，并呈递教育部备案，以便教育部了解全国的职业指导工作进展。各县市拟定的升学与职业指导实施办法，要呈请省教育厅核准之后方可执行。各省市县教育行政机构在具体的实施环节上，要注意以下要点：

第一条 应组织实施中小学及职业指导委员会，聘请富有职业指导学识经验者三人，中小学校长三人，当地各业领袖三人，各该主管行政机构职员二人为委员，负指导及研究之责；

第二条 就可能范围内设立职业指导及介绍机关；

第三条 督促所属中小学实施升学及职业指导；

第四条 调查辖境内社会、经济及职业状况，并编制统计颁发各学校参考；

第五条 编制所属各学校各项统计；

第六条 举行各学校智力及体力测验；

第七条 各省市教育行政机关，应聘请专员，负计划及督促各级学校实施升学及职业指导之责，各县市教育行政机关，应制定人员，负责整理；

第八条 各省市教育行政机关，于二十二年度暑假起，分期举办关于升学及职业指导之讲习会，召集各县市教育局局长及学校校长等，出席听讲；

第九条 各省市教育行政机关，于每学年终了时，应考核所属各机关学校办理升学及职业指导集成，并将情形呈报教育部审核备查。

第十条 各省市县教育行政机关应令所属各中小学校校长对于每届毕业生之升学与就业负完全指导之责任，与每学年终了时候，应呈报各校毕业生预定升学与就业之估计；

第十一条 各省市应于每学期终了时，根据全省中小学校毕业生升学与就业之估计，规定此后设置中等学校数量之分配。[①]

---

[①] 天津市教育局刊行：《教育部颁发各省市县教育行政机关，暨中小学校实行升学及职业指导办法大纲》，《教育公报》1934年第121期。

这十一条要点能够非常有效的规范各地的职业指导工作。这里面还有一个问题需要澄清，即职业指导的范围，"从广义上来，实可包括升学指导，因为升学的目的，也不外准备将来从事职业。所以升学指导实可说是职业指导的一部分"①。再具体点讲，"升学是就业的准备，就业是升学的归宿，二者无显明的界限，只有准备就业和径行就业的区别"②，二者是不能割裂开来的。

小学在升学及职业指导方面，学校的校长及教员要组织学生指导委员会，负责研究关于指导方面的所有问题。在初期工作当中，要调查学生的家庭职业和经济状况，本地的社会状况，学生的普通智力与特殊能力；还要检查学生的体格，甚至调查清楚学生父母兄弟姐妹的状况。继而，在常识科目的授课当中，传授学生普通的职业常识。同时，利用劳作及实际活动的课程，培养学生的劳动习惯，完后再考察学生的习惯及其发生的变化。期间要制作完善的学籍簿，包括家庭状况、学科成绩、操行、体格、疾病、嗜好及教员评语等。调查各中等学校的办理情形及学生的兴趣，以便分流。随时聘请当地各业的精英和领袖以及中等学校校长或主任教员，到小学进行讲演，以便使学生明了自己到底选择哪条路合适。最后实施指导，并征求学生家长的意见，对于想升学的学生，可以利用假期开办升学补习班，以帮助学生升学。

到中学就读的，从理想角度看大多都是为了升学，但是"普通中学三年或六年的过程中，个人的兴趣，家庭的环境，学业的成绩等，免不了发生变化，使原有的升学计划，不能实现。所以事实上，初高中的毕业生，总有一小部分不能升学，需要就业的准备"③。在普通初级中学的升学及职业指导除了要依照小学的实施要点以外，还应该调查学生对于学科与职业的兴趣，课外活动的嗜好，行为思想及变化。利用旅行、职业讲演的方式向学生灌输职业知识，指导学生对本

---

① 周峻编：《生产教育》，江西省地方政治讲习院1940年，第60页。
② 教育部国民教育司、教育部国民教育辅导研究委员会编：《怎样指导中心学校毕业生升学》，湖北省政府教育厅印1940年版，第2页。
③ 何清儒：《新订中学课程标准》，《教育与职业》1936年总第173期。

地的经济、产业和职业状况进行初步的调查。学校要设置完备的图书馆，聘请常识丰富的人充当主任，指导学生读书。在授课过程中，充实劳作设备，以增强学生的实践操作能力。利用手工、图画、音乐及其他和职业相关的课程，来启发学生对于职业的兴趣。学校的各级主任及教员，应该随时了解和掌握学生的抱负和思想，学校还应该设置奖学金和贷学金。最后，要联络职业界及各学校，方便学生从业或升学。

高级中学升学及职业指导的实施，除了依照小学及初中指导的各个要点外，还应该让学生参观学校、银行、商店、公司、工厂及农场等职业机关，大力提倡课内自修和课外活动，以培养学生的生活能力。学校自身要充实图书馆及实验室，以便学生阅读和研究。授课过程中可以指定职业问题，让学生进行调查研究并制作报告。教员和学生可以组织职业调查团，调查当地的各种产业和职业，编制成图表，以备参考。学生要拟定自己的求学与服务计划，提交给指导委员会，在会上进行讨论和研究，之后再给学生以反馈意见。在高级中学添设职业指导课程，尽管"分量不大，但亦不是很简单，可以任意敷衍的。关于内容、方法，都有研究的必要；并且有这种课程，必须有辅助学生解决个人问题的设施，即是整个的指导程序。"[1]

各个中小学校应将每学年毕业生的升学和就业详细情况，按期呈报给上级主管教育行政机关进行审核，之后再汇报给教育部备案。而且各中小学校有义务随时调查毕业生的状况，以掌握升学和职业指导的效果，并根据实际的情况再行定制指导方案。

职业指导的功能，主要通过职业效能表现出来，但"职业效能，实基于普通教育之中小学，盖中小学教育，其量与质，均适于个性之考核，使教育无遗才，职业无浪费之机会，我国以往职业指导之施行，大率各自为政，漫无系统与计划，今我国家，若明定中小学施行职业指导之教育，则中小学之组织与教育法规，至少需有一部分变更"[2]。

---

[1] 何清儒：《高中添设职业指导课程》，《教育与职业》1935年总第170期。
[2] 熊子容：《我国需要何种职业教育》，《教育与职业》1935年总第162期。

其实职业指导的施行,还不应仅仅局限在正规的学校当中,类似职业补习学校当中也应加以推广,因为"补习学校的学生,无论是有职业的,或没有职业的,大都除了上课以外,少有与学校接触。有了问题发生,亦没有机会得到建议和指导"①。如果能对其加以指导,必将对他们的职业选择有非常大的帮助。

(四)河北地区职业指导工作的开展

当时"教育部拟定中小学升学就业实施指导办法,昨通令各省市,河北省教育厅现已奉令,转饬所属遵照实行"②。天津市教育局遵照教育部《教育部颁发各省市县教育行政机关暨中小学校实行升学及职业指导办法大纲》的训令,出台了《天津市教育局实施中小学升学及职业指导办法》,该办法在市政会议第210次会议当中修正通过。天津市教育局为了增进天津市中小学教育的效能,并指导学生升学与就业,要求凡是天津市的小学自五年级起,初中和高中自二年级起均应该实施升学及职业指导,而且各个学校必须参照教育部升学和就业指导办法大纲,并根据自身的实际状况制定具体的升学与职业指导实施方案。在实施的过程中,以学校为主,天津市教育局负责指导督促进行。天津市教育升学与就业指导的具体实施办法是:

1. 组织实施中小学升学及职业指导委员会,负责指导及研究之责,并将研究所得随时印发各校以资参考,其组织规程另定之;

2. 由督学指导员等随时分赴各校督查其所办升学及职业指导事宜,并予以相当之指示;

3. 调查本市内社会经济及职业状况,并编制统计颁发各校参考;

4. 调查编制所属各校之各项统计以资考查;

5. 印制本市内公立及已立案之私立各级学校一览表,分发各校以供各生升学之参考;

6. 举行各学校智力及体力测验;

7. 分期举办关于升学及职业指导之讲演会,召集全市中小学校

---

① 何清儒:《职业补习教育中的个别指导》,《教育与职业》1936年总第174期。
② 《教部拟定中小学升学就业办法》,《益世报》1934年6月27日。

校长教员出席听讲；

8. 于每学年终了时考核所属各中小学办理升学及职业指导各成绩；

9. 督令所属各中小学校校长对于每届毕业生之升学与就业负完全指导之责任，并于每学年终了时呈报各该校毕业生预定升学与就业之估计；

10. 于每学年终了时根据全市中小学毕业生升学与就业之估计规定此后设置中等学校数量之分配。①

根据十点实施办法来看，如何在中小学校推行职业指导，天津市教育局还是有非常明确的思路的。尤其是定期开办职业指导演讲会，能够让各个学校的教师对于职业指导工作有一定的了解，之后再回到学校开展工作，就会轻车熟路。

同时，天津市教育局还出台了《天津市教育局实施中小学升学及职业指导委员会组织规程》，规程指出天津市升学及职业指导委员会附设于天津市教育局之内，对于该市的升学及职业指导事宜负指导和研究的责任。该委员会成员有十一人，其中富有学识和经验者二人，中小学校长三人，当地各业领袖三人，天津市教育局职员三人，以上人员均由天津市教育局聘任。该委员会设有常务委员三人，由局长任命，负责处理该会日常事务。委员会每学期举行会议两次，均由常务委员召集，会议研究得出的结果及指导事项送交给天津市教育局，并通令全市各校遵照施行。天津市先组建职业指导的行政机构，这样在具体的执行过程中就有专负其责的了。当然，除了政府及学校对于学生的职业指导负有责任外，学生自己也要进行职业分析，"职业分析的功用很多，但是顶要紧的，可以说是使学生知道职业的内容，自己的个性究竟适合于哪一种，就把它定下来做自己的终身职业，再努力向这一职业需要的条件去准备"②。

---

① 天津市教育局刊印：《天津市教育局实施中小学升学及职业指导办法》，《教育公报》1934年第121期。

② 潘文安：《职业教育ABC》，ABC丛书社1929年版，第123页。

中央政府的职业指导相关法规颁布后，北平政府积极响应，转发了各类法令，下面的学校也闻风而动，1935年10月北平市市立职业学校专门召开了第一次职业指导推广委员会，讨论了如下事项：

一、按照修正职业学校规程，应设职业指导委员会，其业经呈准之职业指导委员会，及指导办法大纲，是否应即废止案。

决议：1. 推何震瀛、李彦斌、李守愚为起草委员，起草职业指导推广委员会章程，俟下期开会讨论之。2. 在新章程未经决定之先，职业指导委员会仍继续行使职权，职业指导办法大纲仍为有效。3. 俟职业指导推广委员会章程决定呈局备案之后，职业指导委员会即予消灭，办法大纲即予废止。

二、上次职业指导委员会开会议决案时，尚有未经办理者。应如何急速进行案。

决议：由原议决负责人赶制各种职业调查表格及学生个性环境调查表。

三、为促进职业指导及推广，应再制订各种表格。

决议：制订：1. 调查表，调查学生就业志愿；2. 介绍表，以与各实业界通讯；3. 统计表，统计学业学生之就业与失业状况。

四、为促进职业指导及推广，应多量收集可资参考之书籍案。

决议：分西南京学术咨讯处，北大及师大职业介绍所，索图关于职业指导推广各种章程。①

这次职业指导推广委员会的会议就如何推广职业指导这个问题，不但给予了足够的重视，同时还能提出不少切合实际的方法和措施。此后1936年4月10日召开第二次推广委员会，5月28日召开第三次会议，继续研讨并实施后续的工作。

之后，河北省教育厅"以奉部令中小学校学生之升学及谋求职业之出路，应由学校早为注意准备，予以指导，以免失学失业之恐慌，

---

① 北平市市立职业学校月刊社编：《第一次职业指导推广委员会会议记录》，《职业月刊》1935年11月10日，第1—2版。

及其他不正当影响，该厅特拟具实施办法，并拟组织指导委员会办理一切，至各学校方面，该厅将令饬分别遵办"①。继此，河北省相继出台了《河北省教育厅实施中小学升学及职业指导办法》与《河北省教育厅实施中小学升学及职业指导委员会组织规程》，其中的《办法》文件当中各条目与《天津市教育局实施中小学升学及职业指导办法》的内容大致相同，这里不再重复。组织规程的文件对于指导委员会的组织成员及具体工作的开展做出了较为细致的规定，以保证职业指导在河北省的推行。

民国时期河北省也非常注重职业指导，以帮助学生的升学和就业。首先教育厅会议上制定了《拟在本厅设立职业指导研究会案》，缘由是职业学校与社会结合不够紧密，以至于职校学生毕业之后无法保证就业。因此要设置职业指导介绍机关，同时再进行普遍的社会调查，然后再仔细规划如何开展职业指导。但首要的是成立职业指导的负责机关，因此河北省教育厅颁布了《河北省教育厅职业指导研究会简章》，指出为了加强职业教育与社会事业的联系，以便人尽其才、事得其人，因而才设立了职业指导研究会。该会的任务是"调查职业学校状况及社会各种职业之需要，拟具职业指导及介绍实施方案"②。该委员会成员十五人，教育厅长为主席，其他的成员主要来自教育厅的秘书科长、督学、实业和建设两厅的技术员及视察员、各职业学校的校长以及工商界人士，力求掌握各个部门对于职业指导的意见。同时该研究会设干事两人，其开会的议决事项由教育厅查核实施，且经费亦由河北省教育厅筹拨。

之后，河北省教育厅的聘任委员缪辉曾提出了《组织职业指导之建议》的提案，理由是职业指导对于职业学校至关重要，因为无论职业学校的实施方针、课程规定、学生的择业以及心性的陶冶，都有赖于职业指导，同时职业指导可以避免学生毕业后出现学非所用的现象，所以应该经常调查社会工商业的发展方向，职业构成的变动，以

---

① 《冀中小学升学及职业指导教厅拟就实施办法》，《益世报》1934年12月30日。
② 河北省教育厅编印：《河北省教育厅职业指导研究会简章》，《河北省教育公报》1932年第17期。

此作为职业指导的参考。在采取的措施上，首先职业学校要组织职业指导委员会，包括职业学校的校长和教职员，主要工作是规定课程、实习指导、个性指导、工商业的调查和联络以及介绍学生毕业后的相当职业；其次由河北省教育厅酌情设立指导专员专门督查并指导各职业学校及各县的职业教育机构的改进情况；最后各县教育局组织职业指导委员会，以河北省各县的职业教育专家及教育局职员共同组织，并在局内设立职业介绍所，专门介绍工商两界的对口人才。缪辉曾的提案虽然内容并不是很多，但是抓住了职业指导的三个重要组成部分，即调查社会产业、组织行政机关以及开办介绍所进行职业介绍，这对于当时河北省刚刚起步的职业指导工作具有非常重要的意义。

## 二　职业介绍

除了职业指导外，还必须有职业介绍与职业指导相配合，才能够保证青年的充分就业。二者相辅相成，缺一不可。因为"职业教育目的，在养成而无处消纳，则职业教育将完全失其效用矣。是以在学校开办之初，即当详审职业界的需要，计划到毕业生出路的问题；既设校施教以后，必时时虑到学生所学，是否与社会相适合？将毕业时，更当切实筹划并实施介绍职业办法。此固一定不可移易之理也"①。可见职业介绍在一名学生走出校园并步入社会期间是必要的一个环节。对于职业学校来讲，安置学生就业可以说是他们最艰苦和困难的责任，"学校是养成个人能力的处所，一个人经了他的学校的推荐，当然要得社会的信任。如果社会里的人都是凭能力做事，如果学校都是造就人材的机关，那么，学校介绍学生入各种事业，正是他的责任"②。而从社会及人才经济角度来看，职业介绍的目的在于："调剂人才的供求，乃是一种极重要的社会事业。无论在任何国家，人才与机关都不能有自然的接触，必须有中间的媒介，方可沟通。并且无论在任何社会中，人才的供给与需要亦绝不能完全在量度上，质度上，

---

① 黄季陆主编：《革命文献　抗战前教育概况与检讨》，中央文物供应社1971年版，第248页。

② 陶孟和：《社会与教育》，商务印书馆1934年版，第155页。

彼此适合，必须有统制的机关，方可调剂。职业介绍如果施行得当，对于这两种职业问题——供求的沟通与调剂，都能发生极大效力。在我国人不得事，事不得人；而又人人谋事，事事寻人的现象下，职业介绍，更有重大的贡献。"①

（一）民国中央政府的职业介绍政令分析

就当时的社会来看，因为普遍缺乏"介绍机关，求人者与求事者无沟通之机关，则求人者终不得相当之人，求事者终不能得相当之事"②。因此国民中央政府对于职业介绍是非常重视的，在1934年它严令各大学要设立职业介绍所，以解决大学生的失业问题。教育部"近奉行政院交议，各大学毕业生，呈请救济大学毕业学生之失业，并谋根本解决办法一案，内有'请通令全国各大学及社会机关，促其设立职业介绍机关，指导大学毕业生解决职业'一项，查青年失业问题，关系至为繁复，本非局部所能解决，据原呈所请，由各校设立职业介绍机关，实亦救济办法之一，应由各该校查酌办理，除由本部会商全国经济委员会筹设全国学术工作路询处，并呈及分行外，合行令仰知照"。③ 此后，国民政府教育部命令专科以上学校均需要设立职业介绍所，并规定了五项办法：

1. 凡公私立专科以上学校，均应组织职业介绍机关；

2. 各校应将职业介绍机关简章，成立日期及委员名单呈部备案，并函知全国学术工作咨询处；

3. 各校职业介绍机关，得商请全国学术工作咨询处，协助办理调查登记介绍等事宜；

4. 各校职业介绍机关，应将会议录及工作状况等件随时径送全国学术工作咨询处，并将每届毕业生名册，签注有无职业，函送该处；

5. 各校职业介绍机关，遇有全国学术工作咨询处委托事件，应

---

① 何清儒：《职业介绍法所引起的几个问题》，《教育与职业》1935年总第168期。
② 蒋梦麟：《职业界之人才问题为教育界所当注意者》，《教育与职业》1917年第2期。
③ 《教育部令各大学设立职业介绍所》，《益世报》1934年8月13日。

负责办理。①

在中央的命令发布后，全国在当年有许多大学先组建了职业介绍委员会，它们分别是："东北大学、暨南大学、厦门大学、私立武昌华中大学、北洋工学院、私立华南女子文理学院、河北省立女子师范学院、大夏大学、山西省立商业专科学校、国立广东法科学院、江西省农业学院附设农艺专科学校"；还有许多学校成立了职业介绍部，分别是："北平大学、北平师范大学、私立无锡国学专修学校、私立铁路学院、私立震旦大学、湖北省立教育学院、河北省立工业学院、私立武昌中华大学。"② 其中河北地区的高校占有非常大的比例，可见该区域对于职业介绍事业的重视程度。

鉴于推行职业介绍的紧迫性和重要性，为此 1935 年 8 月 7 日国民中央政府颁布了《职业介绍法》，该法第一部分总纲中规定，凡是介绍缔结劳动契约的行为，都要依本法的规定。各级市县政府依法令规定，掌管关于职业介绍行政事务。为确保职业介绍事务的联络统一，各县必须设置职业介绍机关，或开设其他机关，受中央劳动主管机关的监督。职业介绍机关不能附设在旅店、饮食店、娱乐场所。具有职业知识或技能的人，具有相当体力及经验，堪任劳动者可以向其所在地的职业介绍机关，申请介绍职业。但是未遵法律所定某种工作的劳动年龄者，吸用鸦片或其代用品者以及有恶性传染病或不良习惯职业介绍机关或介绍业者必须拒绝其申请。雇方或佣方申请介绍时，应依照职业介绍机关章程所定，填具申请书，送请登记。职业介绍机关或介绍职业者，对于求职者关于职业选择、雇佣条件及其他与职业有关事项进行询问时，应明确答复。职业介绍机关或介绍职业者，对于失业的妇女或未成年人，应就职业选择、雇佣条件及其他与职业教育有关事项，予以详细的指导。

第二部分是对职业介绍机关的规定，职业介绍机关分为二种：省市县或乡镇区所设立的职业介绍机关属于公立职业介绍机关；工

---

① 《教部令专科以上学校组织职业介绍所》，《益世报》1934 年 10 月 29 日。
② 《各大学设立职业介绍机关》，《益世报》1935 年 2 月 7 日。

会、农会、商会、渔会、海员工会、同业工会、合作社或其他合法组织团体设立的职业介绍所属于私立职业介绍机关。公立职业介绍机关，对于求职者，不能收取介绍费。职业介绍机关，对于雇方及佣方，不能因为性别、地域或信仰等关系而差别对待，介绍事宜要公开。对于雇方或佣方申请介绍，应按其职业种类及请求先后，定介绍的次序。除省职业介绍机关外，职业介绍机关应备雇佣双方请求入册簿，以备公众阅览。前项册簿的记载，应依职业进行分类，以便检阅。中央劳动主管机关及省或直属于行政院之市所设职业介绍机关，为统计的需要，得令职业介绍机关提出第一项所定册簿的正本或副本。公设职业介绍机关对于发生团体纠纷的雇方及佣方，仍得继续行使其职务，但应先将纠纷事实告知关系人。依当事人的请求，公设职业介绍机关需要证明因其介绍成立的劳动契约内容。每乡镇区设立公设职业介绍机关，以一所为限。乡镇区职业介绍所或职业介绍登记处之职务包括接受及征集雇方或佣方的请求，并为分类；其管辖区域内的求职者，有过剩或不足时，通知县市职业介绍机关。职业介绍机关的职务包括：

1. 接受及征集县内雇方或佣方之请求，及由各乡镇区职业介绍机关转达之请求，并为分类；
2. 劳动需要及供给之调剂；
3. 监督及指挥管理区域内之职业介绍机关；
4. 劳动需要及供给状况之调查；
5. 关于劳动供给不足或过剩预防及救济方案制定；
6. 县内求职者有过剩或不足时，通知省职业介绍机关。①

市职业介绍机关的职务包括接收及征集市内雇方或佣方的请求，并进行分类；市内求职者有过剩或不足时，分别通知中央劳动主管机关或省职业介绍机关。省职业介绍机关的职务有接受及征集由各县市职业介绍机关转达雇方或佣方的请求，并调剂其省内各县市劳动供给

---

① 《职业介绍法》，天津市档案馆藏，资料号：401206800—J0025—2—000209—001。

及需要；向中央劳动主管机关报告其省内职业介绍机关的成绩，并需要附加关于职业介绍应兴革的意见；省内求职者有过剩或不足时，通知中央劳动主管机关。相互比邻的职业介绍机关，需要互相联系。不分地域，调剂其管辖区域内的劳动需要及供给。中央劳动主管机关，为促进职业介绍事务，应总集全国职业介绍机关所报告劳动需要及供给，而研究其调剂方法；考核全国职业介绍机关的成绩，调查劳动需要及供给状况，并提议改良全国职业介绍等事项。

公设职业介绍机关的组织方法，由中央劳动主管机关规定。私立职业介绍所设立时，应先将主办团体之住址，名称及该团体设立日期；主办团体代表的姓名、性别、年龄、籍贯、住址及经历；介绍所的住址及名称；介绍职业的种类等事项呈报该管市县政府。私立职业介绍所，如有对于求职者收受介绍费，或违反法律，该省市县政府必须封闭所辖职业介绍所。

第三个部分是对介绍职业者的相关规定。以营利为目的而经营职业介绍事业者，应具申请书，载明姓名、性别、年龄、籍贯、住址及经历；介绍所的住址及名称；介绍职业的种类等事项，同时取具殷实商店保结，向该管市县政府呈请许可。申请经营介绍职业者，平日不正当营业时，市县政府不得许可。介绍职业者应设有店铺。介绍酬金，由市县政府参酌介绍职业者及雇佣双方代表的意见制定。除前项公定介绍酬金外，不得以任何名义请求报酬。介绍酬金，须雇方与佣方由介绍职业者的介绍而成立劳动契约时，始得请求。介绍职业者对于雇佣双方，于缔结劳动契约前，有告知其应适用介绍酬金率的义务，介绍酬金率应于介绍所易见之处揭示。由此可见雇佣双方本是平等的，但是民国时期"职业界的思想，都是陈旧腐败，没有正当的人生观。什么生活，什么劳动，一概不去管他，资本家摆出那压制和虐待的手段，对付劳动阶级；劳动阶级，也是想出种种方法去反抗资本家。那么，社会上不平等的事情和不安静的状态，多要一一发生出来，这是最可痛恨的事。要知道职业一件事，不单是大家寻生活的门路，也是尊重人格的阶梯，没有什么贵贱的阶级，劳动的人，不可以不有知识，有知识的人和一般资本家，不可以不去劳动。能劳动的，才算真职业，不劳动的，不可以称为职业。"①

介绍职业者与雇方或佣方约定，应经该介绍所或其他相关文件，不得违反所有者的意思留置。介绍职业者不能有下列行为：

1. 以自己之名义或使他人经营饮食店，娱乐场所，当铺，放债或其他类似之营业，或以得利为目的而与该种营业者联络；
2. 对于求职者强制或约定在其经营厂店或其指定之厂店购买物品；
3. 与雇方立于雇佣或其他附属关系；
4. 关于介绍虚伪之广告或揭示；
5. 关于佣方之品行、技能、健康状态，雇方之雇佣条件，或其他契约之必要事项，有虚构或隐蔽情事；
6. 与因其介绍而成立劳动契约之当事人为财务之收受；
7. 泄漏因介绍所告知他人之秘密；
8. 买受或押质求职者之财物。②

介绍职业者须备置雇方申请簿、佣方申请簿、介绍日记簿、介绍酬金收受簿，自最后记载之日起，应保存三年。介绍职业者应备置市县政府所发给关于职业介绍之法令以供公众阅览。每三个月，应将其业务状况，于一个月内，填表报告该管市县政府。市县政府接到报告后，应备齐分别填表报告省职业介绍机关或中央劳动主管机关。介绍职业者歇业时，应于十五日内报告该管市县政府。市县政府对于职业介绍者之业务，得施行检查，进行必要的监督、指导及纠正。介绍职业者违反法律上义务情节重大者，市县政府得停止其营业或撤销其营业许可，对于前项停止营业或撤销营业许可之处分不服时，介绍业者可以提起诉控。在处罚上，主要处以30元和50元两档罚款，以示惩戒，并加强督促。

以上是国家关于职业介绍的相关规定，在很多条款当中可以看出，

---

① 潘文安：《怎样改造我国的职业界？》，《教育与职业》1920年总第19期。
② 《职业介绍法》，天津市档案馆藏，资料号：401206800—J0025—2—000209—001。

国家对于职业介绍的相关手续要求十分严格,以保证各地职业介绍事业的正规性。职业介绍所的普及固然重要,但是在其尚未普及时,不能完全依赖介绍所,"学校中应该直接去求人,或者由家长去直接求人,这也是必要的"①。除了社会上的职业教育机关外,国民政府还要求专科以上各校限期组织职业介绍机关,以保证学生的就业。

(二)天津市职业介绍所的工作概况

在地方上,早在1935年初天津的省立工业学院就计划成立职业介绍股,因"全国职业介绍机关自成立后,当即函请各地专科以上学院分别成立,以资联络,平津各校已成立者业有数处。本市河北省立工业学院,顷为介绍该校毕业生职业起见,亦于昨日在该院秘书处正式成立,并印大批表格,凡愿登记者,可直接索领"②,以便接受职业介绍而谋得工作。1936年天津市社会局还筹划为天津师范职业班的毕业生谋求工作,"天津市立师范学校附设之职业班学生,实习时所制各种教育用品,甚为优良,曾蒙教育部指令嘉奖,屡经公开展览,颇著声誉。该班学生今夏卒业,成绩优良,社会局已分别介绍,充任教员,或初中劳作助教,以资安插"③。1937年天津市的河北省立工业学院也积极为该校毕业生介绍工作,该校"历届毕业学生职业问题除由同学个人自谋者外,大部均由该院负责介绍,闻本届毕业学生业经秘书处向各关系方面接洽,并将各生成绩分别介绍,请予录用。接洽对象包括各铁路、各建设及实业等机关,已发出介绍函七十余件,另悉永利公司、金陵兵工厂及晋华纱厂等均函请该院介绍工作人员,该院以上届毕业生学业尚未完全终了,当经函复,一俟有相当人员再为介绍"④。

1938年9月天津市政府第三十三次市政会议通过了《天津特别市公署社会局职业介绍所暂行规则》,文件规定职业介绍所以介绍适当工作防止市民失业为宗旨,介绍所附设社会局内,必要时就市区设置分所。为介绍职业便利起见,随时商请本市实业慈善各团体市商会、各同业公会辅治会、警察局及其他有关系的各团体机关予以协

---

① 陆雄升:《小学职业指导的实际》,《教育与职业》1935年总第165期。
② 《省立工业学院职业介绍股成立》,《益世报》1935年1月19日。
③ 《市师职业班本届毕业生》,《益世报》1936年6月26日。
④ 《工业学院介绍本届毕业生职业》,《益世报》1937年5月7日。

助。职业介绍的对象包括各公司工厂商店的工人及学徒，各公私机关及家庭的佣工。职业介绍所介绍一般职业需要申请者在 16—60 岁；工厂工徒在 14 岁以上；商店学徒在 12 岁以下，依民法规定为不满 20 岁的男女介绍职业时须得到其监护人的同意。职业介绍所需要置备职业介绍请求书、需用人工请求介绍书及介绍日记簿。

职业介绍所主管单位每星期一和星期日委派调查员会同各区警察局工作人员按照户籍册调查各该区内是否有失业市民，每月一次派调查员分赴本市各大公司工厂商店调查有无需要劳动力的情形。介绍所主管单位设主任一人，由社会局长于本局人员中指定兼充，根据事务的繁简委派调查员若干人，由天津市社会局人员兼充。凡寻觅工作者应该声明姓名、性别、年岁、籍贯、住址；工作种类；工资最低数；家庭概况；保证人的资格、姓名、年岁、籍贯、住址或铺保人的名称及所在地等内容。需要人工者得说明工作地点、名称、种类、期限、工人的待遇和保障，有无防止工头欺侮工人或从中剥削工资的取缔方法，有无医治设备，因灾患工作致残废及死亡者有无恤金以及如系远途工作有无代办汇款回家简便手续等事项。染有嗜好者、品行不良思想不正者、无切实保证者以及年老抱病不能任劳或有传染病者均不得请求介绍所介绍职业。

之后，因为天津市失业问题日趋严重，推其原因主要是一般失业市民缺乏相当职业介绍所致。长此以往，如果不能及时予以救济，天津市担心失业市民一旦铤而走险沦为盗贼会影响社会治安，所以积极筹划对策，设法安插救济，出台了《天津特别市公署社会局职业介绍所强化职业介绍办法》，该办法要求凡属天津市失业市民如希望职业介绍所代为谋获职业，均须一律填具职业介绍请求书申请登记，由职业介绍所审查合格后，介绍各公私团体采用，但此项请求书须经保证人盖章，否则不予收受。求职者须寻找天津市内有正当职业及家庭者为保证人，介绍所可随时调查求职者的保证人。保证人的责任是保证求职者确为思想纯正的良民，就职后如有不法行为，保证人应负完全责任。求职者填写职业介绍请求书须用钢笔或墨笔填写清楚，不得草率。所填的职业介绍请求书以三个月为有效期限，过期作废。如求职者仍无职业时，须再行登记。求职者在登记后三个月期间内已有其他工作或对于求职条件有更改时，须到介绍所声明或以书面通知。

凡经审查合格的失业市民,由社会局分别通告市商会工厂联合会各职业工会及各同业工会转饬各商店工厂尽先录用。一经审查合格,由社会局检核名单,分别函送本市电台广播,暨各报刊登记广告宣传。求职者登记后,须静待介绍所斡旋成功的通知,不能向介绍所催询。接到成功通知后,遵守规定时间来所,不能延迟自误。介绍所办理职业介绍事项不收任何费用。各工厂商店及公司团体,须用人工时,可以直接来介绍所办理申请手续,由介绍所通知求职者持该所介绍函前往接洽服务。凡属天津市失业市民应由警察局转饬各分局,各特别区暨各联保办事处,通知随时迳来本所办理登记手续,以期进行救济。

职业介绍在当时是一种新兴的社会事业,一切都在草创阶段,没有成规可循。而且当时社会各界对于职业介绍,还不够了解。当时国民政府倡导推行职业介绍,虽然知道将会有很多困难,但这项事业确实是当时社会所需要的。因此国民政府积极创立职业介绍的基础,并渐谋推进,同时也切望各界人士,协助指导,使职业介绍事业得以顺利展开。国民政府社会部为实施倡导职业介绍,以便加大国民就业率,同时保证社会安全起见,决定选择全国工商业发达中心地区,设立职业介绍所以便推进全国就业辅导事业。

职业介绍所,如同"别种社会事业,应受国家的统制,方不致紊乱施行,或分配不均,这种事业大者关系人才统制,小者关系社会安宁,一定要有筹划,监督,指导的中心,方可在正轨上发展。"① 天津职业介绍所奉命筹备,经积极筹划,当时已经稍具规模。继而,天津市政府还颁布了《社会部天津职业介绍所业务说明书》,更为详细地对于天津职业介绍所做出了说明。天津职业介绍所开办的目的是要使社上有职业能力,或体力者,有充分就业的机会,均能予以适当的安置,使其生活安定,才力发展,同时使社会上各种事业,均得适当的人才,增强工作效能。职业介绍并非慈善事业,乃国家推行社会政策,安定人民生活,保障人民工作权利,以及发展国力的一种重要措置,同时也是一种扶助国家社会建设的事业。天津职业介绍所的工作方针是设法帮助失业者就业与救济,调剂人才供需,指导青年选择适

---

① 何清儒:《职业介绍法所引起的几个问题》,《教育与职业》1935年总第168期。

当的职业，并培养及训练适当技能，以适应社会和国家的需要。

天津市职业介绍所的业务范围包括征集及调查人才，供应就业机会，各种职业技能的变易及有关就业失业状况与趋势的情报；人才供需的调剂，及求才求职的适当配合；指导择业就业改业及服务等，对失业者就业者进行职业训练和改业训练，开办职业补习教育的辅导设施；辅导与推进区域内的职业介绍事业。职业介绍的工作内容有：

1. 举办求才登记，凡求才者须先填写求才表，经过审查及征信，然后择取适当人才约谈，介绍双方接洽；

2. 举办求职登记，凡求职者须先填写求职表，经过审查后，举行谈话及体格检查，测验或考试，择取适当之工作，再予以配合；

3. 零工介绍，零工介绍之目的，在使求职者获得业余之工作机会，在各业部门中，此种工作时常需要，大致分计时计件两种，其登记介绍步骤与一般职业介绍大体相同；

4. 继续指导，辅导就业后，需要经过继续指导，使已获得工作者之生活安定，安心工作，以达到使无业者有业，有业者乐业之目的；

5. 职业指导，职业指导之目的，在指导青年择其个性，志趣，学力之所近，选择一种适当职业，得能尽其所长，为社会作更大贡献。对于求职而无专长者，职业发生障碍而必须改业者，施以职业指导，然后再配合以职业训练；

6. 职业训练，职业训练之范围，是对于欲就某种职业者，予以一个短期训练，以养成其工作能力。对于需要改业者，予以某一种职业技能之训练，使其具备某种职业能力，以便改业。总之，职业训练之目的，在使其造就切合需要之职业知能，以应社会供应之需要；

7. 职业调查，为明了职业分类情形，各机关等之业务及人事情形，以及各业概况，必须举办职业分类调查，职业状况调查，职业机关等调查，以为介绍人才之参考。[①]

---

[①] 《社会部天津职业介绍所业务说明书》，天津市档案馆藏，资料号：401206800—J0128—3—008328—007。

在组织设置上，天津职业介绍所设所长、副所长各一人，下设介绍、指导、总务三组，受所长、副所长指导办理一切登记，谈话，介绍，卡片管理，调查统计，宣传联络，编辑出版职业指导，职业训练，联谊访问，及文书，会计等业务。此外并拟延聘本市党政机关，工商团体领袖，及热心社会事业人士，组设辅导委员会，籍收集思广益众擎易举的效果。表5-1是天津市工人职业介绍所的调查表。

表5-1　　　　　　　天津市工人职业介绍所调查表

| 名称 | | | 地址 | | |
|---|---|---|---|---|---|
| 设立年月 | | | 性质 | 公设 | |
| | | | | 私设 | |
| 主办人姓名 | | 年龄 | | 籍贯 | 住址 |
| 所内使用人数及其姓名 | | | | | |
| 经费来源 | | | 有无基金 | | |
| 每月平均登记人数 | 男工数 | | 每月平均介绍人数 | 男工数 | |
| | 女工数 | | | 女工数 | |
| | 童工数 | | | 童工数 | |
| 介绍之手续 | | | 雇佣契约之规定 | | |
| 介绍费征收办法 | | | 介绍费每月平均收入数 | | |
| 每月有无募工承揽人委托招募 | | | 工人任职种类及地点 | | |
| 每月工人求职过剩数目 | | | 每月工人需求不足数目 | | |
| 本地工人生活状况 | | | 本地工人每日工资数目 | | |
| 介绍所本身有无困难情形及改良意见 | | | | | |
| 备注 | | | | | |

资料来源：《天津市工人职业介绍所调查表》，天津市档案馆藏，资料号：401206800—J0128—3—008328—006。

从表5-1能够较为详细地反应介绍所的具体资料以及每个月的工作效果,方便天津市社会局对它的监督和检查。天津市社会局职业介绍所自当年三月份成立以来,失业市民到所登记者极为踊跃。经这个介绍所调查员分赴市区各大工厂商店努力介绍,结果四月份就有王安垲等五人获得职业。自五月一日以后到二十日又有郭魁英等六人获得工作,由此可见这个职业介绍所的工作效率还是很高的。表5-2是天津市社会局职业介绍所三月到五月间介绍工作的情形表。

表5-2　　　　天津市社会局职业介绍所介绍工作情形表

| 登记号数 | 姓名 | 年岁 | 介绍公司名称 | 工作种类 | 待遇 |
| --- | --- | --- | --- | --- | --- |
| 21 | 王安垲 | 27 | 明华石印局 | 做版 | 供食宿每月20元 |
| 18 | 张国印 | 32 | 天津电影院 | 茶役 | 每月15元 |
| 16 | 张有明 | 38 | 恒源纱厂 | 工人 | 每日8角 |
| 11 | 赵映生 | 20 | 岸和田纱厂 | 学徒 | 供食宿 |
| 28 | 李如松 | 16 | 文艺印刷局 | 学徒 | 供食宿 |
| 17 | 郭魁英 | 18 | 华盛魁鞋店 | 练习生 | 供食宿 |
| 39 | 马殿安 | 25 | 华兴机械厂 | 厨夫 | 供食宿每月15元 |
| 4 | 陈大鹏 | 25 | 天津日报社 | 见习 | |
| 26 | 何菊村 | 20 | 天津日报社 | 见习 | |
| 33 | 胡介民 | 25 | 天津日报社 | 见习 | |
| 27 | 刘安华 | 21 | 华兴机械厂 | 学徒 | 供食宿 |

资料来源:《天津市社会局职业介绍所介绍工作情形表》,天津市档案馆藏,资料号:401206800—J0001—2—000016—023。

表5-2所显示的只是天津市职业介绍所介绍工作情形之一斑,介绍的工作自然因为求职者的资质与能力的不同之分,但是在当时经济凋敝,民众普遍失业的情况下,能够谋得一份养家糊口的差事已经是非常不易的了。从实际操作效果看,有一技之长青年到职业介绍所能够谋得职业的机会更大,因为"各工厂商店所要雇佣的是有本领的、有知识的青年,出路非常广大"[①]。但不管怎样,职业介绍所的

---

① 王志莘:《纽约职业介绍所所长谈话》,《教育与职业》1920年总第23期。

存在对于经济发展、社会稳定及民众生存起到了积极作用。

## 第二节　职业教育的产品

### 一　职业学校及中小学劳作科成绩品展览会

职业教育除了向社会提供技术类人力资源外，生产工业及农业制成品也是其输出效能的手段之一。当时"举国咸提倡国货，苟不从制造下手，空言何益？诚欲提倡制造，则工商教育为必要矣"①。从当时的情况看，全国"职业教育机关之出品，非不精良，所虑者成本重而销售难耳。如普通工厂竹头木屑视若黄金，而教育机关往往不惜细微，丢之不顾。平常工人计工计值寸阴是惜，而学生之不措意，一物之成有经累月之久者。营业工厂之进货，必经几番调查斟酌以期便宜。学校既无资本以应时机，且亦不暇留心市价之高下。诸如此类，积少成多，则消耗巨，费时久，劳力多，而其出品不能较市价为贵，于是困难甚矣。一方面又以不熟社会情形无人专心营业，虽有精良出品而无法推销"②，可见20世纪20年代中期全国职业学校产品普遍存在成本及销售的问题。

当到了20世纪30年代情况有所改进，当时河北地区大部分的职业学校均有自己的产品，并且一些学校还愿意将自己的产品公开展览，以河北省立第一职业学校为例，1930年4月15日是该校建校十七周年的纪念日，该校在"庆祝会中，将色染机织两科之成绩作品，公开展览，请来宾参观。新成立之营业部亦于今日开幕，廉价售货，意思在唤起同胞生产之观念，发展实业教育展览会"③，同时让社会上更多的人了解其产品。从另一方面看，产品的质量好，自然就会有销路的。天津慈惠寺职业补习学校就是很好的例子，该校"各科如缝纫、织袜、刺绣、印刷、商科等班，已经开办，男女生共有百四十余人，前数日并成立营业部，专售校内出品，以袜子、缝纫、刺绣之销

---

①　黄炎培：《我之最近感想》，《教育与职业》1919年总第14期。
②　中华职业教育社编：《中华民国十三年度调查全国职业教育报告》，中华职业教育社1926年版。
③　《第一职业学校本日开周年纪念会》，《益世报》1930年4月15日。

## 第五章 民国河北地区职业教育的效能输出

路为最大,至于印刷亦颇不弱,只以机械太少,以致未能供应所求"①,可见这所职业补习学校的产品一定是物美价廉、结实耐用的。

对于职业教育的产品质量,民国政府给予了非常大的关注。早在1922年,举办了全国第一届职业学校出品展览会,至于效果黄炎培无奈评价道:"中国破天荒之职业学校出品展览会,其程度稚,影响薄,结果少,所不待言"②。之后章伯寅做出了详细的描述和评判:

> 职业学校的出品总以显明而能惹人注目为第一,尝见某农校用布袋若干,各装谷类豆类少许,送会陈列。参观者但见布袋累累然,对于米粒之色泽如何,豆粒之大小如何,均以不见为憾事。至每亩之种法如何,施肥如何,收成如何,更无说明。此种出品,送会陈列,于展览两字之意义全然相背。又职业学校的出品,更以极适用、极经济为其原则,曾见某工校木制座椅,靠背所雕花纹甚细,用时徒嵌灰尘,揩拭既属不便,背心依靠时,又不舒服,于工作时间之经济以及应用者之适意与否,均所不顾,希望出品者对于此种缺陷处,应加意研究为是。又出品之教普通者,在会场固无所用其说明,如认为有研究之价值,须尽力提倡的东西,应当由出品的学校派员到陈列场所,随时当众口头说明,或另刊传单说明成功的顺序及其用法等等。此事要请求尽提倡之责者注意。又出品上对于时间及成本之关系,往往少说明。如金工所制之剪子,于卖价若干外,究竟需人工几小时,每小时值银若干,铁料等值银若干,均未及注。要知教育方面的出品有试验及研究两种性质,并非专为营利,不妨老实公开。又出品之容易销售者,总是价廉而极切实用者为多,此是职业学校出品最好之教训。③

这次展览会的效果不是很好,首先在态度上就存在非常大的问题,可以说很多学校根本就不重视这次展会,只是把自己的出品带到展会当中,至于别人看不看、如何评价那就不予考虑了;其次就是许

---

① 《慈惠寺补习学校学生作品销路甚佳》,《益世报》1930年5月28日。
② 黄炎培:《第一届职业学校出品展览会之所得》,《教育与职业》1922年总第34期。
③ 章伯寅:《职业学校出品展览会的感想》,《教育与职业》1922年总第34期。

多职业学校出产的产品中看不中用,职业教育贵在实用,如果产品不实用,那不就背离职业教育的初衷了吗?再次,展品的成本、消耗、回本等问题也没有相应的说明,如果出产的东西都是亏本经营,那职业学校的经营项目还有开办的必要吗?尽管如此,所谓万事开头难,第一次举办职业学校出品展览会,存在诸多问题是在所难免的,但这也为以后开办此种展览会提供了经验。

1934年中华民国教育部颁布了《教育部订定二十三年全国职业学校及中小学劳作科成绩品展览会办法》,在总则中规定教育部为征集全国职业学校及中小学校劳作科成绩品以资比较及改进起见,特举办二十三年全国职业学校及中小学劳作科成绩品展览会。要求凡全国公立及已立案的私立高初级职业学校及中小学均须参加,会址设在南京。展览期间原定于1934年10月10日到20日,各省市区应于9月1日以前,分别举行预备展览。教育部认为必要时,征求出品人同意后可以将产品留在教育部,作为陈列品以备参观。

该展览会的筹备及开会事宜,由二十三年全国职业学校及中小学劳作科成绩品展览会筹备会办理,筹备会设置筹备员11—19人,由教育部部长指派或聘任,并在筹备员中指定常务筹备3—5人,担任日常事务及各集团开会事宜。筹备会分总务招待组,办理文书庶务会计,招待并指导参观及不属于其他各组事宜,设主任一人,干事若干人;征集陈列组,办理出品的征集、登记、报关、布置及陈列事宜,设主任一人,干事若干人;评判组,担任成绩的审查评判及奖励事宜,设主任评判一人,评判员若干人;编辑组,办理编辑及广告事宜,设主任一人,干事若干人。

展览会的展品包括职业学校学生实习成绩品及工作图,中小学校学生劳作科成绩品及工作图(如金工、木工、藤工、竹工、缝纫、刺绣、编织、科学仪器、生物农艺标本及劳作体育教具等)。此外还有成绩评判,包括教育行政机关成绩,即全省市公私立职业学校的校数、经费数、级数、学生数、教职员数、职业及劳作科目、教员的资格待遇、毕业生的升学就业状况,及各种有关职业教育的调查统计,暨各地出产原料及社会经济调查报告等;学校行政成绩则包括实习及实验场所的设备,历年出品数量销售统计及处理办法,毕业生的出路状况，以及各种有价值的调查统计等。

展品的递运手续是各省市区教育行政机关，先将各该省市区的展品，举行预备展览。再择其代表成绩，连同出品清单一份，于9月15日以前送到筹备会。成绩品的运送，由各省市区教育行政机关负责，如有意外的损失其责任非筹备会所应负担，由各省市区自行负责。出品应行注意应征的图标等，须用优良国货纸或道林纸；书法等艺术作品，须择其巨幅而裱妥；未加装裱的照片，须在八寸以上；样型标本仪器等，须装置妥善以免损害；镜框瓷制及液体，应在箱外注明；各省市区如愿将出品留本部陈列者，应于出品清单备注栏内注明。成绩品如不愿或不留部陈列的，于展览会闭会后一个月内，由原送机关领回。

成绩品良好的单位发给甲、乙、丙三等奖状，一个省市区或某个学校成绩特别优良者，由筹备会呈请教育部明令嘉奖，并由二十三年全国职业学校及中小学劳作科成绩品展览会专刊及教育部公报公布。凡成绩特别低劣，或必须参加的学校无特种原因未将成绩送会者，由筹备会呈请教育部分别训令注意。

全国职业学校及中小学劳作科成绩品展览会的举办自1934年12月1日起，展览历时12天，参观者达十余万人之多。对于展品的评判，教育部聘请了教育专家及职业学校各科专家，还有中小学劳作科富有经验的教师等担任评委。先对展品进行大体的观察，作综合性的评价，完后再分省分类进行评审，并总结展品的优劣，作为今后职业教育与劳作教育的方针。这次参加展览的省市有江苏、浙江、安徽、江西、湖北、湖南、四川、福建、云南、广东、广西、陕西、山西、河南、河北、山东、甘肃、宁夏、绥远、青海、察哈尔各省及东北四省；南京、上海、北平、青岛及威海卫各市区。

这次展览会的总体印象是"有些出品，就本身论，是非常优美，但藉制造这些出品所得训练，是否可以供给这类工作的基本需要，将来可以运用在各种的实际问题上，颇是问题。无论何种工作都需要一种精细的技艺，但除去对本工作的技艺以外，还要有对这类工作的基本能力"。此外，各个职业"所需要的专细技艺各不相同，种类繁多，并且多需实际环境方能养成。学校因为设备的关系，既不能样样具备，又不能完全与实际环境相同，所以培养上非常困难。况且学生的出路，除有预定限制者外，不限一条。专细的训练，反不如基本的训练应用便当。所以职业学校，除学生出路已预定者，如陶业科，漆器科，等等，自当基本精细并重外，其他一般设备既不能完全同于实际"。那么，反过来看，"如果注重基本训练又有流入普通教育的危险，所以造就的人，虽有基本能力，而缺乏特别专长，对于谋求职业恐又感觉困难。这种反面的意见似有相当的理由。但如果认清所谓基本能力是在各种职业范围以内的，如机械科的基本能力，纺织科的基本能力等，或许不致有何重大的危险"①。该文强调了基础能力的重要性，试想，如果基础能力都不能夯实，那么学生很难再去学习精细的技术了。

## 二 河北地区职业教育展品评价

中央的命令发出后，河北省闻风而动："教育部近筹办全国职业学校及中小学劳作科成绩品展览会，特经通令各省呈送出品，并饬先各举行预备会一次，俾使审查选择，冀教育厅自奉令后，当即进行征集各校劳作出品，并决定于九月一日起，设在省立国货陈列馆公开展览，至五日止闭幕，现已着手组织筹备委员会主办一切"②。之后，河北省积极筹备，"现各校成绩品已陆续到津，特决定自九月一日起至五日止，假河北中山公园国货陈列馆为会场，举行预备展览，任人参观，展览期间，每日上午九时至十二时，下午二时至五时，根据该会负责人谈称，此次参加展览之职业学校及中小学为数颇多，截至现在，所收到之成绩品，不下五千件，会场内部已开始布置，九月一日准可如期开幕，届时定有惊人成绩表现，而国货陈列馆亦必有一番热烈情况"③。

在这次河北省展品的预备会上，"所有各县市之学校，参加物品达五千件，陈列物品以学校为单位，虽不分门类，然参加项目亦为数

---

① 何清儒：《由劳作成绩展览引起的一个问题》，《教育与职业》1935 年总第 161 期。
② 《冀教厅筹备劳作成绩展览会，定九月一日举行》，《益世报》1934 年 8 月 19 日。
③ 《冀职校及中小学劳作品展览九月一日如期开幕》，《益世报》1934 年 8 月 30 日。

不少，职业学校如津工院之各项机械、应用家具、布匹多定价廉而切合实用；师范学校出品，亦不少日用品及工艺材料、度量衡器具；小学出品大部限于各种物品模型，如槟榔制成之茶具等，虽不能实用然构造颇具匠心，足以锻炼学生身心之修养，又其含义在提倡生产教育"①。在会展的第二天，天津市派记者到会场予以实地观察，对会场的情景做出了详细的描述：

陈列展览……内容分为小学、中学及职业学校三部陈列，各项征品以工业学校，暨保定河北省立第二职业学校为多，均系通常日用器具，及各项小机械器件，制造甚为精致，并有高阳私立职业学校所出印花布类及人造丝各色染料等亦佳；本市女师学院中学部，私立老西开中学，市立师范等，所征各品，以图画、教育仪器最为出色，尤以泊镇师范学校所绘花草图画更具精彩。统计全部所征物品，校名仅占省市各学之小部分，未得普遍，因该会系初举，昨参观人甚为踊跃，实业厅长史靖实亦偕家眷到会参观。②

经过五天的展览，到9月5日河北省的展览会闭幕，"统计除前日（9月3日）因雨到百余人外，每日前往参观者均逾千人以上，市立各小学学生，均结队到会，昨日（9月4日）下午二时，省主席于学忠亦偕随员数名到会，对应征出品与会场布置异常满意，四日来合计参观者逾五千人，大会定今晚闭幕。此次预备会因参加出品异常庞杂，故提前审查出品……今日继续评选，约三五日内即可选定装箱，被选者运京，作为代表本省之劳作成绩，其余归还原校"③。经过评选后，"被选成绩品约四分之一，计一千件左右，昨据教厅人谈，此次本省参加全国劳作成绩展览出品在求质之精，并不务量之多，已经被选一千余件，尚须经国货陈列馆长纪华及本厅科长曲直生复核，确定后始装箱南运"④，将参加全国的劳作科产品展览会。

---

① 《冀职校级中小学劳作物成绩展览今日开始》，《益世报》1934年9月1日。
② 《冀劳展会昨开幕，陈列品琳琅满目》，《益世报》1934年9月2日。
③ 《冀职校及中小学劳展会今日闭幕》，《益世报》1934年9月5日。
④ 《冀中小学劳展会初步评选已完竣》，《益世报》1934年9月7日。

## （一）北平市展品的评价

这次展会中，北平市立高级职业学校展示了立式抽水机、四尺车床、摆叶抽水机、离心力干燥机及轮密机等一套，其中摆叶抽水机及离心力干燥机，制造精细，非常实用。但是车床的样式有些陈旧，在设计方面应切实启发学生的创造力，在工作时尤其注意精度训练。在这次展览会闭幕后，经教育部委派专员评判，该校的优良出品留在部里陈列，以备参观，表5-3是北平市立职业学校的留部产品：

表5-3　1934年北平市立职业学校参加全国劳作成绩展览会留部成绩一览表

| 物品名称 | 计件 | 物品名称 | 计件 | 物品名称 | 计件 |
| --- | --- | --- | --- | --- | --- |
| 红墨水 | 一盒 | 紫印水 | 一盒 | 液体干料 | 二筒 |
| 黑漆 | 二筒 | 蓝墨水 | 一盒 | 印色 | 一盒 |
| 速干熟油 | 二筒 | 熟漂油 | 一筒 | 拌浆油 | 一筒 |
| 生发油 | 一盒 | 扑粉 | 一盒 | 润面油 | 一盒 |
| 重沸油 | 一筒 | 汽车漆 | 一筒 | 外用漆 | 一筒 |
| 熟油 | 二筒 | 凝油 | 二筒 | 研磨油 | 一筒 |
| 轻沸油 | 一筒 | 防水漆 | 一筒 | 水器漆 | 一筒 |
| 各色磁漆 | 八筒 | 铁教桌 | 一件 | 锻工成绩 | 一组（计三十件） |
| 烘烤漆 | 一筒 | 各色铅油 | 四筒 | 万能钳、克丝钳工作顺序 | 一组 |
| 机工成绩 | 一组（三十三件） | 轮密机 | 一件 | 毛皮成绩 | 四张 |
| 大小皮箱 | 各一双 | 女皮包 | 二件 | 皮鞋 | 一双 |
| 轮水机 | 一件 | 皮革成绩 | 四张 | 公事包 | 一件 |
| 皮带 | 一件 | 花露水 | 一盒 | 雪花膏 | 一盒 |
| 西蒙蜜 | 一盒 | 长条皂 | 六块 | 胰皂顺序图 | 一组 |
| 制革顺序图 | 二张 | 化妆胰皂循序图 | 一张 | | |

资料来源：北平市立职业学校月刊社编：《参加全国劳作成绩展览会留部成绩一览》，《职业月刊》1935年1月10日第2版。

统计一下表 5-3 所示的物品,这次北平市立职业学校留部展品大约有 50 件,能够留下来的产品质量基本都是上乘的,可见这所学校的出品当中精品颇多,同时也反映出这所学校的办学还是非常成功的。表 5-4 是北平市各个学校展品的一览表:

表 5-4　　1934 年全国职业学校及中小学校劳作科成绩品展览会北平市展品列表

| 类别 | 品名 | 出品者 | 件数 |
| --- | --- | --- | --- |
| 金工 | 墨盒、铜钟等 | 市立高职、香山慈幼院第四校等十四校 | 206 |
| 木工 | 乒乓球架、木狗等 | 市立四中、市立厂桥小学等二十一校 | 446 |
| 竹工 | 笔筒、锁竹花镜框等 | 市立二中、私立西北中学等二十四校 | 115 |
| 石工 | 石兽、房屋等 | 市立二中、市立海淀小学等十二小 | 61 |
| 蜡工 | 蜡果等 | 市立二龙路小学 | 4 |
| 纸工 | 花瓶、胰子盒等 | 市一社教区民教管民众班、市立广安门大街小学等十五校 | 108 |
| 黏土工 | 洋娃娃、颜色碟等 | 香山慈幼院第二三四校、市立五中等十五校 | 212 |
| 通草工 | 挂屏等 | 市立新鲜胡同小学 | 2 |
| 石膏工 | 人头花、立人等 | 私立盛新小学 | 7 |
| 雕刻工 | 雕花镜框、刻亭桌等 | 私立西北中学、市立海淀小学等十校 | 150 |
| 瓷器 | 茶壶、瓷观音等 | 香山慈幼院第四校、市立西黄城根小学等七校 | 105 |
| 刺绣 | 绸绣挂屏、新生活歌等 | 市立师范、慕贞女中等十五校 | 125 |
| 缝纫 | 童衣、幼童饭巾等 | 市一社教区民立馆妇职班、私立求知中小学等十二校 | 178 |

续表

| 类别 | 品名 | 出品者 | 件数 |
|---|---|---|---|
| 编织 | 线袜、花边等 | 市一社教区实验区编织工厂、市一社教区民众馆妇职班等四校 | 89 |
| 编物 | 提包、小篮等 | 私立崇德中学、私立盛新小学等十二校 | 38 |
| 制革 | 皮箱、花旗皮等 | 市立高职、香山慈幼院第五校 | 41 |
| 机械 | 轮水机、空气浮力秤 | 私立韩氏职补校、市立高职等三校 | 99 |
| 科学仪器 | 大小试管架、轧光机等 | 市立高职 | 14 |
| 标本 | 颜料、昆虫标本等 | 私立求知中学、私立中法大学西山温泉中学 | 154 |
| 农产品 | 蜂蜜、棉花等 | 香山慈幼院第四校 | 18 |
| 化学工艺 | 各色墨水、各种香水等 | 市立高职、市一社教区第一共读学校等九校 | 148 |
| 模型 | 纺线机器小模型、大蒸汽机模型等 | 市立高职、市一社教区第一工读学校等九校 | 95 |
| 印刷物 | 平津工业调查等 | 市立高职、市立高商等四校 | 98 |
| 照片 | 机械工厂相片等 | 市一社教区第一工读学校、市立高职等三校 | 8 |
| 艺术 | 广告书、中西书等 | 市立高商、市立五中等三校 | 65 |
| 制作顺序 | 万能锤克丝钳制作顺序等 | 市立高职 | 38 |
| 图表 | 四尺刨床图、出品一览表等 | 市立高职、私立求知中小学等四校 | 64 |
| 总计 | | 职业八校、中学十七校、小学五十校 | 2688 |

资料来源：天津市教育局刊行：《二十三年全国职业学校及中小学劳作科成绩品展览总评判报告》，《教育公报》1935年第157期。

由表5-4可以看出，北平市的木工和竹工产品特别多，尤其是小件实用品居多。其中泥塑各国人种的假面具，样式繁多，很有意义。在商业展品当中,北平市立高级商业学校所制作的比较图表条理清晰,统计便捷,在同类商业计算当中是领先的。在这次展会当中,商业学校的展品,为数很少。北平作为当时商业较为发达的城市,其商业教育还是较为先进的。该校根据统计方法所得的指数做成的图表,能够较为准确地表示出农工商业的生产及推销情形,达到了北平市商业的发展要求。

(二)河北省展品的评价

河北省立工业学院附设高级工业部的八寸牛头刨床、直立钻机及带锯等,样式美观,精度与材质也十分考究。学校制品能够达到这样的精良标准,还是十分难得的。河北省立保定高级职业学校的六尺元车、立式钻机、手摇钻机及压皂机等,以一个职业学校的力量能生产这些产品,已属不易。而且该校的"各厂出品,年约值二千余元……毕业生在平津各工厂者不少,成绩亦尚可观"①。但是在精度的考究,材料的选择以及重要部分钢料的热处理等,如果能够使学生在制造当中多加注意,那就更完美了。保定河北省立第二职业学校的螺丝一套、钳一套,零件及工具的全套,均为小件工具。将其作为学校的教具,非常适合。如果能在钢料的选择以及进行适度的淬硬,并教授学生更多制作方法的大意,那就更加完善了。

当时国家提倡职业教育的时间并不是很长,河北省的职业学校能够制造出上述的机器,确实取得了不小的成绩,但是与西方国家职业学校所出产的机械相比,还是有非常大的差距的。因此就学校而言,应该切实养成学生职业平等的观念,并训练学生对于自己所学,有坚定的信仰,并抱有终身从事这项职业的决心。平时在传授学生课程以及教材的选择上,尽量选用与机械学理有关,有联系意义并切合日常应用与生产的教材和内容。在教学过程中,还要尽量启发学生的创造力。学生的实习,不求速成,但必须养成其精密的习惯。试造机器,应依照其动作,配以合适的材料,所以还要必须传授学生材料强弱学。在制造工具时,如果使用钢材料作为部件,还应该进行适当的热处理。表5-5是河北省各个学校展品的一览表:

---

① 河北省教育厅编辑:《河北省教育概况》,河北省教育厅编制1935年版,第76页。

表 5-5　　1934 年全国职业学校及中小学校劳作科
成绩品展览会河北省展品列表

| 类别 | 品名 | 出品者 | 件数 |
|---|---|---|---|
| 金工 | 云钩、发令轮等 | 省立天津师范、南开中学等九校 | 38 |
| 木工 | 翻转人、大炮车等 | 省立天津师范、省立第三模范小学等三十校 | 90 |
| 竹工 | 腕枕、竹枪等 | 省立第一模范小学、省立沧县中学等五校 | 33 |
| 石工 | 图章 | 省立正定师范 | 1 |
| 蜡工 | 鼠、鸭、黄瓜等 | 天津私立一小、省立第一模范小学等四校 | 46 |
| 纸工 | 筱帖、书签等 | 省立大名师范、河间中学等五校 | 13 |
| 粘工 | 工砚、水壶等 | 河间县立一女小、元氏县乡师附小等七校 | 27 |
| 通草工 | 镜心 | 省立邢台女师 | 1 |
| 石膏工 | 卧兔、卧狮 | 省立通县师范 | 2 |
| 雕刻工 | 总理遗像、亚当夏娃像等 | 省立乐亭一小、滦县龙泉寺小学等七校 | 18 |
| 瓷器 | 树叶圆形碟 | 省立邢台师范、天津市立二十二小等九校 | 37 |
| 刺绣 | 桃花钱包、刺绣镜心等 | 省立邢台女师、河北中学等四校 | 7 |
| 缝纫 | 西式童衣、女夹旗袍等 | 省立女师学院、省立天津女中等十三校 | 45 |
| 编织 | 机织花边、毛织小衣等 | 天津私立民益小学、天津市立一女职等十一校 | 89 |
| 编物 | 细草帽辫、藤椅等 | 省立大名女师、省立工业学院等八校 | 21 |
| 制革 | 染黑色狗皮、花旗底革等 | 省立工学院、省立二职等四校 | 32 |

续表

| 类别 | 品名 | 出品者 | 件数 |
|---|---|---|---|
| 机械 | 电报机、齿轮等 | 天津市立师范、省立工学院等三校 | 192 |
| 科学仪器 | 试验惯性器、斜面、轮轴、平衡试验器等 | 省立定县中学、天津私立老西开小学等五校 | 16 |
| 标本 | 美国新小麦十种、昆虫等 | 省立保定师范 | 90 |
| 农产品 | 棉、豆、水稻、玉米等 | 省立赵县县立女学、省立黄村初中等四校 | 21 |
| 化学工艺 | 博爱香皂、磁漆等 | 省立二职、丰润县南西区区立宣庄小学 | 5 |
| 模型 | 奎星的模型、校舍模型等 | 省立冀县师范、天津市立二十二小等十二校 | 83 |
| 教具 | 滦县图、中国商埠图等 | 滦县县立小学、滦县县立城厢小学等三校 | 5 |
| 印刷物 | 印谱、槽角练习等 | 省立正定师范、省立工业学院 | 6 |
| 玻璃 | 镜子等 | 天津市立四小、省立冀县师范等三校 | 5 |
| 照片 | 军训摄影等 | 省立保定师范、丰润县立女子简易师范等三校 | 9 |
| 艺术 | 图画、西洋水彩等 | 省立女师学院中学部、省立泊镇师范等十八校 | 138 |
| 制作顺序 | 制革工程之顺序、印花之顺序 | 省立工业学院 | 2 |
| 图表 | 昆虫气管图、植物模式图等 | 省立保定女师、省立工学院 | 5 |
| 总计 | | 职业九校、中学三十校、师范二十二校、小学四十九校 | 1077 |

资料来源：天津市教育局刊行：《二十三年全国职业学校及中小学劳作科成绩品展览总评判报告》，《教育公报》1935年第157期。

这次展会应用化学品主要有陶器、玻璃、印刷、制革、胰皂、油漆、化妆品、文具、瓷器及纸制品等。一共有31所职业学校，7所中学展示了化学应用品。而且各种出品大多是就其取材，适合社会产业的需求。当然也有些学校的产品是抄袭和凑数的，根本不适合本地的要求，因此为发展职业教育效能起见，以后各个学校必须重视专业训练，以求精益求精。河北省的应用化学品还是比较出众的，在制革方面，河北省立工业学院附设职业部的制革料以及北平高级职业学校的成绩为优，尤其是河北省立工业学院的制革产品在展览制革品的20多所学校当中，独占鳌头，代表了当时中国制革的顶尖水平。河北省立保定高级职业学校的胰皂，在同类产品的院校当中，首屈一指。

在小件产品上，河北省自制的教具包括简易理化器械、地理模型及积木等，数量较多，教育玩具也不少。尤其是金工类产品，取得了非常好的成绩，足见河北省的各校均有相当的设备基础，美中不足的是缺乏平民化的产品。

这次展会出品学校的类别，其中职业学校有169所，中学337所，师范学校139所，小学868所，共计1513所学校。根据省市出品的学校数目看，以河北、山东和山西三省为最多，均超过一百个学校，其次是江苏、察哈尔、安徽、浙江、湖南、北平等六个省市，均在七十所学校之上。由此可见，民国时期的河北地区对于这次展会还是非常重视的，而且从另一个方面也反映出这个区域的职业教育发展在全国还是占据头一梯次的。再次是广西、江西、陕西、上海、南京、青岛等六省市，参展学校在五十所以上；最少的是广东、四川两省及威海卫一区，都没有达到二十所学校。参加展会的产品种类上有金工、木工、竹工、石工、黏土工、蜡工、骨工、纸工、堆棉工、通草工、石膏工、雕刻工、漆器、陶器、刺绣、缝纫、染织、编织、藤工、蔑工、结钮工、柳条工、麦秆工、制草、机械、科学仪器、动物标本、植物标本、矿物标本、生理标本、农艺标本、化学工艺、浸染标本、自然教具、卫生教具、地理教具、体育教具、劳作教具、印刷物、照片、艺术、工作顺序及图表等，总共四十三类。其中以木工出品最多，超过了三千件；金工与工作顺序及图表，都在两千件以上；缝纫、刺绣、编织、竹工及化学工艺，都在一千五百件以上；黏土工、纸工、植物标本等在一千件以上；染织、藤工、科学仪器、动物标本、印刷物等，也都在五百件以上；最少的是骨工及卫生教具，都没达到十件。这次展会总体上的优点是：

1. 中小学劳作科课程标准，施行补救，已得此相当成绩，殊属不易；
2. 有不少省市的中学及师范学校出品，能利用劳作科制造科学模型及教具，既与科学教学相联络，又能供实际上应用，殊有教育上之特殊价值；
3. 各省市职业学校出品，大都均能切于实用，且与实际商品，无甚差别；
4. 有不少省市之学校，能利用当地固有特产，制成应用物品，殊有生产价值；
5. 有不少省市之小学出品，能利用劳作科教材，制作各种有关国防性质之玩具，以引起儿童对于国防之兴趣，此足见小学教育能注意民族复兴之一斑。[1]

当然通过这次展会，也暴露出许多问题，很多学校对于劳作教学及生产教育的意义了解不够，不少省市学校的出品，千篇一律，缺乏创造精神，也没有教育价值，很多都不够实用。师范学校的出品，数量过多，而且参展的出品，未能充分表现劳作师资特殊训练的精神。农业及农事产品的数量过少，乡村小学的出品，除了山东和青岛外，都不多见。各个学校对于当地生产事业的调查，还不够注意。很多的展品，并非是学生平时制造出来的，而是专门为这次展会所做。家事科多注重奢侈品，也不够切合实际生活。

在这次全国性的职业劳作成绩品展览会当中，提出意见者不下千人，尤其是以教育界人士居多。意见汇总起来，主要有赞誉者、不满者和怀疑者三种。其中赞成者认为这次展会的规模宏大，作品精良，

---

[1] 天津市教育局刊行：《二十三年全国职业学校及中小学校劳作科成绩品展览总评判报告》，《教育公报》1935 年第 146 期。

第一次举办全国性的展会就能取得如此成绩确实不易。通过这次展会，拉开了发展生产教育与职业教育的序幕，并且使教育与生产和生活联系得更加紧密，同时大会体现了中华民族的才能、力量与精神，并且应该继续集中和锻炼这种才能与精神，以符合"建国育民，复兴文化"的宗旨。而且这次展会当中展示了大量的国防设计品，证明各个学校都能够非常注意国防教育。不满者则认为玩具多，用品少；美术品多，实用品少；享乐品多，生产品少；供少数人装饰玩赏的东西太多，有关国计民生的产品太少，与社会实际生活结合不够紧密。大部分出品，流于"作而不劳"，或劳动甚少，与劳作的主旨不符。很多产品都是仿制的，发明创造性的产品较少。各省市出品所使用的原料，并非是本地区特产或本国物料，甚至本地和本国有所需的原材料，依然要进口舶来品，这种舍近求远，重人轻己的做法，暴露出国人妄自菲薄的心理。此次展会中，最缺乏的是农艺品，此外如重工业、机械工业、家事、教育用具、金工、水产标本、矿物标本、科学仪器、化学工艺、工作图说、化学军事用品以及最普通的应用品等也都不多。劳作类的出品多偏于工艺方面，范围太过狭窄，不知道的以为这次是全国工艺品展览会。怀疑者则认为这次展会的部分出品，并非出自学生之手，可能是教师和工人代做的，也有可能是外面购买而来。而且展会当中还出现了赝品，伪造标签等行为，失去了提倡生产教育的本意。为此，展会之后提出了改进措施，首先是职业劳作教育问题的改正办法：

1. 今后应推广生产教育，以生产技术以训练学生之主旨。

2. 今后劳作对象，应以能发扬民族意识与精神者为主。

3. 今后出品，应趋向大众日常生活实际应用方面，使学校教育与社会需要打成一片。

4. 机械工业，应积极提倡，方足与各国并存于科学竞争之世界。

5. 传统的手工教学法，应即改变；教师责任在辅导学生自由创造。

6. 职业教育重生产结果，劳作教育重工作过程，两者目的，应分别清楚。

7. 刺绣缝纫等课程，应注意工作效率与应用方面，各种劳作，应注意经济的条件，不可费钱过多。

8. 成绩应注重平时的制作，不可为展览而始准备，致贻"临时抱佛脚"之议。

9. 各校劳作教育，应认真施行，不可敷衍了事，有名无实。①

此后，借着这次展览会，"特由教育部召集一个全国职业教育讨论会，被召集的人，以各省市厅局主办职业教育行政人员为主体，另聘任专家若干人，连同部内出席人员，共六十四人，列席者亦有七八人。历三日而毕"②。在会议同时，还有两次关于职业指导的演讲，会议开始由教育部编订议案及大纲共计两组九项三十条，以此作为讨论的根据，这对于本次展览会做出了很好的总结。

在鼓励措施上，当局应该急起直追，努力倡导并设法奖励，对于各省市贴近民生实用的展品，应该加以统计，并设法引导发展。出品有益于社会的，应该褒奖，并给予专利生产权，或减免其税，以示提倡。对于敷衍和搪塞的省市，必须加以申斥。各省市的政府应该广设职业学校和制造工厂，以培养从事生产事业的人才，但工厂要先设于学校，符合产业与人才衔接的程序。在出品成绩的评判上，要聘请专家设计精密严格的评判标准，且产品要有教育意义，注重质量而非数量。这次边远省份的展品较少，各省市当局应该一面督促这些地区注重劳作教育，另一方面制定完善的征集办法，争取各地均有出品参展。此后，职教的发展重点应转向边远地区，不能仅仅注重南方省份及繁华地区的发展，应该使职业教育的发展在地域上更加平衡。各种作品应该有统制方法，推销到全国。可以在南京设立全国职业学校出品公司，附设全国劳作特殊材料交换处，以便进行研究。统计所需的劳作师资，可以设立劳作特科师范进行培养。当然也可以举办劳作教师讲习会或讨论会，指定现有劳作教师，在假期内加紧训练。在师范

---

① 天津市教育局刊行：《二十三年全国职业学校及中小学劳作科成绩品展览总评判报告》，《教育公报》1935年第157期。

② 黄季陆主编：《革命文献 抗战前教育概况与检讨》，中央文物供应社1971年版，第238页。

学校中,要注意课程与师资,以培养适合担负劳作教育责任的人才。

这次全国职业学校及中小学成绩品的展览会开得还是较为成功的,不但及时掌握了各省市职业教育的发展概况,而且能够总结成功经验。更为可贵的是,发现了很多学校展品的不足之处,以便及时总结教训,督促这些学校加以改进。在这次展览会当中,河北省职业学校的工业制成品以及北京市的商业展品还是非常抢眼的,在全国同类展品中都是领先的,可见在这两个方面河北地区的职业教育还是取得了非常大的成绩的。

## 第三节 河北地区职业教育与产业之间的关系

### 一 产业的兴盛是职教发展的经济基础

教育现代化的实现程度,受国家"发展水平和基本国情的制约。社会政治、经济、科技、文化变革对教育现代化的影响是根本性的,教育现代性的全面增长受制于社会的现代化程度。任何一个国家的教育现代化总是在特定的社会环境中展开与推进的"[1],民国河北地区职业教育的早期现代化也是在当时区域内客观的环境下起步的。在社会环境诸多的因素中,经济因素是职教发展的最基础条件。之所以强调经济的发展和进步,因为近代以来,中国在内忧外患的涤荡下,已经"贫弱至极,推其原因,则贫由于弱,欲求挽救,则富而后强,实业为救贫惟一之道"[2]。民国时期,职业教育的发展有了新的倾向,"其背景则为欧洲大战期中中国工商业的渐趋发达"[3],产业尤其是工业的发展可以刺激并带动职业教育的进步。但是,近代"中国人素来对于教育的旧观念和中国的社会情形,原来不能容工业教育之发展。人们既轻视工业,国内又几无工业可言,向来工业学校或职业学校之失败,也自有其不可免的情形"[4]。

---

[1] 谈松华:《中国教育现代化的区域发展》,广东教育出版社2003年版,第107页。
[2] 陆费逵:《中华实业界宣言书》,《中华实业界》1914年第1期。
[3] 李浩吾编:《教育史ABC》,ABC丛书社1929年版,第149页。
[4] 陈东原编:《中国教育新论》,商务印书馆1928年版,第6页。

基于这样的事实，先打好经济产业尤其是工业及基础，完后才有望带动职业教育的进步。

（一）对于工业的支持

1929年8月28日河北省转发了中华民国政府工商部颁布的《特种工业奖励法》，该法规定创办基本化学工业、纺织工业、建筑材料工业、制造工业、机器工业、电料工业及其他重要的工业；产品能够在国内外畅销，自己发明的或首先从国外引进的发明并投入到生产当中以及应用机械或改良手工制造外国产品，能够发展民族产业的都会受到奖励。奖励的办法包括：

1. 准在一定区域内有若干年之专利权但至多以五年为限；
2. 准减若干年国营交通事业运输费但至多以五年为限；
3. 准免或准减若干年材料税；
4. 准免或准减若干年出品税。①

呈请奖励的单位需要向工商部提交公司及工厂的种类名称、经理董事及重要职员的履历、总店总厂及分店分厂的所在地、资本及其种类财产价值或估价的标准、公司及工厂创立以来的经过和成绩、产品的种类商标出产及销售情况加上其他关于公司及工厂的一切记载印刷品图样表册凭证等材料，之后由奖励工业审查委员会进行审查，凡是通过审查的工商部核准奖励后给予执照并呈报国民政府备案，但是有外资的工业没有资格申请奖励。之所以政府要提倡奖励产业，因为产业和实业是国民经济的根本，倘若"实业不兴，国家无向荣之望，人民无苏息之机……实业者，国民资赖以生之物，而国家之血液营养也。实业之盛衰，原为国民生计之舒渗所系，亦为国政隆污之所系，且即国命延促之所系"②。

1930年3月河北省工商厅转发了《奖励工业品暂行条例施行细则》，细则规定呈请奖励工业品的申请者必须具有中华民国的国籍，

---

① 河北省教育厅编印：《特种工业奖励法》，《河北省教育公报》1929年第3期。
② 胜因：《实业救国之悬谈》，《东方杂志》1910年第6期。

国外侨民要申请奖励必须由合法团体或居留地的使馆出具国籍证明书。医药品和饮食品只能申请方法专利。申请奖励者的呈文和说明书等文件需要用中国文字，说明书内要有科学专门名称，外国原名需要翻译，凡是用公司名义或两人以上联名呈请专利者需要声明发明或改良者的姓名及其经过，并附呈双方的契约，由代理人承办呈请奖励的人需要附送委托书。呈请专利的呈文图说等经邮寄呈送的需要挂号，工商部根据邮寄地址邮局记载的时间认定呈请的先后。呈请专利的说明书图样或模型不明晰及不完整的，工商部应令原呈递人将相关材料进行补充呈递，但是补充材料在六个月没有邮寄到工商部视为无效。呈递的说明书要包括发明人或改良人的姓名籍贯出身和经历，改名或改良的品名及主旨。

　　出品的制造方法及所使用原料的名称产地都要详细说明，产品的构造及应用方法要辅以图样说明。图样上必须注明符号尺寸并用黑墨水绘图，产品的图样及说明书要密封呈送，封面要注明由审查委员会拆开的字样。产品的类别以及专利的年限和范围等也要一并呈送。此外，还要呈送由曾经注册的公司商号或律师签字盖章的宣誓书。呈请奖励者应将其样品送呈工商部以备核查，呈请人需要缴纳一定的手续费，包括请给专利五元、请给褒奖二元、请求专利权的转移十元、专利权的继承五元、专利执照遗失请求补发十元以及褒奖遗失请求补发四元。呈请奖励的审查事项由工商部组织编审委员会审查。在审查奖励品的过程中，必要时需要派员到出产品的工厂进行实地调查，或者对呈请人当面进行考询。对出品进行审查后，审查委员会记载品名、呈请人的姓名及厂名、请奖的类别、是否应该给予专利或褒奖、审查的呈文、理由及日期。凡是呈请专利及审查合格的，由工商部公告，如果六个月之内无人提出异议，即行颁发专利执照。奖励注册底本要记载专利或褒奖的号码、准予奖励的品名、呈请人的姓名住址或厂名厂址及资本，注册的日期，专利权取消时应载明事由和日期，专利权转移或者继承时也要载明事由及日期。当然，补发专利执照和褒奖时也要载明事由及日期。

　　发明人登载专利广告不能超出工商部核准的专利范围以外，在公告期内不能刊登工商部核准的专利字样。专利执照及褒奖如有遗失及毁灭时，应登载当地新闻报纸三天，一个月之后，取具曾经注册公司商号证明书请求补发。呈请专利转移时，应由当事人连署并附呈转移的契约，继承专利权时，需要附专利权转移或继承后，仍依原有专利的年限计算。已经具有专利的物品或方法，到了专利期满时，专利权要被取消。取消时应由工商部将专利者姓名物品名称或方法专利执照号码年限及取消理由进行公报，同时专利执照要上交工商部注销。

1930年4月河北省工商厅转发了《奖励特种工业审查暂行标准》，标准规定组织完备的工厂并能够制造精良产品的，才能有资格申请奖励。特种工业的基本化学工业类包括制造硫酸工业、制造硝酸工业、制碱工业、制造煤膏工业、制炼石油工业、冶炼钢铁及其他重要金属工业、人造肥料工业、化学纤维工业、机器制糖工业、制造纸浆工业、制造漂粉工业等项。纺织工业类包括机制棉纱或其特别改良的织造工业、机制缫丝或其他特别改良的织造工业、纺毛及毛织工业、麻织工业、特别改良机制交织品工业等。建筑材料工业类包括制造水泥工业、建筑用金属器材工业、机制砖瓦沟管工业、制造玻璃板工业、锯木工业以及改良油漆工业等。制造机器工业类包括制造各种原动机工业、制造电动机或发电机工业、制造重要工作机械工业等项。电料工业包括制造电线工业、制造重要电气器材工业等。其他的重要工业包括机器制纸工业、制造钟表工业、制造重要科学仪器工业、改良陶瓷工业、珐琅工业、机器制革工业、制造机器船舶工业、制造飞机工业等项。产品能够在国内外大宗行销并在国外市场当中有竞争力的受到特别奖励。奖励包括减收材料的运输费，减免课税。

以上河北省关于工业奖励的法规和措施，必然有助于刺激河北省工业经济的发展。工业发展了，技术人才的需求量也会跟着增加，这直接会加大职业学校毕业生的就业率，对于职教的生存和发展确实有着决定性的作用。而且从另一个方面来看，工业的进步，各种产业的更新，必然对职业教育的专业设置及所培养人才的质量有更高的要求，这会非常有效地敦促职业教育的自我革新。而且就当时的形势看，"世界各国，竞尚机械，大量生产，我国则瞠乎其后，若不急起直追,前途堪忧,我国欲图独立富强,非使国家社会走向工业化不可。"①

(二)对农业的鼓励

除了对于工业的奖励之外,国民政府还非常重视国家农业的进步,尤其是农产品的科技含量。郭秉文曾指出"吾中华民国之最重要实业为何?曰始自农业以至今日未有易也。实业救亡之说,既为国人所公认,则对此在各种实业中,居最重要地位之农业,宁不欲兼程并进,以求其发达改良乎。"② 1930年2月7日中华民国农矿部颁发了《农产比赛会规则》,文件规定各县人民或团体为了改进农产并推广销路起见,须举行农产比赛会。凡是农产水产畜产及农用物品均在农产比赛会中参赛。凡是想举办农产比赛会的必须拟具比赛会的开会简章,简章须交由各省农矿厅核查备案。简章需要包括县名、比赛会名称、举办地址及会期、出品人姓名、出品种类及各出品人提供的数量、出品物的陈列及售卖办法、审查方法、违反会务的处分及其他必要事项等内容。农产品的比赛会聘请专家并请求主管机关地方长官及当地农业机关派员共同组织审查委员会,对农产品划定等级。审查员的费用除了聘请专家由农产品比赛会支给外,其厅局或各机关所派人员由厅局及各个机关担任。农产比赛会的出品经过审查委员会评定优劣后,对于高等级给予一定的奖励。格外优良的出品由农矿部予以奖励。比赛经费由呈请人自行筹备,必要时地方长官要给予一定的补助,在比赛会举行期间,关于出品的一切费用由出品人担负。两个县以上举行农产比赛会时,要报市机关进行核查。这种举办比赛会的办法是非常有效的激励机制,不怕不识货,就怕货比货,将各地农产品汇聚到一起,对比之下立见分晓。这样农产品质量较差的地区必然会向较好的地区学习耕种经验和农业技术,以提升自己农产品的产量和质量。

1929年11月5日农矿部公布了《农产奖励条例》,河北省农矿厅于1930年5月进行了转发。该条例规定凡是中华民国人民所经营

---

① 荣德生:《荣德生文集》,上海古籍出版社2002年版,第179—180页。
② 郭秉文:《读诸先生农业教育意见书后》,《教育与职业》1921年总第25期。

的农业应用科学方法或新式机械改良品种或增加产量确实有成绩的，其农产品将会得到奖励（外资的农业不在其中）。奖励的根据包括：

1. 在农产展览会或农业比赛会经评定成绩优良者；
2. 举行农田耕种比赛经评定成绩优良者；
3. 地方自治机关或农民团体依调查视察或其他报告认定其成绩优良者；
4. 农民自行呈请奖励经派员查明其成绩确属优良者。①

奖励的种类包括奖金、奖章、褒奖、奖牌以及可以于一年内准免或准减国内产销两税或国营交通事业的运输费。请奖者需要递交呈请书并由农矿部核办，至于是否奖励以及给予何种奖励，农矿部会组织审查委员会进行审查。如果农矿部奖励之后地方机关或比赛会自行予以奖励，需要将相关文件送到农矿部备案。但是如果通过串通蒙混方式取得奖励的，一经查出后除了追还获奖者的奖金及奖品外，连同舞弊人员一并依法惩处。这个文件对于农产品的奖励程序和规则是有非常严格要求的，力图通过公平的途径选上来货真价实的农产品，再给予应有的褒奖和鼓励。这种做法会非常有效的鼓舞地方发展现代农业的积极性，农业经济受到应有的重视，学习农艺科目的职教学生自然也好施展自己所学的本领了。

同一时期，河北省农矿厅还转发了《农矿部农产奖励条例施行细则草案》，草案对《农产奖励条例》进行了解释性的说明。其中农民改良作物在二十亩以上，家畜如牛马在十头猪羊在百头以上，家禽在五百只以上，蚕丝在五百斤以上，蜜蜂在五十箱以上，其他改良农产规模与上列各项相当者，可以向当地农业机关登记和报告，并经过派员查明成绩确实优良，即可填具呈请书请由地方机关转呈农矿部核办。以上的请奖者需要由农矿部组织编审委员会审查确定后，按照审查结果即行给予奖励。接受呈请书的地方机关应派员赶赴现场，按照等级及报告书所记各项详细勘查并且拟具意见报告书，之后转呈农矿

---

① 河北省教育厅编印：《农产奖励条例》，《河北省教育公报》1930 年第 16 期。

部以昭核实其改良成绩。自愿请奖的农民需要向当地农业机关先行报名登记，登记日期具体的规定是播种前两星期对农作物进行登记，生产及孵化后的四个星期之内要登记改良家畜家禽，改良家蚕蜜蜂需要于作茧及分箱时登记，其他改良农产也要在相当时间进行登记。登记事项包括农户姓名住址及其类别、田亩地址及面值、种名、原产地输入地、改良数量及改良主旨。农产增加产量的成绩因各地气候土壤等环境不同，其奖励也应依照各地方的环境酌情而定。农产改良品种的成绩分为三等：

第一等 改良品种具有特殊成效确已成立一新品种且已著推广成绩者给以一等奖；

第二等 改良品种具有良好成绩已成立一新品种且颇有推广希望者给以二等奖；

第三等 改良品种较原有品种确有优点者应依其优点之多寡及程度给以三等奖。①

对于农业来说，种子品种的优良至关重要，刨除自然因素以外，它直接决定着农民秋收时农作物的产量与质量，鼓励农户使用改良的农作物种子，是繁荣农村经济最快捷的手段。农产品奖励划分为五种：

第一种 奖金得分别等级并得以参观旅费车票船票等及农具农产牲畜等代替之（另附奖状）；

第二种 奖章分为一等奖章二等奖章三等奖章（另附奖状）；

第三种 奖牌于开农产展览会及各种比赛会时得由各该会备制给予之；

第四种 褒状分一等褒状二等褒状三等褒状；

第五种 于一定年内准免或准减国内产销各税或国营交通事业之

---

① 河北省教育厅编印：《农矿部农产奖励条例施行细则草案》，《河北省教育公报》1930年第16期。

## 第五章 民国河北地区职业教育的效能输出

运输费得由农矿部资财政部交通部铁道部临时核定之。①

呈请奖励者无论由地方自治机关或农民团体代请及农民自请均须出具呈请书,除了代请书的样式由代请人自行拟具外,农民呈请书事项及式样根据本规定呈递。为了显示区别便于认识起见,改良家畜所产的仔畜需要登记烙印,猪和羊需要耳记,家禽用腿圈,养蚕器及蜂箱都要做明显的标记。改良作物须于每区或每亩地上竖立标牌载明种名及播种收获时期。呈请奖励者登记后,各种作物在收获前半月,家畜在仔畜成长一年,鸡禽长成六个月,家蚕在收茧前半个月,蜜蜂在取蜜前半月须将预定收获长成等时日及改良品种或增加生产拟具报告书,报告当地农业机关。届时派员监视并施行查验。凡是获奖的团体或农民需随时答复询问及填具各种表格并向农矿部报告改良详细方法。

上面的几个文件非常侧重农产品的改良和推广,农产品如果一直没有改良,那么其产量就不会有太大的提升。在具体的实践上,1930年天津市积极提倡蚕桑业,要求农业职业学校、传习所的"农事试验场就已有实生桑苗,尽量嫁接,育成壮苗,除酌留一部造成模范桑园裨农民仿效造外,其余桑株则照各乡土质适宜区域,廉价分卖,并由该场分派技术人员指导栽植,务期合乎经济,不悖学理,养成新式桑园,以为将来正式饲蚕张本,该局并拟照津县气候,编印适宜蚕桑浅说,分散农民,以启发其蚕桑学识,一面在试验场内,多尽育蚕,任农民参观,并尽量制造蚕种,分散已经植桑各农户,从事饲育,每年于蚕期后,开桑蚕展览会,以资观摩,择其成绩优良者,酌给奖品,以资鼓励"②,这样就可以刺激桑蚕业的发展,以带动农业教育的进步。

只有经过多次试验与改良之后,融入了科技含量,这样的种子在栽种之后才能在产量上有质的增加,这就凸显出了农科类职业教育的

---

① 河北省教育厅编印:《农矿部农产奖励条例施行细则草案》,《河北省教育公报》1930年第16期。

② 《提倡蚕桑尽量制造蚕种分配植桑农户》,《益世报》1930年2月19日。

重要性。再有就是推广,光改良了种子不行,只有大面积推广并取得实效以后,才能实现农业生产力的大幅度提升。

## 二 职业教育技术推动产业发展

职业教育能够为社会各行各业提供技术,当这些技术应用到实际当中,会很快地转化为生产力,进而提升国家的整个经济实力,这一点也是职业教育的重要效能之一,"一谈到增加生产,无论是工业和农业,都免不了要解决技术上的问题,而技术问题的解决"[1],根本上还有赖于职业教育的发展。该书选择农业作为研究切入点,因为"中国以农立国,全国人民之业农者,占80%以上;故欲解决全国之民生问题,力谋衣食住行四大需要之发展,必自先求农林事业之健全始"[2]。由此可见,发展农业是最为关键的,农业是所有产业的基础,农业有了保障,其他产业的发展才会是有本之木,有源之水。但农业经济不振,一个原因是农业教育发展滞后所致。另一个原因,则是"农校与农家隔阂,农业学校每见于都市,而乡村则方之至罕。都市之学童多商贾子弟,即勉强肄业农校,而出则恒为商贾,学非所用,用非所学……农校设于城市,乡村之子不便入学,藉有好学之农民,亦因地阻而割其所爱,此农校设于都市不能收改良农事之效者"[3],不接地气的农业职业学校既不能吸收充足的养分,也很难发挥出应有的效用。再有民国的"农民有三万万,安得尽人而置之学校,且不就他们实际生活,实际工作加以教育或指导,使之亲切有味,随学随用,必欲使他们进学校,与实际生活隔离,这是何等愚蠢的事"[4]。

推广现代农业,是民国时期河北省农业职业教育的目的与责任。而"各种农校现时之最大困难,即为其宗旨办法之不正确"[5]。最开始各个农业教育机关大都是从刊发浅说、露天演讲、放映幻灯片以及

---

[1] 陈润泉:《科学教育》,文化供应社1944年版,第123页。
[2] 中华民国大学院编:《全国教育会议报告》,载沈云龙《近代中国史料丛刊》,文海出版社1984年版,第520页。
[3] 黄立:《今日当注重乡村农业教育》,《教育与职业》1922年总第38期。
[4] 高践四:《我国职业教育的前途》,《教育与职业》1935年总第162期。
[5] 郭秉文:《吾国农业教育之现况及将来希望》,《教育与职业》1922年总第35期。

巡回展览等宣传方式入手，虽然博得一时的振奋，但是在具体实施上效果并不好。为此，"近年各农教机关已多放弃宣传工作，从事实验区之实施，供给优良种子，派员实地指导，或特约合作农户，或设置表证农田，并指导合作运输贩卖，以增加生产之收益。其尤著者，莫如改良种子之推广方法。从前推广种子，东送一包，西送一包，一种种子散布各地，有相宜者，有不相宜者，同一地方散布各种种子，试行多年，不见实效。今后推广改良种子之趋向，集中一区域，逐渐扩大，不仅问纯种改良种每年发出是多少，必须求某一区域种改良种之田亩逐渐增加多少，以期得一广大之纯种区域，而收确切推广之效果，是亦近年之良好趋向"①。看来，改良种子是发展农业经济的关键一步。

这种转变也呼应了国民政府第三次全国教育会议上《各级农业教育机关应倡办适合经济经营之农林生产事业案》指出"各级农业学校如已经创办有年者，应根据该校过去试验研究之成绩，利用技术熟练之员工，及优良之器材，撙节大部分之办公消耗经费，计划实地经营之生产事业，例如各农校所在地已有农林，园艺，畜牧各场之设置者，应就其事业发达之程度，更进一步而为合理之经济经营，即运用学校机关育成之改良品种，及试验有效之方法，筹办一大量产生之经费来源，采私人经营之管理方法，树教育生产之楷模，作改良农事之先导，务从实际事业表现之成绩，诱发农民之信仰，俾教育与生产融合为一，而能完成整个农业教育之使命为依归"②。此外，改进农业教育"首宜注重实际，革除过去徒尚形式之弊，因决定先行调查各地农民数千年来之良好经验，再参以现代农业科学，俾融会贯通，截长补短，以收事半功倍之效"③。

在具体的实施上，1931年河北省定县利用农业职业教育的技术来改良该县农副产品的质量，以促进其农村经济的发展，表5-6是定县的具体改良计划：

---

① 黄季陆主编：《革命文献 抗战前教育概况与检讨》，中央文物供应社1971年版，第266页。
② 教育部编：《第三次全国教育会议报告》，教育部编印1939年版，第213页。
③ 教育部编：《教育工作报告》，教育部编印1939年版，第10页。

表 5-6　　　　　　　　1931 年定县农业改良计划表

| 设计 | 推广家数 | 数量 | 附记 |
|---|---|---|---|
| 猪种改良 | 470 | 本地母猪场交配者 451 头，产生第一代改良小猪 4858 头 | 每头第一代改良猪一年较本地猪增产净肉 22 斤 13 两，增产价 4 元 5 角 6 分 |
| 改良鸡种 | 150 | 581 只 | 每只第一代改良鸡较本地母鸡每年多产卵 75 个，增产价 1 元 5 角 |
| 瑞士乳羊 | 3 | 3 头 | 每头增产 36 元 9 角 6 分 |
| 改良棉种 | 23 | 51 亩 | 每亩增产 1 元 1 角 5 分 |
| 梨树整枝 | 16 | 1111 株 | |
| 葡萄栽培 | 78 | 200 株 | |
| 城墙造林 | | 栽植洋槐苗木 6000 株 | 完成西门北门间一段 |
| 防除大麦黑丹病 | 76 | | 每亩增产 3 角 5 分 5 厘 |
| 防除高粱黑丹病 | 76 | | 每亩增产 3 角 2 厘 |
| 防除谷子黑丹病 | 76 | | 每亩增产 3 角 2 分 |
| 防除棉花蚜虫 | 76 | | 每亩增产 1 元 6 分 |

资料来源：《定县实验二十年度工作概略》，《教育参考资料选辑 第一集》，南京：教育编译馆印 1933 年版，第 7—8 页。

根据表 5-6 的数据可以看出，定县的农业改良计划已经得到实施，改良的门类较为齐全，而且其中猪种和鸡种的推广还是较为普遍的，从最后的结果来看，各项改良都不同程度上获取了经济收益。

民国时期河北省在改良种子研究并经营农业生产事业方面做得比较好的是易县省立高级农业职业学校，该校对各种农业科目由理论到应用的过程进行了非常细致的规划，以便将校园当中的知识与技术迅速转化为社会生产力。该校主要有两大科，分别是农艺科和园艺科，农艺科的研究范围比较广，鉴于要改良河北省农作物起见，他们在农作物方面把食用作物列为研究重点，而以麦粟的研究作为重中之重。豆类、玉米及黍为次要研究对象。农艺科在经济作物方面主要研究美棉，烟草、除虫菊及芝麻等次之。园艺科主要包括果树、蔬菜、花卉及布置庭院，覆盖的范围也很大。具体研究的方案是以育种为主，栽培法次之。

在农产品的推广上,该校"农场周围地势近山,耕地多倾斜,经本校规定推广美棉办法及印发栽培美棉浅说后,农民多乐于接受。本年登记棉农52户,发出棉籽2400斤,推广棉田489亩。今秋收获籽棉3.6万斤,每亩平均七十三斤余"①。由此可见,这个学校通过发送培育棉花的册子及赠送改良棉种,确实给当地的农民带来了不小的经济收益。透过表象看本质,"农业为自然科学之应用,又属于有机的生产,其事业虽似粗大,而原理则甚精微,在在需用高深之研究。且受制自然,变化无定,尤须藉科学之力"②,以确保农产品的产量。

可以看出,如何将职业教育技术转化为现实的生产力,这个学校做出了非常好的示范和榜样。

中国的民众里面有"80%是农民,而在这些农民中,大多数都是文盲,因此他们耕种方法,仍是墨守旧章,沿用老方法,从未改用机器的新方法,以致每年所出之农产品,犹不足以资应用"③。职业教育的本质就是服务于社会,该校各种农作物优良品种的培养,其目的都是要推广到河北的农村,以促进河北省农业经济的发展。"我国以农立国,至于今日,衣食大源,且多仰给外人。兹姑舍棉货一端而不论,检十八年海关报告,米输入价达五千八百九十余万两,小麦输入价达二千一百四十余万两,粉输入达六千二百九十余万两,足已令人不寒而栗。农事不修,产量既因之日绌,农智未启,生活尤无由改良。夫以如此穷弱愚昧、一盘散沙之农民,其数占全国人民百分之八十五以上,谓可立国于今日之大地,宁非妄谈。倘不早图挽救,后患何可设想"④。在当时农业经济普遍凋零的状况下,河北省易县高级农业职业学校所作出的努力,充分地履行了职业教育服务于社会经济的义务与责任。虽然"农政与农学,不能分工合作,推其弊之所至,

---

① 河北省教育厅编印:《河北省立易县高级农业职业学校农林场民国二十四年工作概况》,《河北省教育公报》1936年第18期。
② 廖世承编:《中国职业教育问题》,商务印书馆1929年版,第208页。
③ 陈兆庆:《中国农村教育概论》,商务印书馆1937年版,第4页。
④ 黄季陆主编:《革命文献 抗战前教育概况与检讨》,中央文物供应社1971年版,第296页。

势必各自为谋：政府所规定之政策，与学校所研究之结果，难免互相矛盾，一也；学校教育之所设施，与政府需用之人才，难免枘凿不相容，二也；推广事业无分工之范围，难免叠床架屋之弊，三也；人才经济不能集中，尤有事倍功半之虞，四也"①。但是河北省易县高级农业职业学校能够排除种种障碍和困难，将主要精力投入到改进作物品种、增加农产品产量上，有些还在计划之中，有些已经得到推广并取得了实际的经济收益，受到了当地农民的欢迎，仅就这一点来看，河北省易县高级农业职业学校已经很好地将育种及栽培技术转化为农业生产力，发挥出了自己应有的效能。

---

① 中华民国大学院编：《全国教育会议报告》，载沈云龙《近代中国史料丛刊》，文海出版社1984年版，第521页。

# 结　　语

　　职业教育是当今中国进行全面和深化改革进程中的热点问题之一，同时也是现今中国教育系统当中的"活跃分子"。从历史学的角度看，对民国时期中国北方地区职业教育发展的探讨，还不如同一时期关于南方区域的研究充分、深入。河北地区作为当时北方地区的典型代表，其职业教育呈现出的特征和发展脉络理应受到学术界的重视。从当今的发展实践来看，在京津冀协同发展的大背景下，该区域的职业教育也应该在理论研究和实践上都有所突破。

　　近代中国的职业教育是指在近代以来，由于社会经济产业发展和社会个体从业的需要，特定教育团体和机构有目的、有组织、有计划地对有一定教育基础的人进行职业知识、技能及道德的培养和训练，以便使个体获取适合岗位的教育类型。这个概念涵盖了民国时期河北地区职业教育的时段界定、创办原因、教育者、受教育者、教育内容和教育目标这六个基本要素。同一时段，在河北地区还出现了与职业教育相类似的教育类型及教育实体，书中对这些教育类型与实体通过逐个分析对比，对其进行区别和定性，明确了哪些属于职业教育范畴，哪些又是社会教育的载体。这样对于民国时期河北地区出现的各种职业教育机构和类职业教育机构便有了更加清晰的认识，通过各类教育机构的对比加深对职业教育特征的理解。

　　对于职业教育如何发展，民国时期河北地区的专家、学者尤其是各职业学校的校长提出了大量的改革提案。这些提案汇总起来大致有增设职业学校提案组、中学改添职业班提案组以及推广各类职业教育提案组这几大类，这些提案前半部分指出了当时河北地区职业教育存在的弊病，后半部分均给出了切实可行的纠正与改革建议，对于当时职业教育的发展有着巨大的理论参考价值。与此同时，河北地区的各省市甚至县级政府制定了较为详细的职教发展规划，书中对于北京、天津及河北的职业教育发展计划分别做了述评。有了发展规划，在实际执行当中能否按期完成是很重要的问题，根据对河北地区各市县职业教育发展概况的分析，既能掌握这些原定计划的完成度，又能了解这个区域内职业教育的早期现代化水平。

职业教育有其自身的要素，本书挑选了经费筹措、教师储备和生源培养三个核心要素进行分析。首先是在经费投入上，职业院校本身作为非营利性事业单位，经费来源较少，缺乏从社会上吸取资金的渠道，可以说政府的教育拨款是当时职业教育办学经费的主要来源，政府职教经费投入的多寡直接影响着所辖区域内职业教育的发展态势。职业学校必须有充足的师资，因为教师是职业学校教学正常运行的基础，书中阐述了国民政府对于职教师资资格的要求，并对于河北地区职教师资的选拔和概况予以详细说明。此外，足额及高质量的生源、必要的培养能力以及学生的充分就业也是办好职业教育的核心要素之一。

职业教育能够向社会输出效能，包括人力资源输出、产品输出和技术输出三种方式。通过职业指导和职业介绍，能够增强学生的就业率，以便向各类经济产业提供技术人才。在产品输出方面，民国时期举行了全国性的职业教育成绩品展览会，在这次展览会上，河北地区职业学校的展品特色鲜明，技术含量也较高，但也存在一些问题，书中对之进行了评价。在技术输出方面，职业学校通过研究和试验，将自己的技术投入社会当中，很快就会转化为生产力，带来可观的经济效益。

我国职业教育的发展是理论和实践二者需兼顾的重大问题，民国时期河北地区的职业教育在转变发展方式、调整结构布局、强化内涵宗旨、加强政府管理以及注重效能输出等方面都做出了非常大的努力。在这个过程中，职教改革理论不断推陈出新，同时更积累了大量的实践经验教训，通过该专题的研究，对于当下职教改革有着非常重要的理论指导和实践借鉴意义。

# 参考文献

## 一 未刊档案

1. 河北省档案馆藏：《河北省立水产专业学校 1946 年工作计划》1946 年，资料号：617—2—299。
2. 河北省档案馆藏：《教育厅一九四八年度工作计划及上半年中心工作》1948 年，资料号：617—1—23。
3. 河北省档案馆藏：《河北省立北平女子职业学校组织规程》，资料号：617—2—318。
4. 河北省档案馆藏：《河北省立保定工业职业职业学校学则》，资料号：617—2—318。
5. 河北省档案馆藏：《北平女职 1947 年第一学期员生各种表册及教育厅对此的指令》1947 年，资料号：617—2—528。
6. 天津市档案馆藏：《社会部天津职业介绍所业务说明书》，资料号：401206800—J0128—3—008328—007。
7. 天津市档案馆藏：《天津市工人职业介绍所调查表》，资料号：401206800—J0128—3—008328—006。
8. 天津市档案馆藏,：《天津市社会局职业介绍所介绍工作情形表》，资料号：401206800—J0001—2—000016—023。
9. 天津市档案馆藏：《天津公立商科职业学校校则》，资料号：401206800—J0110—1—000063—001。

## 二　报纸、杂志

1. 《教育公报》（1929—1937 年）
2. 《河北省教育公报》（1929—1936 年）
3. 《国民政府教育部教育公报》
4. 《益世报》（1929—1937 年）
5. 《教育与职业》（1917—1936 年）
6. 《职业月刊》（1931—1937 年）
7. 《教育》（上海刊）
8. 《东方杂志》
9. 《中华实业界》
10. 《劳工教育特刊》
11. 《新教育》

## 三　官方文书及文史资料

1. 抗战教育研究会主编：《战时工人教育经验谈》，生活书店 1938 年版。
2. 中华职业教育社编：《中华民国十三年度调查全国职业教育报告》，《教育与职业专号之一》1926 年。
3. 上海职业指导所编：《职业指导实施概览》，中华职业教育社 1929 年版。
4. 中国教育学会理事会编辑：《中国教育学会年报》，中华书局 1948 年版。
5. 河北省教育厅编辑：《河北省教育概况》，河北省教育厅编制 1935 年版。
6. 教育部国民教育司，教育部国民教育辅导研究委员会编：《怎样指导中心学校毕业生升学》，湖北省政府教育厅印 1940 年版。
7. 教育部编：《第三次全国教育会议报告》，教育部编印 1939 年版。
8. 教育部编：《教育工作报告》，教育部编印 1939 年版。

9. 中华职业教育社编：《黄炎培教育文集 第四卷》，中国文史出版社 1994 年版。

10. 教育部中等教育司编辑：《中等教育概况》，民生印书馆 1949 年版。

11. 教育部编：《各省市国民教育会议参考法规》，教育部编印 1943 年版。

12. 河北省教育厅编：《河北省现行教育法规辑要》，河北省教育厅编印 1931 年版。

13. 教育部社会教育司编：《各省市实施失学民众补习教育计划汇编》，教育部编印 1938 年版。

14. 南京临时政府编：《临时教育会议议决案审查报告》，教育杂志社 1912 年版。

15. 教育部参事室编：《教育法令》，中华书局 1947 年版。

16. 中国教育学会理事会编辑：《中国教育学会年报》，中华书局 1948 年版。

17. 教育部编：《二十三年度各省市教育工作总检讨汇刊》，教育部编印 1944 年版。

18. 河北省地方志编纂委员会编：《河北省志 第76卷 教育志》，中华书局 1995 年版。

19. 教育部编：《各省市国民教育会议报告》，教育部编印 1940 年版。

20. 教育部中等教育司编：《中等教育制度与设施》，教育部编印 1941 年版。

21. 教育部编：《教育部视察各省市职业教育报告汇编》，教育部编印 1935 年版。

22. 教育部资料室编：《最近之教育》，教育部编印 1948 年版。

23. 中华职业教育社编：《中华民国十三年度调查全国职业教育报告》，1926 年。

24. 教育部编：《教育部视察各省市职业教育报告汇编》，教育部编印 1935 年版。

25. （伪）冀东教育厅编：《冀东教育概况》，冀东教育厅印 1938 年版。

26. （伪）华北政务委员会教育总署秘书室编：《第三次教育行政会议记录》，华北政务委员会教育总署秘书室1943年版。
27. 全国教育专家编制：《全国教育会议决议》，公民书局1931年版。

## 四　中文著作

1. ［美］N. A. Hans：《教育政策原理》，陈汝衡译，商务印书馆1943年版。
2. ［美］R. L. Sackett：《工程师的教育和工作》，陈章译，商务印书馆1934年版。
3. ［美］吉尔伯特·罗兹曼主编：《中国的现代化》，国家社会科学基金"比较现代化"课题组译，江苏人民出版社2010年版。
4. ［瑞典］T. 胡森、［德］T. N. 波斯尔斯韦特主编：《教育大百科全书 第4卷 成人教育职业技术教育》，张斌贤等译，西南师范大学出版社2006年版。
5. ［英］Bertrand Russell：《教育与群治》，赵演译，商务印书馆1934年版。
6. 曾毅夫：《地方教育行政》，商务印书馆1935年版。
7. 陈东原编：《中国教育新论》，商务印书馆1928年版。
8. 陈独秀：《陈独秀文章选编 中册》，生活·读书·新知三联书店1984年版。
9. 陈果夫：《中国教育改革之途径》，正中书局1945年版。
10. 陈青之：《中国教育史》，商务印书馆1936年版。
11. 陈润泉：《科学教育》，文化供应社1944年版。
12. 陈选善：《职业教育之理论与实际》，中华职业教育社1933年版。
13. 陈兆庆：《中国农村教育概论》，商务印书馆1937年版。
14. 陈祝林、徐朔、王建初编：《职教师资培养的国际比较》，同济大学出版社2004年版。
15. 程其保、经筱川：《中国教育实际问题之分析》，中央政治学校研究部1937年版。
16. 丁十编：《新世纪的教育》，世界书局1946年版。

17. 甘豫源编：《新中华民众教育》，新国民图书社 1931 年版。
18. 何清儒：《职业教育学》，商务印书馆 1941 年版。
19. 何清儒编：《职业指导论文集》，中华书局 1935 年版。
20. 和震编：《职业教育政策研究》，高等教育出版社 2012 年版。
21. 胡适：《胡适文集 第 4 卷》，北京大学出版社 2013 年版。
22. 黄季陆主编：《革命文献 抗战前教育概况与检讨》，中央文物供应社 1971 年版。
23. 黄尧：《经济转型期我国职业教育宏观政策研究》，外语教学与研究出版社 2012 年版。
24. 纪芝信主编：《职业技术教育学》，福建教育出版社 1995 年版。
25. 江恒源、沈光烈编著：《职业教育》，正中书局 1940 年版。
26. 教育部教育规划与战略研究理事会秘书处编：《建设中国特色、世界水平的现代职业教育体系》，教育科学出版社 2014 年版。
27. 教育部教育年鉴编纂委员会编：《第二次中国教育年鉴 第八编 职业教育》，商务印书馆 1948 年版。
28. 乐嗣炳编：《近代中国教育实况》，世界书局 1935 年版。
29. 李浩吾编：《教育史 ABC》，ABC 丛书社 1929 年版。
30. 李继延等：《中外职业教育体系建设与制度改革比较研究》，复旦大学出版社 2014 年版。
31. 李蔺田：《中国职业技术教育史》，高等教育出版社 1994 年版。
32. 李向东、卢双盈编：《职业教育学新编》，高等教育出版社 2009 年版。
33. 廖世承编：《中国职业教育问题》，商务印书馆 1929 年版。
34. 刘春生、徐长发主编：《职业教育学》，教育科学出版社 2002 年版。
35. 刘桂林：《中国近代职业教育思想研究》，高等教育出版社 1997 年版。
36. 刘明、尹凡、张玉霞：《法治社会下的职业教育公平机制研究》，吉林人民出版社 2014 年版。
37. 罗荣渠：《现代化新论——世界与中国的现代化进程》，商务印书馆 2009 年版。

38. 蒋梦麟：《过渡时代之思想与教育》，商务印书馆 1933 年版。
39. 米靖：《中国职业教育史研究》，上海教育出版社 2009 年版。
40. 潘文安：《职业教育 ABC》，ABC 丛书社 1929 年版。
41. 潘文安编：《日本之职业教育》，商务印书馆 1934 年版。
42. 璩鑫圭、唐良炎编：《中国近代教育史资料汇编 实业教育师范教育》，上海教育出版社 1991 年版。
43. 任平：《晚清民国时期职业教育课程史论》，暨南大学出版社 2009 年版。
44. 任中印编：《杨贤江全集 第 3 卷》，河南教育出版社 1995 年版。
45. 荣德生：《荣德生文集》，上海古籍出版社 2002 年版。
46. 寿子野编：《民众科学教育》，中华书局 1948 年版。
47. 沈云龙主编：《近代中国史料丛刊 三编 第十一辑》，文海出版社 1984 年版。
48. 舒新城：《中国教育建设方针》，中华书局 1931 年版。
49. 舒新城编：《中国近代教育史资料（上册）》，人民教育出版社 1985 年版。
50. 舒新城编：《中国新教育概况》，中华书局 1930 年版。
51. 宋恩荣编：《晏阳初全集 第 2 卷》，湖南教育出版社 1992 年版。
52. 谈松华：《中国教育现代化的区域发展》，广东教育出版社 2003 年版。
53. 谭荣显：《中国教育出路问题的研究》，广州大学文科学院印制 1933 年版。
54. 汤增扬：《现代教育通论》，大东书局 1933 年版。
55. 陶行知：《陶行知全集 第 1 卷》，四川教育出版社 2005 年版。
56. 陶行知编：《普及教育三编》，儿童书局总店 1936 年版。
57. 陶孟和：《社会与教育》，商务印书馆 1934 年版。
58. 天津市地方志编修委员会办公室，天津市图书馆编：《〈益世报〉天津资料点校汇编（一）》，天津社会科学院出版社 1999 年版。
59. 汪刘生、施兰芳主编：《职业教育学》，立信会计出版社 1998 年版。

60. 汪懋祖：《教育学》，正中书局1942年版。
61. 汪懋祖等：《第二次全国教育会议始末记 第三编》，江东书局1930年版。
62. 王世杰编：《第一次中国教育年鉴 丙篇 教育概况》，开明书店1934年版。
63. 王屹编：《职业教育研究方法》，北京师范大学出版社2010年版。
64. 王卓然编纂：《中国教育一瞥录》，商务印书馆1923年版。
65. 魏心一编：《陶行知、黄炎培、徐特立、陈鹤琴教育文选》，安徽教育出版社1992年版。
66. 吴洪成：《中国近代职业教育制度史研究》，北京知识产权出版社2012年版。
67. 吴俊升、王西徵编：《教育概论》，正中书局1946年版。
68. 吴廷燮等编：《北京市志稿·文教志（中）》，北京燕山出版社1998年版。
69. 吴玉琦：《中国职业教育史》，吉林教育出版社1991年版。
70. 夏承枫：《地方教育行政》，正中书局1946年版。
71. 夏金星：《职业教育学实用专题》，北京师范大学出版社2013年版。
72. 谢长法：《中国职业教育史》，山西教育出版社2011年版。
73. 熊子容：《职业教育》，黎明书局1931年版。
74. 杨东莼：《战时教育问题》，战时出版社1938年版。
75. 杨海燕：《城市化进程中的职业教育发展研究》，中国海洋大学出版社2008年版。
76. 岳小战编：《中国职业教育名校/名校长创新管理评析·就业指导卷》，西南师范大学出版社2012年版。
77. 张健：《职业教育的凝思与创新》，人民日报出版社2014年版。
78. 张长谦主编：《中国职业教育名校/名校长创新管理评析·师资建设卷》，西南师范大学出版社2012年版。
79. 章开沅、罗福惠：《比较重的审视：中国早期现代化研究》，浙江人民出版社1993年版。
80. 赵靖编：《穆藕初文集》，北京大学出版社1995年版。

81. 赵宗预：《都市的职业补习教育》，中华职业教育社 1935 年版。
82. 中国蔡元培研究会：《蔡元培全集 第 4 卷》，浙江教育出版社 1997 年版。
83. 中华职业教育社编：《黄炎培教育文集 第二卷》，中国文史出版社 1994 年版。
84. 中国第二历史档案馆编：《中华民国史档案资料汇编 第五辑 第一编 教育（一）》，江苏古籍出版社 1994 年版。
85. 周峻编：《生产教育》，江西省地方政治讲习院 1940 年版。
    周明星编：《中国职业教育学科发展 30 年：1978—2008》，华东师范大学出版社 2009 年版。
86. 周太玄等：《庚子赔款与教育》，商务印书馆 1925 年版。
87. 周予同：《中国现代教育史》，福建教育出版社 2007 年版。
88. 庄泽宣：《我的教育思想》，中华书局 1934 年版。
89. 庄泽宣编：《各国教育比较论》，商务印书馆 1929 年版。
90. 邹恩润：《职业教育》，商务印书馆 1936 年版。
91. 邹恩润编：《职业教育研究》，商务印书馆 1923 年版。

## 五　相关论文

1. ［美］Harry D. Kitson：《职业指导的趋势》，陈选善译，《教育与职业》1930 年总第 112 期。
2. ［美］Thomas Robet Foulkes、Thomas Diamond：《手工教授和赚钱方法的关系》，王志莘译，《教育与职业》1920 年总第 21 期。
3. ［日］冈山秀吉：《手工教授之教育的价值》，沈慕萱译，《教育与职业》1921 年总第 26 期。
4. 陈选善：《女子的职业能力》，《教育与职业》1930 年总第 117 期。
5. 陈选善：《职业指导》，《教育与职业》1930 年总第 118 期。
6. 陈友松：《中国教育财政改造》，《教育与职业》1935 年总第 163 期。
7. 冯莉：《留学生与民国初期实业教育转型的历史考察》，《职教论坛》2011 年第 31 期。

8. 高践四：《我国职业教育的前途》，《教育与职业》1935 年总第 162 期。

9. 顾树森：《职业陶冶之意义与其方法》，《教育与职业》1918 年总第 5 期。

10. 郭秉文：《读诸先生农业教育意见书后》，《教育与职业》1921 年总第 25 期。

11. 郭秉文：《吾国农业教育之现况及将来希望》，《教育与职业》1922 年总第 35 期。

12. 何清儒：《高中添设职业指导课程》，《教育与职业》1935 年总第 170 期。

13. 何清儒：《我国职业教育应有的目标》，《教育与职业》1935 年总第 162 期。

14. 何清儒：《新订中学课程标准》，《教育与职业》1936 年总第 173 期。

15. 何清儒：《由劳作成绩展览引起的一个问题》，《教育与职业》1935 年总第 161 期。

16. 何清儒：《职业补习教育中的个别指导》，《教育与职业》1936 年总第 174 期。

17. 何清儒：《职业介绍法所引起的几个问题》，《教育与职业》1935 年总第 168 期。

18. 何清儒：《职业学校学生的选择》，《教育与职业》1935 年总第 170 期。

19. 黄立：《今日当注重乡村农业教育》，《教育与职业》1922 年总第 38 期。

20. 黄炎培：《第一届职业学校出品展览会之所得》，《教育与职业》1922 年总第 34 期。

21. 黄炎培：《我之最近感想》，《教育与职业》1919 年总第 14 期。

22. 黄炎培：《与李石曾君谈职业教育》，《教育与职业》1919 年总第 12 期。

23. 霍益萍、田正平：《试论中国近代职业技术教育的发展》，《华东师范大学学报》（教育科学版）1986 年第 4 期。

24. 江问渔：《我国中学教育的前途》，《教育与职业》1930 年总第 120 期。

25. 江问渔：《职业补习教育的十种重要性》，《教育与职业》1936 年总第 174 期。

26. 江问渔：《职业补习教育还不值得提倡吗?》，《教育与职业》1935 年总第 162 期。

27. 蒋梦麟：《职业教育与自动主义》，《教育与职业》1918 年总第 8 期。

28. 蒋梦麟：《职业界之人才问题为教育界所当注意者》，《教育与职业》1917 年总第 2 期。

29. 金兵：《近代中国职业指导思想研究》，《教育评论》2010 年第 4 期。

30. 金禄庄：《我对支配职业教育经费之意见》，《教育与职业》1935 年总第 164 期。

31. 李仁：《对于推广女子职业教育之意见》，《教育与职业》1921 年总第 30 期。

32. 李澍声：《职业学校之师资问题》，《教育与职业》1935 年总第 165 期。

33. 李霞：《近代中国实业教育的历史考察》，《湘潭大学学报》（社会科学版）2005 年第 3 期。

34. 林文钧：《马相伯先生演说教育与实业联络为救国根本》，《教育与职业》1918 年总第 7 期。

35. 陆费逵：《中华实业界宣言书》，《中华实业界》1914 年第 1 期。

36. 陆雄升：《小学职业指导的实际》，《教育与职业》1935 年总第 165 期。

37. 欧元怀：《中国职业教育的出路》，《教育与职业》1935 年总第 162 期。

38. 潘文安：《怎样改造我国的职业界?》，《教育与职业》1920 年总第 19 期。

39. 祁伯文：《教育与文化》，《北平教育》1933 年第 2 期。

40. 钱景舫、刘桂林：《论中华职业教育社在近代教育中的地位和作用》,《华东师范大学学报》(教育科学版)1998年第4期。

41. 任鸿隽:《我国之实业教育问题》,《教育与职业》1917年总第1期。

42. 胜因:《实业救国之悬谈》,《东方杂志》1910年第6期。

43. 陶行知:《生利主义之职业教育》,《教育与职业》1918年第3期。

44. 王志莘:《纽约职业介绍所所长谈话》,《教育与职业》1920年第23期。

45. 文黎明:《民国初期的职业教育运动》,《教育与职业》1990年第7期。

46. 夏金星:《中国职业教育发展史中的三次高潮》,《职教论坛》2009年第10期。

47. 谢长法:《民国初期的职业指导》,《职业技术教育》2001年第28期。

48. 熊子容:《我国需要何种职业教育》,《教育与职业》1935年总第162期。

49. 晏阳初:《平民教育概论》,《教育》(上海刊)1927年第19期。

50. 杨鄂联:《初级中学与职业教育》,《教育与职业》1921年总第33期。

51. 杨鄂联:《女子职业教育的我见》,《教育与职业》1930年总第114期。

52. 杨卫玉:《职业教育的统制化》,《教育与职业》1935年总第166期。

53. 杨卫玉:《职业教育价值之新估计》,《教育与职业》1935年总第162期。

54. 张新民:《民国初期的高等职业教育——专门学校》,《现代大学教育》2008年第6期。

55. 张雁南:《论近代职业教育思潮的缘起与定位》,《徐州师范大学学报(哲学社会科学版)》2011年第1期。

56. 张宇:《从主要矛盾的变化看清末民初职业教育的发展》,《中国职业技术教育》2009年第12期。

57. 章伯寅：《职业学校出品展览会的感想》，《教育与职业》1922年第34期。

58. 章益：《我国职业教育的出路》，《教育与职业》1935年总第162期。

59. 赵霭吴：《职业补习教育的几个实际问题》，《教育与职业》1935年总第164期。

60. 钟道赞：《兴趣与职业》，《教育与职业》1930年总第115期。

61. 朱鼎元：《对于实施职业教育之管见》，《教育与职业》1918年总第10期。

62. 邹恩润：《美国的职业指导运动》，《新教育》1922年第4期。

63. 江问渔：《中国女子教育问题》，《教育与职业》1936年总第171期。

64. 米靖、张燕香：《民国职业教育译著及其对我国职业教育学科发展的影响》，《职业技术教育》2012年第12期。

65. 何伯儒：《职业学校毕业生出路调查》，《教育与职业》1975年总第168期。

# 附　　录

## 清代以来河北省名称及省会变迁表[①]

| 阶段 | 时间 | 事件 |
| --- | --- | --- |
| 1 | 1659—1729 年 | 直隶省巡抚驻大名府（今大名县） |
| | 1729 年 | 保定直隶总督署竣工后，"省会"迁往保定。 |
| 2 | 1729—1913 年 | 直隶总督、巡抚均设于保定。 |
| | 1870—1902 年 | 夏季在天津办公 |
| | 1913 年 | 直隶首府正式迁至天津 |
| 3 | 1928 年 10 月 | 国民政府改直隶省为河北省，并将省会定在北平。 |
| 4 | 1930 年 10 月 | 河北省政府从北平迁至天津办公。 |
| 5 | 1935 年 6 月 | 河北省政府从天津迁至保定办公。 |
| 6 | 1945 年 11 月 | 抗战结束后初期，河北省省会设在北平。 |
| 7 | 1946 年 7 月 | 河北省政府机构从北平迁回到保定，保定重新成为省会。 |
| 8 | 1947 年 11 月 | 内战期间，河北省会从保定又迁回到北平。 |
| 9 | 1949 年 7 月 | 中央人民政府定河北省会为保定，河北省人民政府随即于 8 月成立。 |
| 10 | 1958 年 2 月 | 河北、天津行政合并，省会由保定迁往天津。 |
| 11 | 1966 年 5 月 | 冀、津矛盾重重，保定又一次成为河北省会。 |
| 12 | 1968 年 2 月 | 河北省革委会在石家庄成立，石家庄成为河北省新省会，并延续至今。 |
| 注 | 1937 年 9 月—1945 年，河北省政府四处流浪，机构先后在大名、洛阳、郿县、北平、保定、西安等地办公。 | |

---

① 该表资料及下图来源于中国国家地理网，http://www.dili360.com/cng/article/p54c0a823ecd4a42.htm。

河北省会变迁图

# 后　　记

本书为笔者 2017 年承担的河北省社会科学基金项目《民国时期河北地区职业教育发展研究（1922—1948）》（项目编号：HB17JY002）之最终成果。

民国时期河北地区职业教育的发展呈现出了自身的特征与轨迹，影响这一时期职业教育发展的因素是非常重要的研究点。此外，民国河北地区职业教育与经济发展之间的关系是一个研究难点。在试图去解决这些重点和难点问题的同时也将会与真理靠得更近，进而挖掘出更大的价值。就目前的科研成果看，关于民国时期河北地区职业教育的研究还非常有限，本书的研究也仅仅是在这方平静而又沉寂的学术湖泊中撒了一颗微乎其微的沙粒，不求能激起水花或引出荡漾，只求能起到一点填补的作用。

书中对于民国河北地区职业教育计划未能如期实现背后各方面影响因素的解析还较为稚嫩，不够深入，书中只是着重从经费的角度解释其原因，还不够全面。影响职业教育计划的因素是多方面的，政治决策、经济基础、思维观念、社会局势及其他教育类型的同步等都对职教有着重要的影响。从政治决策上看，政府当时的行政兴奋点、出台的政策法规及对待职业教育的态度等，都直接影响着该区域内职业教育的发展水平；从经济基础上看，产业的兴旺能够刺激职业教育进步。就思维观念来讲，"学而优则仕""万般皆下品，唯有读书高"以及"书中自有黄金屋，书中自有颜如玉"这一类守旧思想对于职业教育计划的实施非常不利，人们普遍轻视体力劳动，歧视"士"以外的其他一切行业，支撑这些行业发展的技术技艺也被讥讽为"奇技淫巧"，浸淫在这种社会氛围当中的人自然对职业教育提不起兴趣和热情。更为让人感到费解的是，世人在轻视职业教育的同时认为社会如果存在大量失业，全都是职业教育之过，轻视与苛刻的态度成为职业教育发展的巨大阻力。如果仅仅依靠少数教育家去鼓吹与倡导职业教育，那么最后的结局一定是惨淡的、悲凉的。

从社会层面来看，稳定的社会环境是职业教育发展的重要保障，战乱对教育的冲击最大，每次发生战乱，职业学校首当其冲，校舍、教具、机械设备、试验场地等无一不遭到掠夺和破坏，这些对职业教育造成了毁灭性的打击。因为职业教育特别依赖设备及试验场地，许多其他教育类型恢复了教室之后基本就可以上课了，而职业教育则需要从头做起。就中华民国这一时段来讲，1937年开始的侵华战争使得河北地区许多本来已具规模的职业院校化为乌有，最后不得不慢慢医治战争留下的创伤。因此，社会局势也制约着职业教育。

最后，从教育系统来看，职业教育的发展不仅仅是其自身的事情，它作为整个教育系统的一个单体有赖于其他教育类型的进步。就拿普通教育与职业教育的关系来讲，职业教育本身是一种专业技术教育，它要求学生入学时有必要的理论知识为学识基础。职业教育若要办好，必须有一定程度的普通教育作为支撑。二者的关系，蔡元培先生认为"职业教育好象一所房屋，内分教室、寝室等，有各别的用处，普通教育则象一所房屋的地基，有了地基，便可把楼台亭阁等，建筑起来……可是我们要起盖房子时，必得先求地基坚实，若起初不留意，等到高屋将成，才发现地基不稳，才想设法补救，已经来不及了。"[①] 因此，职业教育前一阶段的普通教育必须有相应的发展，学生具备了基本的文化素质，才有能力接受专门的职业技术教育。只有上述这些因素都具备了，职业教育的计划方可如期实现，职业教育亦能快速发展。遗憾的是，由于笔者能力所限，并未能将上面的各个要素做以详细的分析，在以后的研究中，自当努力挖掘史料，将上面的各个因素厘清做细。

---

① 中国蔡元培研究会：《蔡元培全集》第4卷，浙江教育出版社1997年版，第258页。

# 后　记

在民国河北地区职业教育与经济关系这个难点问题的处理上，本书还有很大的不足。从总体上讲，职业教育与经济之间是作用与反作用的关系，更直白点说，经济发展给职业教育提供了什么，职业教育反过来又能够给经济发展提供什么？这看似简单的一组问题，具体回答还是很难的。虽然书中最后一章对于这对"作用"与"反作用"已经进行了分析和论证，但还是缺少理论性。再有，将这个问题拿到"区域"这个框架之下，区域职业教育与区域经济之间的关系自然需要有一番新的解释，文中虽然试图进行了说明，但因为对于"区域"本质及特征的把握上还不够深入，以至于这个更为具体的关系还有待进一步的研究。

把目光转向今天，在社会主义现代化建设的新时期，国家正大力倡导培养实用技能型人才的同时，职业教育的弱势地位应该得到改善，它与我国人口素质提升的关系、与经济产业发展之间的关系以及与社会稳定的关系需要受到世人的重视。不可否认，"经济的需求是职业教育改革的原动力，它对职业教育提出了发展要求。在职业教育的发展过程中，自身的反思与建设远远不及经济对其提出的技术性、适时性要求。因此，职业教育本身的依赖性和不确定性，不可避免地在培养理念、培养目标、办学定位、教学内容及教学方式等方面出现了这样那样的问题"[①]。这又引出了今天我们应该如何看待职业教育的问题，歧视与冲动、期望与失望、冷漠与迷惘，如果一直在应然与实然当中做无谓的周旋与徘徊，我国的职业教育事业必定裹足不前，很难取得长足的进步。职业教育的实际状况与预期之间总是有非常大的差距，应然与实然总是没法达到完全的统一。这就要求我们当用客观辩证的态度去对待职业教育，职业教育是整合性的教育，即它的"事物、现象、要素等统整组合、使之形成合目的的价值整体的归并融合的过程。整合是职业教育应然的哲学表达"。然而，"整合的职业教育这一应然的本质，还没有被人们普遍接受；在实践上，职业教育的许多办学行为也是离散的、非整合状态的，与职业教育整合的本

---

① 周明星编：《中国职业教育学科发展30年：1978—2008》，华东师范大学出版社2009年版，第43页。

质相背离的。因而职业教育需要理性的哲学思考，把握职业教育整合的应然本质，并以这一本质观为指导，统一办学思想和行为，规范和引领职业教育的本然发展"①，这样便可在职业教育的应然与实然之间找到平衡点。

现如今，高新技术产业的蓬勃发展对于我国职业教育提出了新的要求与挑战，我们必须以与时俱进、科学发展的理念去面对；职业教育改革与创新的研究工作需要大量开展并加以丰富；对职业教育的现实发展状况的评估有待于加强；职业教育效能的发挥以及扶植政策的落实亦有待于科学的论证。我国要建立具有中国特色和世界级先进水平的现代化职业教育体系，既需要国家在政策上的大力扶植，更需要社会力量的积极参与和支持；既需要有科学的发展规划，更需要在具体的实践当中能够得到有效执行；既需要有牢固扎实的办学基础，更要求其自身有持久的自我创新能力，以达到职业教育与现代产业的无缝对接。尽管我国在实现这个宏伟目标的征程上，还有许多无法预料的困难甚至是挫折，但我相信只要我们对待职业教育，能够以冷静的态度分析其症结、理性的思维制定其规划、长远的目光把握其方向，我国的职业教育在新时期一定会大有作为。

韩　兵<br>2018年3月于河北廊坊

---

① 张健：《职业教育的凝思与创新》，人民日报出版社2014年版，第27页。